사교육 해방 국민투표

KB193332

*이 연구는 2024년 (사)한국교육연구네트워크 20주년 학술대회 연구 지원을 받아 이루어졌습니다.

사교육 해방 국민투표

초판 1쇄 인쇄 2025년 3월 12일
초판 1쇄 발행 2025년 3월 22일

지은이 이형빈·송경원
펴낸이 김승희
펴낸곳 도서출판 살림터

기획 정광일
편집 이희연·조현주·송승호
북디자인 꼬리별

인쇄·제본 (주)신화프린팅
종이 (주)명동지류

주소 서울시 양천구 목동동로 293, 2215-1호
전화 02-3141-6553
팩스 02-3141-6555
출판등록 2008년 3월 18일 제313-1990-12호
이메일 gwang80@hanmail.net
블로그 http://blog.naver.com/dkffk1020
한국교육연구네트워크 www.kednetwork.or.kr

ISBN 979-11-5930-317-3 03370

사교육 해방
국민투표

이형빈·송경원 지음

살림터

사교육 해방 국민투표를 제안합니다

해방 이후 우리나라 공교육은 여러모로 괄목할 발전을 이루었습니다. 의무교육 및 무상교육의 확대, 높은 취학률과 대학 진학률, 교원 전문성 신장, 교육과정-수업-평가 혁신, 학교 시설 및 환경 개선, 참여와 소통의 학교문화, 주민직선 교육자치, 민주적 학교장 리더십 등 다방면에 걸쳐 변화하고 발전했습니다. 세계 주요 선진국과 어깨를 나란히 하는 경제 성장, 다른 나라 사람들이 부러워하는 K-Culture, 세계 각국에서 활약하는 인재 등의 성과에 분명 한국 공교육의 역할이 큽니다.

우리는 개발도상국에서 선진국으로 승격한 국가입니다. 세계적으로 유례없다고 합니다. 공교육도 외면적으로는 선진 시스템을 갖추고 있습니다. 하지만 학생의 삶도 선진국 국민의 삶인지는 모르겠습니다. 매일 같이 고단한 삶입니다. 입시 경쟁과 사교육 걱정이 우리를 짓누르고 있습니다.

'사교육 광풍, 천문학적 사교육비, 부모 허리 휘는 사교육, 공교육을 왜곡하는 사교육, 사교육으로 내몰리는 아이들……'. 사교육이라는 단어에는 이처럼 부정적인 표현이 붙어 있습니다. 사교육 규모와 비용, 참여 비율은 매년 증가하고 있습니다.

최근 사교육비가 3년 연속 최고치를 경신했습니다. 2023년 기준 초중고 사교육비 총액은 27조 원, 참여 학생 1인당 월평균 사교육비는 55만 원입니다. 사교육 참여 학생 비율은 초등학생 86%, 중학생 75%, 일반고 학생 72%입니다. 코로나의 영향으로 사교육이 잠시 주춤했던 2020년이 지나자 2021년, 2022년, 2023년 연속으로 신기록을 갈아치우고 있습니다. 통계에 잡히지 않는 기록은 더 높을 것입니다. 사교육비 문제는 어느 정부에서나 예외 없습니다. 문재인 정부 시절에는 마지막 해에 사교육 관련 지표가 가장 나빴고, 윤석열 정부 이후에는 계속해서 더 나빠졌습니다.

사교육 문제는 대한민국의 핵심적인 교육 문제입니다. 학벌사회, 대학 서열 체제, 입시 경쟁은 모두 사교육 문제로 체감됩니다. 최근 N수생 확대나 의대 열풍도 사교육 부담 증가로 이어집니다. 사교육 문제는 저출생, 학생들의 과도한 학업, 학부모의 부담, 노후 자금 걱정 등으로 이어집니다. 사교육 문제는 교육 문제일 뿐만 아니라 사회 문제이기도 합니다. 자녀를 낳아 키우기 어려운 이유, 한국에서 살기 싫은 이유입니다. 고단한 우리네 삶의 풍경에서 매우 큰 부분을 차지합니다.

사교육의 종류는 크게 두 가지입니다. 돌봄 사교육과 입시 사교육입니다. 유아와 초등학교 저학년 연령대 아이에게는 돌봄 사교육이 많습니다. 방과 후에 아이를 맡길 곳이 없어서 학원으로 보냅니다. 초등학교 하교 시간에 학원 차량이 교문 앞에 대기하고 있습니다.

소위 '학원 뺑뺑이'라고 합니다. 초등학교 고학년, 중학교로 올라갈수록 입시 사교육이 늘어납니다. 여전히 고입 사교육이 존재합니다. 고교 비평준화 지역, 특목고·자사고 입시 때문입니다. 최근에는 '초등 의대반'이 기승을 부리고 있습니다. 초등학교 때부터 일찌감치 대입을 준비합니다. 대입 준비를 위한 고등학생의 사교육 참여는 말할 나위도 없습니다.

그런데 우리는 왜 사교육에서 벗어나지 못하는 걸까요? 부모의 욕심 때문에? 아이를 맡길 곳이 없어서? 공교육이 부실해서? 입시가 워낙 치열해서? 정부 정책이 잘못되어서?

부모의 과도한 욕심 때문에 아이를 사교육으로 내몬다는 시각도 있습니다. 어떤 외국 학자는 '교육열educational fever'과 '사교육shadow education'을 한국 교육의 독특한 현상으로 보고 있습니다. 이를 어떻게 해석하든지 간에, 사교육 문제를 부모 탓으로만 돌리는 것은 사회 문제를 개인 문제로 환원하는 오류입니다. 학부모 의식만 계몽하면 문제가 해결된다는 잘못된 해법을 낳을 수 있습니다.

아이를 맡길 곳이 없어서 세칭 '학원 뺑뺑이'를 돌린다고도 합니다. 가슴 아픈 현실입니다. 이 문제는 단지 교육 문제만이 아닙니다. 아이를 마음 놓고 키울 만한 사회적 제도가 마련되지 않은 탓입니다. 특히 최근에 쟁점이 되고 있는 돌봄 문제, 노동 문제와 관련이 깊습니다. 방과 후에도 아이를 안전하게 돌봐주는 사회적 시스템이 마련되어야 하고, 노동시간을 단축하여 부모가 자녀와 함께 지내는 시간을 늘려야 합니다.

공교육이 부실해서 사교육이 팽창한다는 논리도 있습니다. 이는 인과관계를 잘못 따져 본 논리입니다. 만약 공교육 부실이 사교육 팽창의 원인이라면, 대체로 학업 능력이 뒤처진 학생의 사교육 참여 비율이 높아야 할 것입니다. 그러나 사교육에 참여하는 학생은 대체로 성적 상위권 학생입니다. 이들이 사교육에 참여하는 이유는 선행학습, 심화학습을 통해 경쟁에서 이기기 위한 것입니다. 오히려 과도한 사교육 의존이 학교 수업을 소홀히 하는 현상을 낳고, 그 결과 공교육 위기가 심화하였다고 보는 것이 타당합니다.

사교육 팽창의 원인을 치열한 입시 경쟁으로 보는 것은 전적으로 타당합니다. 학벌사회가 입시 경쟁을 유발하고, 입시 경쟁이 사교육을 유발합니다. 입시 경쟁 자체를 없애야 사교육 문제가 해결될 수 있습니다. 따라서 입시 경쟁을 유발하는 대학 서열화, 학벌사회를 해소하기 위해 노력해야 합니다. 그런데 이 문제가 짧은 시간 안에 해결되기는 어렵습니다. 그러니 입시 경쟁이 존재하는 상황에서도 사교육 문제에 대한 특단의 대책이 필요해 보입니다.

정부 정책이 잘못되어 사교육 문제가 해결되지 않는다는 지적도 일리가 있습니다. 정부가 EBS 수능 강의, 방과후학교 등 여러 대책을 통해 사교육 문제에 접근했지만, 근본적인 문제 해결은 요원해 보입니다. 입시 경쟁이 존재하는 한 정부가 아무리 다양한 사교육 대책을 내놓아도 문제가 해결되지 않습니다. 하지만 우리나라 정부가 사교육 문제의 몸통인 입시 경쟁, 대학 서열화 문제를 제대로 건드린 적은 없습니다. 게다가 사교육 문제는 교육 문제만이 아니라 노동 문제, 경제 문제, 사회 문제 전반과 밀접하게 관련되어 있습니다. 그래서 전 국민적 관심과 참여, 그리고 담대한 사회 대전환이 필요합니다.

물론 사교육이 모두 부정적인 것은 아닙니다. 공교육을 보완하는 데에 도움이 되는 사교육도 있고, 학생의 다양한 소질을 기르는 데에 도움이 되는 사교육도 있습니다. 문제는 과도한 사교육입니다. 사교육의 유형에 따라 해법이 다를 수도 있습니다. 근본적인 원인을 바로잡는 접근, 부작용을 차근차근 해결하는 방법, 사적 부담을 공적 시스템으로 대체하는 대책 등이 있을 것입니다. 다차원적인 접근과 맞춤형 처방이 필요합니다.

이 책에서는 사교육 문제에 대해 종합적인 접근을 시도해 보았습니다. 우리나라 사교육 실태, 사교육 정책의 역사 등을 다양한 자료를 통해 분석해 보았습니다. 그리고 사교육 문제에 대한 해법을 사교육 수요 해소, 사교육 대체, 사교육 공급 조절 등으로 나누어 살펴보았습니다.

이러한 분석을 토대로 이 책에서는 다음과 같이 제안하고자 합니다. 사교육 문제 해결을 위해서는 학벌사회 및 대학 서열화 체제 해소, 입시 제도 개혁, 공교육 혁신, 국가 책임 돌봄 정책, 노동시간 단축 등 여러 가지 사회적 정책이 총체적으로 진행되어야 합니다. 그리고 이러한 노력과 함께 사교육 자체를 규제하는 정책도 필요합니다.

그렇다고 해서 전두환 정권 식의 과외 금지 조치가 가능한 시대는 아닙니다. 그래서 국민적 합의가 필요합니다. 이를 위해 '사교육 해방 국민투표'를 제안합니다. '사교육 해방 국민투표'의 취지는 우리 아이들에게 과도한 사교육을 시키지 말자는 사회적 합의를 이끌자는 것입니다. "적어도 유아·초등학생만이라도 입시 사교육에서 해방

시키자'라는 것입니다.

　사교육 문제는 '죄수의 딜레마'입니다. "남들도 하니까 나는 더 해야 한다"라는 불안과 욕망의 문제입니다. 이 딜레마를 벗어나려면 여러 가지 여건 마련과 함께 "우리 모두가 최소한 이것만큼은 하지 말자"라는 약속이 필요합니다. 약속을 정했다면 이를 법으로 확정해야 합니다. 〈학원의 설립·운영 및 과외교습에 관한 법률〉 혹은 〈헌법〉 개정이 필요합니다. 그래야 우리 아이들이 전인적인 인간으로 성장할 수 있고, 학부모가 과도한 사교육비 부담에서 해방될 수 있고, 공교육이 발전할 수 있고, 사회 경제가 건강한 방향으로 움직일 수 있습니다.

　'사교육 해방 국민투표'가 왜 필요할까요? 그리고 이것이 가능할까요? 연간 출생아 20만 명 시대, 이제 이들을 경쟁시켜 누구는 선발하고 누구는 탈락시킬 여유가 없습니다. '단 한 명도 포기하지 않는 책임교육'이라는 구호가 절실한 현실적 과제가 되었습니다. 지금부터 10년을 내다보며 여러 가지 여건을 만들어 간다면 사교육 해방, 입시 제도의 근본적 개혁, 돌봄 사회 구축을 이룰 수 있습니다. 이제 이 문제를 하나하나 짚어 보도록 하겠습니다.

2025년 3월
새로운 민주공화국과
입시 사교육 해방을 꿈꾸며
이형빈·송경원

추천사

신소영_사교육걱정없는세상 공동대표

흔히들 사교육은 한국 사회에서 부동산 문제와 함께 가장 고질적이면서도 해결이 난망한 문제라고 합니다. 모두가 현재와 같은 정도와 방식의 사교육은 사회, 경제, 교육적 측면에서 '문제'라고 말합니다. 그러나 막상 그 '문제'의 당사자가 되면, 대부분의 부모는 무력할 뿐입니다. 문제의 부당함을 직시하고 해결하려 하기에 앞서, 당장 내 아이가 뒤처지는 것이 당면한 걱정이기 때문입니다. 조금이라도 더 높은 성적으로 더 나은 학교에 가서 더 안정적 직업을 가질 수 있다면, 사교육 문제의 부당함쯤은 질끈 눈 감아 버리곤 합니다. 물론 사교육을 한다고 그런 미래가 보장된 것은 아닐 테니 사교육을 선택하더라도 불안감이 사라지는 것은 아니지만, 10명 중 8명이 사교육에 참여한다는 대세 속에서 일개 개인이 혼자 사교육을 선택하지 않기란 웬만해서는 어려운 일일 것입니다.

역대 정부에서 사교육 경감 대책들을 숱하게 수립했지만, 괄목할 만한 변화가 일어나기는커녕 결과적으로는 악화일로였습니다. 잇따른 사교육 정책의 실패는 많은 국민들에게 사교육에 관한 한 학습된 무력감이 들게 했고, 정책효과를 기대하는 신뢰도를 잃게 하는 악순환을 낳았습니다.

 적어도 아이들이 초등학생 때까지는 뛰어놀게 하며 건강한 발달과 성장을 돕자는 암묵적 합의가 무색해진 지 오래입니다. 기저귀 뗄 적부터 사교육 경주가 시작되는 냉혹한 현실은 더 이상 지속되어서도 안 되고, 지속될 수도 없습니다. 그렇게 오랜 시간 풀지 못했던 우리의 사교육 문제가 '정말 해결될 수 없는 것인가'에 대한 근본적인 질문은 충분히 제기되지 않았습니다.

 저자들은 바로 그 질문을 정면으로 마주하며 단순한 사교육 규제나 축소가 아니라, '사교육 해방'이라는 상당히 전향적이고 도전적인 기치를 걸었습니다. 이를 위해 초등학생까지의 입시 사교육을 중단할 것인가에 대해 국민투표를 하자는 제안을 화두로 던집니다. 국민투표 사안으로서의 법리적 타당성과 합리성 등을 따져보기에 앞서, 저자들의 과감하고도 담대한 제안은 그 자체로 매우 창발적이며 흥미로운 제안입니다. 나날이 참혹해지는 경쟁의 질서 속에 심각해져 가는 사교육 문제에 대해 애통함을 갖고, 이 문제를 풀어가는 시작을 정치와 행정 권력에 기댈 것이 아니라, '국민적 합의'로 설정한 점이 무척 인상적입니다.

 대다수 국민들은 학령기에 직간접적으로 사교육을 경험했거나 사교육을 시키고 당하는 당사자입니다. 이러한 점에서 저자들의 제안은 당사자들이 당사자로서 사교육 문제를 공론의 장으로 이끌어 내고 사회적 합의를 도출해 내려는 시도입니다. 향후 여러 단위에서 전향적 검토가 필요한 의미 있는 제안이 될 것입니다.

만약 다른 부모들이 모두 사교육을 전혀 시키지 않기로 하고 이를 실천하고 있다면, 사교육을 줄일 것인지 의향을 측정한 연구^{김희삼, 2013}에서 놀랍게도 10명 중 7명은 '사교육을 줄이거나'(31.6%) '사교육을 안 하겠다'(38.6%)라고 답했습니다. 국민투표가 성사된다면, 이처럼 우리는 그동안 부득이 무력하게 해왔던 사교육 관행에 대해 진지한 고민과 더불어 아이들의 진정한 성장과 배움을 위한 성찰이 일어날 것이라 기대합니다.

부디 이 책의 제안이 사교육 문제에 대한 우리 사회의 학습된 무력감을 극복하는 단초가 되어 보다 많은 논의를 불러일으키고, 나아가 교육의 새로운 패러다임을 여는 계기가 되기를 기대합니다. 아직 사교육 걱정 없는 세상은 오지 않았지만, 이미 일상에서 사교육 걱정 없는 세상을 실천하며 시대를 앞서 사는 분, 사교육에 대한 경직된 고정관념을 넘어 새로운 시각을 모색하고 실천해 보고자 하는 모든 분께 이 책을 추천합니다.

차례

1부

우리나라 사교육 실태

1.
우리나라 사교육비 통계 조사 방법

우리나라 정부는 교육부와 통계청 합동으로 공식적인 사교육비 통계를 발표합니다. 매년 2~3월에 전년도 통계를 선보입니다. 이 통계 자료는 2007년부터 현재까지 축적되어 있습니다. 이 통계 조사의 공식 명칭은 '초중고사교육비조사'입니다. 통계청은 조사의 목적을 '초중고 학생들의 사교육비 실태를 파악하여 사교육비 경감 방안 및 공교육 내실화 등 교육정책 추진의 기초자료'를 제공하는 것이라고 하고 있습니다.통계청, 2024a

2007년 이전에는 개별 기관이나 연구자 차원에서 사교육비 통계를 조사하였습니다. 통계 조사가 비정기적으로 이루어졌고, 조사 대상이나 방법에 따라 편차가 심하게 나타났습니다. 연간 사교육비 총계가 적게는 수조 원 많게는 30조 원이 넘게 잡히기도 했습니다. 사교육비 현황과 추이를 파악하는 데에 한계가 분명했습니다. 사교육비 문제가 심각하게 대두되었지만, 그 규모가 얼마인지, 증가세인지 감소세인지 등이 제대로 파악되지 않았습니다.

한동안 통계청 '가계 동향 조사'의 '학원 및 보습교육비' 항목을 활용하여 사교육비 추이를 살펴봤습니다. 예전에는 '보충교육비'라고 불렀습니다. 하지만 지금의 사교육비에 대한 정의, 대상, 조사 방식과는 달랐습니다.

그러다 2006년 신뢰성 있는 사교육비 통계 조사 시스템 구축을 위한 정부 차원의 논의가 시작되었습니다. 그리고 2007년 사교육비 실태 조사가 처음으로 실시되었습니다. 이후 2023년 자료 조사까지 모두 17차례 사교육비 통계 조사가 이루어졌습니다.

사교육비 통계 자료를 주로 사용하는 곳은 교육부와 연구기관입니다. 교육부는 이를 사교육비 경감 및 학교교육 혁신 방안 마련, 학교 수업과 방과후학교의 질 제고, 사교육 수요 완화, 학원비 안정 등을 위한 기초자료로 활용합니다. 연구기관은 사교육비 통계분석, 사교육 경감 정책 연구 등에 이 자료를 활용합니다. 그동안 통계청과 교육부가 진행해 온 '초중고사교육비조사' 주요 연혁과 개편 이력은 〈표 1〉과 같습니다.통계청·교육부, 2023

〈 표 1 〉 초중고사교육비조사 주요 연혁 및 개편 이력

범주	핵심 질문
2007년	'사교육비 실태조사' 시작 : 교육인적자원부와 MOU - 7월과 10월 등 연간 2회 조사, 사교육 의식조사 병행
2008년	'사교육비 실태조사'를 '사교육비 조사'로 명칭 변경
2009년	시도 단위 결과 공포를 위한 표본 확대 - 273교 약 34,000명 → 940교 약 41,000명
2010년	6월과 10월 인터넷 조사 시험 조사
2011년	조사 대상의 50% 인터넷 조사
2012년	학생 성적 항목에 대한 정확한 조사를 위해 조사 대상에 담임교사 추가 조사 대상 중 희망자 인터넷 조사 1,065교 1,398학급

2013년	인터넷 조사 전면 실시
2014년	교육부와 공동통계 작성 승인(하반기 의식조사 통합) 세종시 추가 공포하여 전국 17개 시도를 대상으로 실시
2015년	사교육 의식조사를 사교육비 조사에 통합 방과후학교 항목 조사 대상을 학부모에서 방과후학교 교사로 변경
2016년	'초·중·고 사교육비 조사'로 명칭 변경 초중고 학부모용 조사표 통합
2017년	조사 체계 일원화, 지방청 직원으로 일원화 조사 실시기간 변경(매년 5~6월 및 9~10월 중)
2018년	담임교사 성적 조사를 고등학교만 하는 것으로 변경
2019년	'초중고사교육비조사'로 명칭 변경(중간점 삭제) 1·2차 동일 표본에서 독립 표본으로, 지역 층을 21개에서 34개로 변경
2020년	코로나19로 통계 작성 방법 변경(연간화 미적용, 공포 범위 변경 등)
2021년	2021년 조사 결과 공포 시 2020년 연간화된 조사 결과 동시 공포
2022년	조사 결과 공포 시 가구의 소득 구간 분류 지표 추가(월 300만 원 미만)

다른 나라에서는 사교육비 조사를 거의 하지 않습니다. 우리나라처럼 사교육이 광범위한 규모이거나 기업화되어 있지 않기 때문일 것입니다. 물론 개인교습 같은 형태는 존재합니다만, 우리나라처럼 사교육 시장이 그 규모나 방식이 기업화되어 있을지 의문입니다. OECD 국가 중 사교육비와 관련된 통계를 작성하는 곳은 한국과 일본뿐입니다.통계청·교육부, 2023

일본의 학습비 조사는 격년으로 이루어집니다. 짝수년에 조사해서 다음 해 홀수년 12월에 공포합니다. 조사 기간은 4~6월, 7~11월, 12~3월 등 연 3회입니다. 공사립 유치원과 초중고 학부모 약 3만 명을 대상으로 하여, 1년 동안 학교 및 학원과 개인교습 등에 들인 비용이 어느 정도인지 파악합니다. 학부모 대상 조사는 학교를 통해 우편으로 이루어지고, 학교 대상 조사는 우편이나 온라인으로 이루어집니다. 이러한 방식은 우리나라의 '초중고사교육비조사'와 유사합니다. 하지만 일본의 학습비 조사는 학원과 개인교습 비용 등 통칭 사교육비 외에도 학교교육에 들인 사부담 공교육비도 파악한다는 점에서 차이가 있습니다.

우리나라의 '2023년 초중고사교육비조사'는 전국 초중고 약 3,000교의 학생 약 74,000명을 표본으로 했습니다. 이는 전체 학교의 약 25%에 해당하는 표본입니다. 3월, 4월, 5월 월별 사교육비를 5~6월에, 7월, 8월, 9월 월별 사교육비를 9~10월에 조사합니다. 모바일을 포함한 인터넷 조사를 기본 방법으로 하고, 종이 조사가 병행됩니다. 인터넷 조사 안내창이나 종이 조사표가 학생을 통해 학부모에게 전달되고, 이에 대해 학부모가 직접 응답하는 방식으로 진행됩니다. 조사 체계 및 방법은 [그림 1]과 같습니다.^{통계청·교육부, 2023}

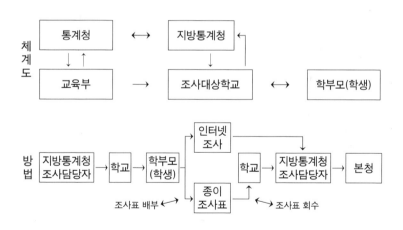

[그림 1] '초중고사교육비조사'의 조사 체계도 및 방법

통계청과 교육부의 '초중고사교육비조사'에서 말하는 사교육비는 '초중고 학생이 학교의 정규 교육과정 외에 학교 밖의 보충교육을 위해 개인과 가정이 부담하는 비용'입니다.통계청, 2024a 학원 강좌 수강, 개인 및 과외, 방문 학습지, 인터넷 강의 및 통신강좌 등에 지출한 수강료와 교재비까지 포함됩니다. 이를 일반교과(국어, 영어, 수학 등) 및 논술, 예체능(음악, 미술, 체육) 및 취미·교양, 진로·진학 학습 상담 비용 등으로 구분하여 조사합니다. 방과후학교나 EBS 교재비와 어학 연수비 등은 사교육비에 포함하지 않고 별도 항목으로 파악합니다.

2.
우리나라 사교육 현황

앞에서 살펴보았듯이 우리나라에서는 통계청과 교육부가 '초중고 사교육비조사'라는 공식 통계 자료를 2007년부터 발표하고 있습니다. 사교육 통계의 핵심 지표는 사교육비 총액, 사교육 참여율, 사교육 주당 참여 시간, 학생 1인당 월평균 사교육비 등 네 가지입니다. [그림 2]는 2023년 네 가지 항목을 요약한 자료입니다.통계청, 2024a

(1) 사교육비 총액

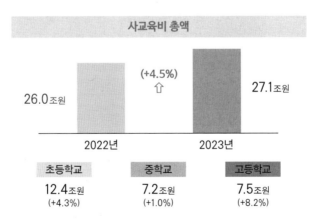

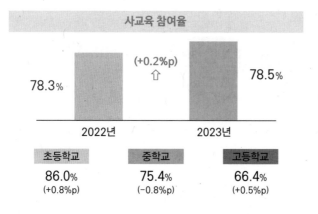

사교육 참여율

78.3%

2022년

(+0.2%p)
⇧

78.5%

2023년

초등학교	중학교	고등학교
86.0%	75.4%	66.4%
(+0.8%p)	(−0.8%p)	(+0.5%p)

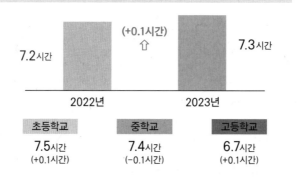

사교육 주당 참여 시간

7.2시간

2022년

(+0.1시간)
⇧

7.3시간

2023년

초등학교	중학교	고등학교
7.5시간	7.4시간	6.7시간
(+0.1시간)	(−0.1시간)	(+0.1시간)

학생 1인당 월평균 사교육비

41.0만 원   43.4만 원

(+5.8%)
⇧

52.4만 원   55.3만 원

(+5.5%)
⇧

2022년   2023년   2022년   2023년

전체 학생   참여 학생

[그림 2] 2023년 초중고사교육비조사 결과 요약

우리나라 사교육비 총액은 2007년 이후 연간 17~27조 원으로 조사되었습니다. 여기에는 영유아와 이른바 N수생의 사교육비는 빠져있습니다. 따라서 실질적인 사교육비 총액은 이보다 더 큽니다.

〈 표 2 〉 초중고 사교육비 총액

	전체	초등학교	중학교	고등학교
2022년	25조 9.538억	11조 9,055억	7조 832억	6조 9,651억
2023년	27조 1,144억	12조 4,222억	7조 1,534억	7조 5,389억
증감률	4.5%	4.3%	1.0%	8.2%

〈표 2〉에 제시되어 있듯, 2023년 사교육비 총액은 27조 1천144억 원입니다.통계청, 2024a 전년보다 4.5% 증가했습니다. 초등학교는 12조 4천222억 원으로 4.3% 증가했고, 중학교는 7조 1천534억 원으로 1.0% 늘었습니다. 고등학교는 7조 5천389억 원으로 8.2%나 증가했습니다. 고등학교의 증가 폭이 가장 큽니다.

여기에는 학생 수 증감의 영향도 반영되어 있습니다. 2023년에 전년도에 비해 고등학생 수만 2만 명 늘고, 초등학생과 중학생 수는 전체적으로 약 7만 명 감소했습니다. 고등학교 사교육비 총액이 늘어난 데에는 고등학생 수가 증가한 것도 영향을 미쳤겠지만, 초등학교와 중학교의 경우에는 학생 수가 감소했음에도 불구하고 사교육비가 뛰었습니다. 부정적인 상황입니다.

[그림 3]은 2007년 이후 2023년까지 사교육비 총액 추이를 나타냅니다. 2023년 사교육비 총액은 27조 원으로 역대 최고치를 경신했습니다.통계청, 2024a 2023년만 그런 것이 아닙니다. 문재인 정부 마

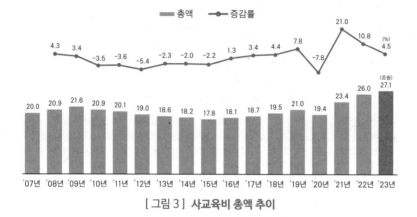

[그림 3] 사교육비 총액 추이

지막 해인 2021년은 23조 4천억 원으로 역대 최고치였습니다. 정권이 바뀌고 윤석열 정부 첫해인 2022년은 26조 원으로 역시 역대 최고치였습니다. 두 번째 해인 2023년에도 흐름은 꺾이지 않았습니다. 윤석열 정부 출범 이후 매년 사교육비 신기록이 나타났습니다.

사교육비 총액 27조 원이 어느 정도의 금액인지는 일반 서민으로서는 감을 잡기 어렵습니다. 이를 다른 지표들과 비교해 보아야 어림짐작할 수 있을 것입니다.

우리나라의 2023년 국내총생산GDP은 약 2천4백조 원입니다. 이는 국내에서 가계, 기업, 정부 등 모든 경제주체가 생산한 재화 및 서비스의 부가가치를 시장가격으로 평가하여 합산한 것입니다. 2023년 사교육비 총액 27조 원은 우리나라 GDP 대비 1.13%에 해당합니다.

우리나라의 2023년 정부 예산은 약 638조 원입니다. 이는 중앙정부 나라 살림살이의 총규모입니다. 2023년 사교육비 총액 27조 원은 정부 예산 총액 대비 4.2%라고 할 수 있습니다.

2023년 정부 예산 중 교육부 예산은 약 102조 원입니다. 여기에는 유치원, 초등학교, 중학교, 고등학교 운영에 쓰이는 재정뿐만 아니라 대학교육 및 평생교육에 쓰이는 금액까지 포함됩니다. 유초중고 학교교육 예산은 교육부가 직접 집행하지 않고 〈지방교육재정교부금법〉에 따라 시도교육청에 내려보내 집행하도록 합니다. 유치원의 경우 지방교육재정교부금으로 공립유치원 인건비와 운영비를 감당하고, 사립유치원 인건비를 일부 지원합니다. 공/사립 유치원, 공공/민간 어린이집 운영비를 통합적으로 지원하는 '누리과정 예산'은 별도로 마련합니다. 시도교육청은 이 교부금에 각 지방자치단체에서 들어오는 전입금을 합쳐 예산을 운영합니다. 이런 구조를 통해 2023년에 유초중고 학교교육에 쓰인 세입 예산 총액은 약 99조 원이었습니다. 2023년 초중고 사교육비 총액 27조 원은 유초중고 공교육비 총액 99조 원 대비 약 27%에 해당합니다.

〈 표 3 〉 2023년 국가 살림살이 규모 대비 사교육비 총액 비율

초중고 사교육비 총액 [A]	국가 살림살이 [B]	A/B (%)
27조 1,144억 원	국내총생산(GDP) 2,401조 1,894억 원	1.13%
	정부 예산 총액 638조 7,277억 원	4.24%
	유초중고 공교육비 총액 98조 9,772억 원	27.39%

우리나라 국민들은 '천문학적 규모의 사교육비'라는 표현에 워낙 익숙해 있어서 이 정도의 비율을 그다지 놀라지 않을 수 있습니다.

하지만 이처럼 사교육비 통계를 조사하는 나라는 한국과 일본뿐입니다. 다른 나라에서는 사교육비 통계를 구하지 않을 정도로 적다는 뜻입니다. 그러니 공교육비의 30%에 육박하는 사교육비 규모를 정상적이라고 보기는 어렵습니다.

(2) 학생 1인당 월평균 사교육비

사교육 통계의 핵심 지표 중 사교육비의 규모와 증감 추이를 알아보려면 '학생 1인당 월평균 사교육비'를 살펴봐야 합니다. 사교육비 총액으로도 사교육비 규모와 추이를 알 수 있으나, 여기에는 학생수 증감이 반영되어 있습니다. 지금은 학생 수가 급감하는 시기이니 사교육비 총액만 보면 사교육이 완화하는 듯한 착시효과가 나타날 수 있습니다. 만약 사교육비 총액이 감소하면 그것이 사교육비 자체가 줄어든 것인지 아니면 학생 수가 줄어든 영향 때문인지 다시 생각해 보아야 합니다. 물론 지금 학생 수가 급감하고 있음에도 불구하고 여전히 사교육비 총액은 늘어나고 있으니 우리나라 사교육 문제가 얼마나 심각한지 다시 한번 확인할 수 있습니다.

'학생 1인당 월평균 사교육비'를 살필 때 유의해야 할 것이 있습니다. 여기에는 사교육비를 받지 않은 경우, 즉 0원도 포함되어 있습니다. 그래서 '학생 1인당 월평균 사교육비' 항목에는 '전체 학생'과 '참여 학생' 항목이 별도로 나뉘어 있습니다. 그리고 '전체 학생' 중 '참여 학생'의 비율을 '사교육 참여율'이라는 항목으로 나타내고 있습니다.

2007년부터 2023년까지 '초중고사교육비조사'에 나타난 '전체 학

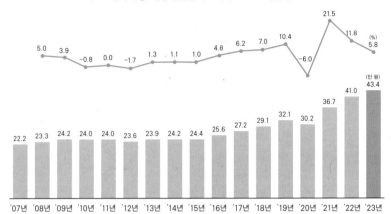

[그림 4] 전체 학생 1인당 월평균 사교육비 추이

생 1인당 월평균 사교육비' 추이는 [그림 4]와 같습니다.^{통계청, 2024a}

2023년 전체 학생 1인당 월평균 사교육비는 43만 4천 원입니다. 통계 조사가 시작된 2017년 이래 가장 많습니다. 2007년 22만 2천 원에서 두 배 가까이 늘었습니다. 사교육비가 줄어든 해는 2010년, 2012년, 2020년입니다. 이 중 2010년과 2012년의 감소 폭은 크게 유의미하지 않고, 2020년의 −6.0%만이 통계적으로 유의미한 감소 폭입니다. 이때는 코로나 사태가 발생해 학교와 학원 모두 문을 닫았던 시기였습니다.

전반적인 추이는 씁쓸합니다. 문재인 정부 마지막 해인 2021년 월평균 사교육비는 36만 5천 원으로 당시 가장 많았습니다. 그런데 다음 해인 2022년에 41만 원으로 전년도를 능가했습니다. 윤석열 정부 첫 번째 해에 사상 최고치를 기록한 것입니다. 윤석열 정부 두 번째 해인 2023년은 43만 4천 원으로 5.8% 증가했습니다. 다시 한

번 역대급 기록을 보였습니다. 3년 연속으로 사상 최고치를 갈아치
웠습니다. 고공행진입니다.

정권이 바뀌었지만, 문재인 정부나 윤석열 정부나 사교육비는 매
번 최고치 경신입니다. 증가율 모두 만만치 않습니다. 2021년의 증
가율이 21.5%로 역대 최고치이지만 이는 전년도 코로나 사태 영향
에 따른 기저 효과로 해석할 수 있습니다. 하지만 윤석열 정부 첫해
와 두 번째 해에 각각 11.8%와 5.8%의 증가율을 보였습니다. 예년
의 증감률에 비추면 높은 편입니다.

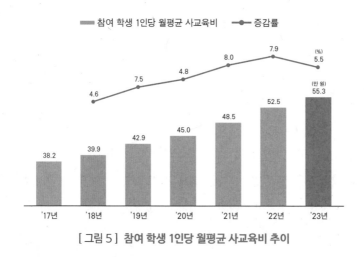

[그림 5] 참여 학생 1인당 월평균 사교육비 추이

사교육 참여 학생의 사교육비 추이는 더욱 씁쓸합니다. [그림 5]
에 나타나 있듯이, 참여 학생 1인당 월평균 사교육비는 코로나 사태
가 터진 2020년에도 증가했습니다. 통계를 내기 시작한 이후 단 한
번도 꺾인 적이 없습니다. 코로나 사태가 터진 2020년에도 사교육은
건재한 것으로 보입니다.

이처럼 여러 지표를 살펴볼 때, 문재인 정부나 윤석열 정부 모두 이전 이명박 정부, 박근혜 정부보다 사교육 관련 지표가 좋지 않습니다. 그리고 이를 정당화할 논리를 찾기 어려워 보입니다. 사교육 문제에 대해서는 역대 정부 모두 무능력하거나 무책임하기는 마찬가지로 보입니다.

(3) 가구당 학생학원교육비

다른 통계 자료를 보더라도 사교육비 증가 추세는 명확합니다. 통계청은 분기별로 '가계동향조사'를 발표하고 있습니다. 매월 전국의 약 7,200가구를 대상으로 자료를 수집한 후 이를 분기별로 묶어 발표하고 있습니다. 이를 통해 소득 및 지출 통계, 흑자율과 평균소비성향 등 가계수지 지표를 알 수 있습니다. 이 조사 중에 〈표 4〉처럼 '학생학원교육' 지출 내용도 포함되어 있습니다.통계청, 2024b

〈표 4〉 통계청 '가계동향조사' 중 교육비 지출 항목

교육	
정규교육	
초등교육	
중등교육	
고등교육	
학원 및 보습교육	학생 및 성인이 정규교육기관 외에 학원 수강 등에 대한 지출
학생학원교육	학생이 정규 교육과정에 대해 부족한 부분을 보강하거나 선행학습 등을 위한 지출
성인학원교육	대학생 이상 일반인이 직업 및 어학 능력 향상 등을 위해 수강하는 것으로, 성인을 대상으로 하는 개인과외 포함
기타교육	

'학생학원교육' 지출은 '학생이 정규 교육과정에 대해 부족한 부분을 보강하거나 선행학습 등을 위한 지출'입니다. 통계청과 교육부가 합동으로 조사하고 있는 '초중고사교육비'와 유사합니다. 다만 '초중고사교육비' 조사는 학생 개인 단위 통계이고, '학생학원교육'은 가구 단위 통계라는 점에서 다릅니다. 또한 '초중고사교육비'는 초중고 재학생에 대한 통계이지만, '학생학원교육'은 이에 더하여 영유아와 N수생까지 포함합니다. 2023년 가구당 월평균 학생학원교육 지출 현황은 〈표 5〉와 같습니다.통계청, 국가통계포털 KOSIS

〈 표 5 〉 2023년 가구당 학생학원교육 지출

	1분기	2분기	3분기	4분기	연간
금액	142,331원	140,571원	151,488원	144,169원	145,950원
증감률	4.9%	1.2%	9.4%	−1.0%	3.9%

*금액: 월평균
**증감률: 전년 같은 분기 대비 및 전년 대비

2023년 '초중고사교육비조사' 결과보다 2주일 앞서, 2023년 4분기 및 연간 '가계동향조사' 결과가 발표되었습니다. '학생학원교육' 지출은 2023년 월평균 145,950원으로 전년보다 3.9%가 늘었습니다. 분기별로 보면, 전년 같은 분기 대비하여 1분기 4.9%, 2분기 1.2%, 3분기 9.4% 증가하다가 4분기 들어 1.0% 감소로 돌아섰습니다.

'초중고사교육비조사' 결과와 마찬가지로 '학생학원교육' 지출도 최근 몇 년 동안 꾸준히 증가세였습니다. 2020년 코로나 영향에 따라 20.3%가 감소한 이후 2021년 20.1%, 2022년 14.5%, 2023년 3.9%로 계속 증가세를 보였습니다. 물론 증가세가 다소 둔화하고 있어 위안이 됩니다.

하지만 '미혼자녀 있는 부부 가구'만을 놓고 보면 사정이 조금 다릅니다. '가계동향조사'는 '미혼자녀 없으면서 가구주 65세 이상 부부 가구', '미혼자녀 없으면서 가구주 65세 미만 부부 가구', '미혼자녀 있는 부부 가구', '기타 가구' 등 네 가지로 통계치를 제시합니다. 이 중 '미혼자녀 있는 부부'의 비율은 30.28%입니다. 가구원 수는 평균 3.6명이고, 가구주의 평균 연령은 48.89세입니다.

〈 표 6 〉 2023년 미혼자녀 있는 부부 가구당 학생학원교육 지출

	1분기	2분기	3분기	4분기	연간
금액	393,924원	387,590원	414,571원	390,480원	399,375원
증감률	11.4%	7.0%	16.4%	3.4%	9.8%

*금액: 월평균
**증감률: 전년 같은 분기 대비 및 전년 대비

'학생학원교육' 지출은 〈표 6〉과 같이 2023년 월평균 399,375원으로 전년보다 9.8% 증가했습니다. 분기별로 보면 전년 같은 기간에 비해 1분기 11.4%, 2분기 7.0%, 3분기 16.4%, 4분기 3.4% 늘었습니다. 전체 가구에 비해 증가 폭이 크고 감소한 경우는 없습니다. 가구주 연령 평균 48.89세, 가구원 수 3.6명을 대상으로 한 통계이니 초중고 자녀 1명 이상을 둔 가구의 평균적인 지출 규모라고 할 수 있습니다.

연도별 추이는 2020년 코로나19 시기 16.8% 감소 이후 계속 증가입니다. 2021년 22.3%, 2022년 18.3%, 2023년 9.8% 늘었습니다. 증가세가 둔화하고 있지만 그래도 10%에 육박합니다. 다소 나아져

보지만 갈 길이 아직 멀다고 할 수 있습니다.

2024년 들어서도 전체 가구나 미혼자녀 있는 부부 가구의 학생 학원교육 지출은 1년 내내 증가했습니다. 2025년 상반기에 발표될 2024년 초중고사교육비조사 결과에 눈길이 쏠립니다.

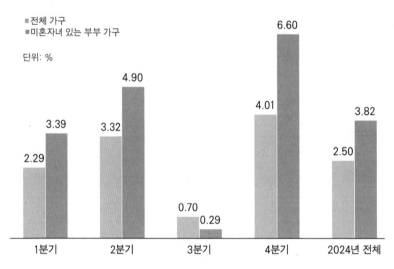

[그림 6] 2024년 학생학원교육 지출의 증가 현황

(4) 학교급별 학생 1인당 월평균 사교육비

사교육 현황을 초, 중, 고 학교급별로 나누어 살펴보는 것도 의미 있습니다. 사교육에 참여하는 학생 비율은 대입을 앞둔 고등학생이 가장 높을 것으로 예상할 수 있겠으나, 참여율은 〈표 7〉처럼 초등학생이 가장 높고 중학생과 고등학생이 그 뒤를 이어가고 있습니다.통계청, 2024a

이처럼 초등학생의 사교육 참여율이 가장 높게 나타나는 추세는

〈 표 7 〉 학교급별 사교육 참여율

	전체	초등학교	중학교	고등학교
2022년	78.3%	85.2%	76.2%	66.0%
2023년	78.5%	86.0%	75.4%	66.4%
증감률	0.2%p	0.8%p	−0.8%p	0.4%p

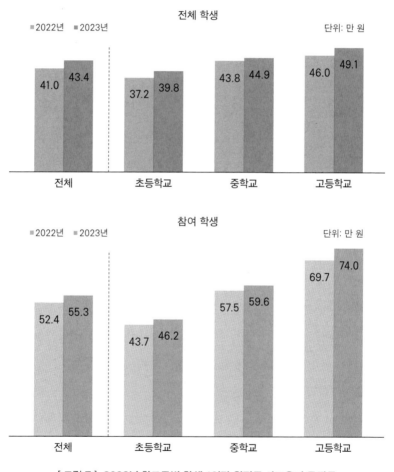

[그림 7] 2023년 학교급별 학생 1인당 월평균 사교육비 증감률

2007년 이후 지금까지 일관되게 나타나는 현상입니다. 이 점에 대해서는 뒤에서 분석하도록 하겠습니다. 반면, 학생 1인당 월평균 사교육비를 학교급별로 보면 고등학교 학생의 사교육비가 압도적으로 높습니다.통계청, 2024a

학생 1인당 월평균 사교육비를 학교급별로 보면 초등학생은 39만 8천 원, 중학생은 44만 9천 원, 고등학생은 49만 1천 원입니다. 실제 사교육에 참여하는 학생만 대상으로 보면 초중고 평균 55만 4천 원, 초등학생은 46만 2천 원, 중학생은 59만 6천 원, 그리고 고등학생은 74만 원입니다.

사교육비 증감률은 역시 고등학생이 가장 컸습니다. 전체 학생을 대상으로 한 조사에서는 6.9%, 참여 학생을 대상으로 한 조사에서는 6.1% 증가했습니다. 중학생 증가율 2.6% 및 3.7%와 확연한 차이를 보입니다.

고등학생의 사교육비가 두드러지게 띈 것은 윤석열 대통령의 부적절한 발언도 원인으로 작용한 것으로 보입니다. 수능을 몇 개월 앞두고, 대통령이 갑자기 수능 킬러문항 배제 발언을 공개적으로 합니다. 수능 시험에서 킬러문항을 배제하는 것은 〈공교육 정상화 촉진 및 선행교육 규제에 관한 특별법〉의 취지로 보나, 평소 교육부와 한국교육과정평가원의 방침으로 보나 너무나 마땅한 일입니다. 그런데 대통령의 엉뚱한 언사는 입시를 흔들고 학생과 학부모의 불안을 요동치기에 충분했습니다. 출제 경향이 바뀔지도 모른다는 신호였기 때문입니다.

이로 인한 불안은 사교육을 부추깁니다. 기존에도 입시 제도가 바뀌면 학원행 발걸음이 늘었습니다. 제도 변화의 세부 사항과 유불리를 파악하고 자녀의 입시 준비 방향이나 설계에 도움받기 위해서입니다. 입시 제도가 자주 바뀔수록, 입시 제도가 복잡할수록 사교육이 증가한다는 것은 상식에 해당합니다. 그런데도 대통령은 입시를 흔들었습니다. 킬러문항을 배제한다는 것이 도대체 수능이 쉬워진다는 의미인지, 아니면 준킬러문항이 많아지면서 오히려 난도가 올라간다는 것인지, 수험생 개개인의 처지에 따라 유리한 것인지 불리한 것인지 가늠하기 어렵게 만들었습니다. 그래서 [그림 8]처럼 고등학생의 사교육비 증감률이 높아진 것으로 보입니다.통계청, 국가통계포털 KOSIS

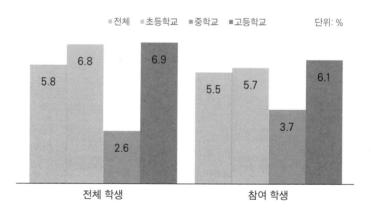

[그림 8] 2023년 학교급별 학생 1인당 월평균 사교육비 증감률

(5) 사교육 참여율

전체 학생 중 사교육에 참여하는 학생은 70~80% 선으로 확인되고 있습니다. 학원이나 과외 등 사교육에 아예 참여하지 않는 학생

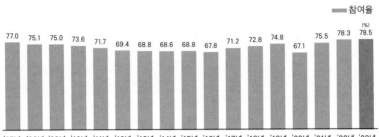

[그림 9] 연도별 학생 사교육 참여율 추이

이 20% 이상이나 될까 하는 의구심도 있지만, 비교적 일관성 있게 나오는 통계 결과이니 신뢰할 만하다고 볼 수 있습니다.

사교육 통계 조사가 시작된 2007년 이후 이명박 정부와 박근혜 정부에서는 사교육 참여율이 완만한 하락세를 보여왔습니다. 그러다 문재인 정부 시절에는 코로나 사태가 터진 2020년을 제외하고 다시 증가세를 보이다가 현 윤석열 정부에 이르러 최고치를 경신했습니다. 그 차이가 통계적으로 유의미하지 않을 수 있지만, 전반적인 흐름에 대해서만큼은 유심히 살필 필요가 있습니다.

또 한 가지 주목할 필요가 있는 것은 학교급별 사교육 참여율 추이입니다. 대입을 앞둔 고등학생의 사교육 참여율이 가장 높을 것이라는 예상과는 달리 초등학생의 사교육 참여율이 가장 높습니다. 이는 앞에서 언급했던 〈표 7〉로 보나, 2007년 이후 전반적인 추이인 [그림 10]^{통계청, 국가통계포털 KOSIS}으로 보나 마찬가지입니다.

2023년에는 전체 학생 중 78.5%가 사교육에 참여하는 것으로 조사되었습니다. 초등학생이 86.0%로 가장 높고, 중학생은 75.4%, 일반고등학교 학생은 72.3%, 직업계까지 포함한 고등학생 평균은

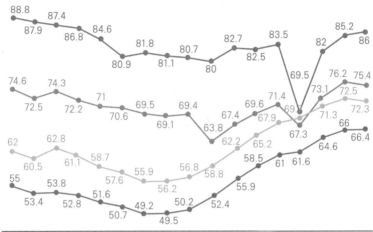

초등학교   중학교   고등학교   일반고   단위: %

88.8
87.9 87.4
     86.8 84.6
              81.8 80.7   82.7   83.5   85.2
          80.9 81.1 80   82.5   69.5   82   86

74.6 74.3
72.5 72.2 71   69.5 69.4   69.6 71.4   76.2 75.4
          70.6   69.1   67.4 67.9 69.3 73.1 72.5 72.3
                          63.8 62.2 65.2 67.3 71.3
62 62.8   64.6 66.4
60.5 61.1 58.7   58.5 61 61.6   66
55 53.8 52.8 57.6 55.9 56.8 55.9
53.4   51.6 56.2 58.8 52.4
          50.7 49.2 50.2
              49.5

2007 2008 2009 2010 2011 2012 2013 2014 2015 2016 2017 2018 2019 2020 2021 2022 2023

[그림 10] 2007~2023년 학교급별 사교육 참여율

66.4%입니다. 사교육비는 학교급이 올라갈수록 높아지지만, 참여율은 학교급이 낮을수록 높다는 것도 특징적입니다.

대입을 앞둔 고등학생이 가장 사교육 참여율이 높을 것이라는 예상과 달리, 초등학생의 사교육 참여율이 가장 높습니다. 이 이유에 대해 '아이 맡길 곳이 없어 학원을 돌린다'고 생각하기 쉽습니다. 하지만 초등학생이 사교육에 참여하는 이유에는 복합적인 원인이 작용하고 있습니다.

〈표 8〉에 의하면 초중고 학생 모두 '학교 수업 보충'이 가장 큰 비율을 차지하고 있습니다. 이에 대한 학교급별 차이는 통계적으로 유의미하지 않은 것으로 보아, 이는 의례적으로 응답하는 '기본값'으로 보입니다.

〈표 8〉 일반교과 사교육 참여 이유(복수 응답)

	진학 준비	불안심리	선행학습	학교 수업 보충	보육	기타
초등학교	10.4%	4.8%	42.7%	84.0%	20.6%	6.4%
중학교	26.1%	6.1%	45.0%	85.7%	–	3.5%
고등학교	52.7%	5.6%	29.0%	79.1%	–	1.5%

나머지 주요 원인은 '진학 준비', '선행학습', '보육' 세 가지입니다. 고등학생이 사교육에 참여하는 이유는 '진학 준비' 즉 대입 준비가 가장 높고, 초등학생이 사교육에 참여하는 이유는 '선행학습'이 가장 높습니다. 그리고 초등학생의 사교육 참여 동기에는 '보육(돌봄 대체)'이 덧붙습니다.

이렇게 볼 때 현재 사교육 문제로 가장 큰 영향을 받는 대상은 초등학생이라고 할 수 있습니다. 여기에는 입시 경쟁, 불안 심리, 돌봄의 공백 등 매우 복합적인 문제가 얽혀 있습니다. 더욱이 나이 어린 학생들, 젊은 학부모들이 이해당사자로 얽혀 있습니다.

사교육 문제에 접근할 때 단순히 공교육과의 관계만을 생각해서는 한계가 명확합니다. 근본적으로는 입시 경쟁의 문제입니다. 그런데 최근 초등학생 사교육 문제에는 돌봄 문제까지 얽혀 있습니다. 돌봄 문제는 노동 문제, 저출생 문제, 사회 복지 문제와도 연결되어 있습니다.

아이 낳아 키우기 힘든 사회, 아이를 낳아도 돌봐줄 곳이 마땅히 없는 사회, 한 번의 시험으로 한 인간의 운명을 결정하는 것이 공정하다고 여기는 능력주의(메리토크라시) 사회에서는 '초등학생 의대 준비반'이라는 '극한 선행학습'까지 생겨납니다. 나이 어린 학생과 젊은 학부모의 고통이 가중되고 있습니다.

(6) 사교육 증가 추이

앞에서 여러 자료를 통해 살펴보았듯이, 2007년 이후 우리나라 사교육 추이는 2016년까지 다소 감소세를 보였습니다. 2017년 이후 상승세를 타다가, 2020년 코로나 발생 첫해 잠시 주춤하더니, 2021년부터 현재까지 급격한 상승세를 보이고 있습니다.

이 추세의 원인을 정확하게 분석하기는 매우 어렵습니다. 더욱이 2016년까지의 감소세 역시 크게 의미 있는 정도는 아니어서 이를 감소세라고 부르기가 적절하지 않을 수 있습니다. 다만 이 시기에 방과후학교 등 사교육비 절감 대책이 대증요법 효과를 보였다고는 할 수 있습니다. 게다가 이 시기에 지방교육자치가 본격화되면서 민선 교육감이 수업 혁신, 평가 혁신을 위해 노력한 것도 일정 부분 효과가 있었던 것으로 보입니다.

사교육이 다시 증가세로 돌아선 것은 문재인 정부 초기였습니다. 이때에는 특히 수능 개편안을 둘러싼 논란, 정시/수시 논란, 조국 사태 등으로 학생과 학부모의 불안 심리가 매우 요동쳤던 것으로 보입니다. 정부의 어설픈 대책이 오히려 화만 키웠다고 평가할 수밖에 없습니다.

코로나 사태로 인해 사회적 거리두기와 멈춤이 일어났던 2020년에는 사교육도 잠시 주춤했습니다. 물론 앞에서 분석했듯이 참여 학생 1인당 월평균 사교육비는 이 시기에도 증가했습니다. 그리고 2021년부터는 오히려 기저 효과가 일어나 사교육이 급증하기 시작합니다. 한번 가속도가 붙은 사교육 열풍은 윤석열 정부의 실정과 맞물리면서 역대 최고치를 경신하고 있습니다.

학생 1인당 사교육비, 사교육 총액과 마찬가지로 사교육 참여율 역시 윤석열 정부 들어 최고치를 경신했습니다. 문재인 정부 마지막 해였던 2021년의 사교육 참여율 75.5%는 역대 두 번째였습니다. 윤석열 정부가 들어선 2022년은 그것마저 뛰어넘어 78.3%를 기록해 사상 최고치를 경신하더니 뒤이은 2023년에는 78.5%를 기록해 또다시 더 높은 수치를 보였습니다.

학교급별 추이를 보면 코로나 발생 시기인 2020년에 최저점을 기록한 이후 초등학생, 중학생, 고등학생 참여율 모두 가파른 상승세를 보였습니다. 유일하게 중학생만 2023년도에 0.8% 포인트 감소했습니다. 윤석열 정부는 중학생 참여율이 0.8% 포인트가 감소한 것을 실적인 양 아래와 같은 보도자료를 통해 강조했습니다.^{교육부,} 2024a

참여율 증가세 둔화, 중학교 사교육 참여율 하락

- '23년 사교육 참여율은 78.5%로 전년대비 0.2%p 증가하였으며, '21년 사교육 참여율 75.5%(8.4%p↑)와 비교하여 증가세는 현격히 둔화되었다.

- 조사 결과를 학교급별로 살펴보면 초등학교가 86.0%(전년대비 0.8%p↑), 고등학교가 66.4%(전년대비 0.5%p↑)로 증가하였으나, 중학교에서는 사교육 참여율이 75.4%로 전년대비 0.8%p 감소하였다.

하지만 2007년 이후 중학생의 사교육 참여율은 윤석열 정부 첫해인 2022년에 76.2%로 사상 최고치를 기록했고, 0.8% 포인트가 감소한 2023년 75.4%가 역대 두 번째일 따름입니다. 중학생 사교육 참여율이 가장 낮았던 2016년 63.8%에 비하면 11.6% 포인트라는 격차가 있습니다.

일반고 학생의 참여율 또한 역대 두 번째입니다. 2022년 72.5%에 뒤이어 2023년 72.3%로 두 번째로 높습니다. 가장 참여율이 낮았던 2013년 55.9%와 상당한 차이를 보입니다. 직업계고 학생까지 포함한 고등학생 전체 참여율은 2023년 66.4%가 역대 최고치입니다. 2007년 55.0%에서 점차 감소하여 2013년 49.2%까지 떨어졌습니다. 하지만 그 뒤에 악화하여 2023년 최고치를 경신합니다. 가장 좋았던 때와 가장 악화했던 때의 차이는 17.2% 포인트입니다.

우리나라 사교육비 추이는 2007년 통계 이후 소폭의 증감을 거쳐 최근 들어 급증하고 있습니다. 사교육 문제에 대한 접근법과 그 결과는 역대 정부에서 근본적인 차이가 없어 보입니다. 이제는 역대 정부의 접근법을 뛰어넘는 근본적인 해법을 모색해야 할 때입니다.

3.
사교육 불평등 실태

　우리나라 사교육비는 몇 가지 특징이 있습니다. 소득이 높은 가구일수록, 서울에 살수록, 맞벌이 부모일수록, 자녀가 1명일수록 사교육비를 많이 지출합니다. 가령 〈표 9〉를 통해 알 수 있듯이 월평균 소득이 800만 원 이상 가구는 자녀 한 명에게 월 67만 1천 원을 쓰고, 300만 원 미만은 18만 3천 원을 씁니다. 4배 가까이 됩니다. 가정이 돈을 많이 벌수록 자녀 학원비 지출이 많습니다. 참여율에서도 비슷한 흐름이 나타납니다. 고소득 가정으로 갈수록 사교육 참여율은 점차 높아집니다. 월 소득 300만 원 미만 가구의 사교육 참여율은 57.2%인 반면, 800만 원 이상 가구의 사교육 참여율은 87.9%입니다. 30.7% 포인트 차이입니다.^{통계청, 2024a}

　〈표 10〉을 통해 알 수 있듯이 지역별 혹은 시도별로 보면 서울 지역의 사교육비 지출이 가장 많습니다. 그리고 경기, 세종, 대구 등도 두드러집니다. 수도권이거나 학원가가 발달한 곳입니다.

　서울 지역의 경우 전체 학생 1인당 월평균 사교육비는 62만 8천 원이고, 참여 학생 1인당 월평균 사교육비는 74만 1천 원입니다. 전

〈표 9〉 가구 소득별 학생당 월평균 사교육비와 사교육 참여율

	사교육비(만원)		사교육 참여율(%)	
	2022년	2023년	2022년	2023년
전체	41.0	43.4	78.3	78.5
300만 원 미만	17.8	18.3	57.2	57.2
300~400만 원	27.2	27.9	70.4	70.3
400~500만 원	35.1	35.3	78.7	76.8
500~600만 원	39.9	41.2	81.2	80.6
600~700만 원	46.9	48.4	84.8	85.1
700~800만 원	51.8	52.7	86.6	85.8
800만 원 이상	64.8	67.1	88.1	87.9

체 학생 1인당 월평균 사교육비를 학교급별로 보면 초등학교 56만 7천 원, 중학교 62만 2천 원, 고등학교 74만 7천 원, 일반고 84만 원으로 다른 시도보다 월등히 높습니다. 서울 지역 일반고 학생 1인당 월평균 사교육비는 전남 지역 일반고 학생 1인당 월평균 사교육비 34만 7천 원보다 2.4배 많습니다.통계청, 국가통계포털 KOSIS

사교육 참여 학생의 월평균 사교육비도 비슷한 양상입니다. 특히 고등학교가 눈에 띕니다. 서울은 월 98만 8천 원입니다. 사교육 받는 고등학생의 비용이 백만 원에 육박합니다. 일반고는 평균 103만 8천 원으로 백만 원을 넘어섰습니다. 전년도 98만 3천 원에서 더 늘었습니다. 학년별로 보자면 1학년 91만 1천 원, 2학년 103만 원, 3학년 103만 3천 원입니다.통계청, 국가통계포털 KOSIS 2학년과 3학년 학생의 월 학원비가 평균 백만 원을 넘어선 것입니다. 고등학생 자녀 둘이면 매달 2백만 원이 훌쩍 넘습니다. 이는 평균치인 만큼, 고소득 가

〈 표 10 〉 시도별 학교급별 학생 1인당 월평균 사교육비

	전체 학생					참여 학생				
	전체	초	중	고	일반고	전체	초	중	고	일반고
서울	62.8	56.7	62.2	74.7	84.0	74.1	62.1	76.0	98.8	103.8
부산	43.4	40.9	46.4	45.8	53.4	54.2	46.4	60.9	68.7	73.4
대구	45.9	42.2	50.6	48.5	56.1	57.2	48.5	64.2	71.5	75.7
인천	42.4	39.2	42.6	48.9	56.3	54.9	46.2	57.8	75.1	78.1
광주	39.6	67.7	42.7	40.2	45.5	51.9	45.7	55.8	63.0	64.6
대전	41.0	38.1	40.9	46.7	51.9	52.6	44.3	56.0	69.4	72.4
울산	36.8	35.9	36.5	39.1	44.7	47.1	41.4	50.2	59.4	61.1
세종	46.5	45.0	46.8	49.9	52.0	55.4	49.3	59.0	70.9	71.7
경기	46.9	41.2	49.0	5.1	61.7	57.3	46.6	62.5	79.6	81.2
강원	32.4	31.6	34.3	32.1	35.9	44.7	38.5	49.2	56.1	58.7
충북	32.1	32.6	32.7	30.5	36.7	44.6	39.6	49.1	54.0	56.7
충남	30.8	29.4	31.7	32.6	37.8	43.8	36.7	49.3	57.7	60.0
전북	30.2	29.7	33.6	31.7	36.2	43.3	35.3	47.9	57.9	59.4
전남	27.9	26.8	29.8	28.1	34.7	41.5	35.5	46.1	51.8	55.0
경북	31.5	31.8	33.6	29.1	35.4	42.7	37.4	47.4	52.6	54.9
경남	32.4	30.5	34.8	33.6	37.2	43.2	37.3	47.1	54.7	55.9
제주	34.5	31.8	37.6	36.7	41.7	46.0	37.8	53.4	62.3	64.0

정은 이보다 더 많이 지출할 것으로 보입니다.

자녀가 여러 명인 가정보다 한 명인 가정일수록 사교육비가 많고, 참여율도 높습니다. 그만큼 더 집중적으로 투자하는 것으로 보입니다. [그림 11]을 통해 알 수 있듯이 부모가 외벌이인 경우보다 맞벌이인 가정이 사교육비가 많았습니다. 맞벌이 가정의 사교육비는 월

45만 9천 원으로, 아버지 외벌이 가구의 42만 9천 원이나 어머니 외벌이 가구의 28만 8천 원보다 많습니다. 자녀가 적을수록, 부모가 맞벌이일수록 학원비 지출도 많고 참여율도 높습니다.통계청, 2024a

정리하자면, 가정이 부유할수록, 집이 서울일수록, 자녀가 적을수록, 부모가 맞벌이일수록 사교육비를 많이 씁니다. 서울의 중산층 부모가 맞벌이하면서 자녀 한 명에게 가정의 자원을 총동원한다는 뜻입니다. 이는 교육이라기보다 '투자' 개념에 가깝고, 이로부터 이른바 '부모 찬스'의 요소가 생겨납니다.

부모가 자녀의 사교육에 모든 것을 '올인'하는 것은 남들보다 뒤처지지 않도록, 혹은 남들보다 앞서기 위해서입니다. 예전에는 후자의 경우가 많았습니다. 교육을 통한 계층 이동이 활발히 이루어지던 시절에는 남들보다 한 발 더 앞서기 위해 모든 자원을 투자했습니다. 그 마음에는 욕망이 자리 잡고 있습니다.

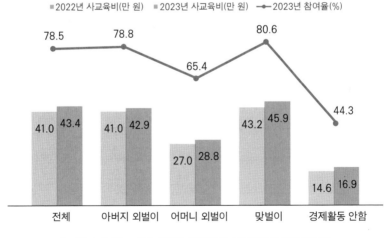

[그림 11] 부모의 경제활동 상태별 사교육비와 사교육 참여율

하지만 지금은 전자의 경우가 많습니다. 이른바 '개천에서 용 나는' 시절은 지나가고 자녀 세대가 부모 세대보다 더 높은 계층을 차지할 전망이 줄어들고 있습니다. 부모의 직업이나 사회적 지위로부터 자녀가 미끄러지지 않게 하려는 마음이 강합니다. 그 속에는 불안과 공포가 자리 잡고 있습니다.

이처럼 사교육 열풍에는 불안과 욕망이 자리하고 있습니다. 예전에는 더 높은 곳을 향하려는 욕망이 강했다면, 지금은 바닥으로 추락하지 않으려는 불안이 강합니다. 저출생 각자도생의 시대를 맞아 불안감은 더욱 큽니다. 그러다 보니 학생수가 감소해도 사교육비 총액이 늘어나고 있습니다.

〈표 11〉을 통해 알 수 있듯이 학생의 성적과 사교육비와의 관계에서는 익숙하면서도 다소 생소한 장면이 발견됩니다.

고등학생의 성적이 높을수록 사교육비가 많고 참여율도 높습니다. 2023년 통계를 보면 성적 상위 10% 이내 고등학생의 월평균 사교육비는 61만 6천 원입니다. 성적이 하위로 갈수록 비용은 점차 줄어들어 81~100% 구간의 경우 월평균 33만 6천 원입니다. 금액 감소 폭이 꽤 큽니다. 사교육 참여율 또한 성적 상위 10% 이내 학생의 참여율이 76.1%로 가장 많고, 그다음부터 점차 감소합니다.

그런데 이를 일반교과 사교육과 예체능 및 취미·교양 사교육으로 나누어 보면 양상이 달라집니다. 국어, 영어, 수학, 사회 및 과학 교과 등 일반교과 사교육에서는 성적 상위권 학생이 사교육비 지출 규모와 사교육 참여율 모두 높습니다. 하지만 예체능 및 취미·교양 사교육에서는 상이한 모습입니다. 성적 상위 10% 이내 학생의 예체능

〈표 11〉 고등학생 성적별 월평균 사교육비 및 참여율					
		성적 상위 10% 이내	성적 11~30%	성적 31~60%	성적 61~80%	성적 81~100%
사교육비 (만원)	전체	61.6	58.1	52.1	44.1	33.6
	일반교과	57.6	52.8	45.3	35.4	22.9
	국어	10.8	8.8	7.7	5.9	3.5
	영어	16.8	16.3	14.2	11.6	7.4
	수학	23.4	21.7	18.6	14.1	9.3
	사회, 과학	5.8	5.1	3.8	2.7	1.9
	예체능 및 취미·교양	3.0	4.5	6.1	7.5	9.6
참여율 (%)	전체	76.1	73.7	69.1	42.1	53.9
	일반교과	72.0	67.7	60.6	49.3	35.3
	국어	40.8	34.4	28.9	22.1	13.4
	영어	55.9	53.2	46.1	36.7	24.0
	수학	64.0	61.0	51.9	39.1	26.8
	사회, 과학	23.4	20.3	15.8	11.3	7.5
	예체능 및 취미·교양	7.9	10.6	14.6	20.2	24.1

및 취미·교양 사교육비는 월평균 3만 원이지만 성적 80~100% 학생은 월평균 9만 6천 원으로 늘어납니다. 전체 사교육비나 일반교과 사교육비와 반대 양상입니다.

흔히 사교육을 하는 이유를 학교 공부를 보충하기 위해서라고 말합니다. "공교육이 부실하니 사교육이 팽창한다"라는 말도 일종의 상투어처럼 쓰입니다. 만약 이것이 사실이라면 성적 하위권 학생이 사교육에 더 많이 참여해야 마땅합니다.

하지만 실제 통계를 보면 이와는 정반대의 현실을 보여줍니다. 성적이 높은 학생의 사교육 참여율도 높고 사교육비도 더 많이 듭니다. 반대로 예체능 및 취미·교양을 위한 사교육에는 성적 하위권 학생이 더 많이 참여합니다. 즉, '학교 공부 보충'이 아니라 '경쟁에서의 승리'를 위해 사교육에 참여한다는 것으로 추정될 수 있습니다. 이러한 양상은 〈표 12〉에 나타난 진학 희망 고교 유형별 사교육비 통계를 통해서도 확인할 수 있습니다.^{통계청, 국가통계포털 KOSIS}

〈표 12〉 진학 희망 고등학교 유형별 사교육비 및 참여율

	2023년				2022년			
	일반고	자사고	과학고	외고	일반고	자사고	과학고	외고
사교육비(만원)	38.1	66.3	60.3	59.2	36.1	61.4	56.0	55.8
초등학생	35.8	62.1	57.2	57.1	33.4	57.6	52.2	53.0
중학생	42.7	74.8	70.0	64.6	41.5	69.6	67.0	64.2
참여율 (%)	82.0	90.8	90.2	91.4	81.8	90.0	89.0	89.0
초등학생	85.2	92.8	92.3	92.9	84.4	92.1	90.9	89.7
중학생	75.8	86.7	83.8	87.4	76.6	85.7	83.6	86.9

*일반고: 자공고 포함
**과학고: 영재고 포함
***외고: 국제고 포함

진학하고자 하는 고등학교 유형에 따른 사교육비를 보면, 일반고를 희망하는 중학생과 초등학생은 2023년 월평균 38만 1천 원을 지출했습니다. 자사고, 과학고, 외고 진학을 희망하는 학생들이 지출한 사교육비보다 적습니다. 이 중 특히 자사고 진학을 희망하는 학생이 지출한 사교육비가 66만 3천 원으로 가장 많습니다. 일반고 진학 희망자가 지출한 사교육비의 1.7배입니다. 자사고 희망에 뒤이어 과학고, 외고, 일반고 진학 희망 순인 것은 2022년에도 유사합니다.

고입 직전인 중학생만 놓고 보면, 일반고 진학을 생각하고 있는 중학생은 한 달에 42만 7천 원의 학원비를 지출했습니다. 자사고 희망 중학생은 74만 8천 원, 과학고 희망 중학생은 70만 원, 외고 국제고 희망 중학생 64만 6천 원입니다. 역시 자사고가 가장 많습니다. 일반고의 1.8배입니다. 학원비뿐만 아니라 사교육 참여율도 비슷한 양상입니다. 자사고, 과학고, 외고 진학 희망 학생의 사교육 참여율이 높고 일반고 진학 희망 학생은 상대적으로 사교육 참여율이 낮습니다.

자사고, 과학고, 외고 진학 희망 학생의 사교육 참여율이 일반고 진학 희망 학생의 참여율보다 높은 이유에는 여러 가지 요인이 혼재되어 있습니다. 해당 고등학교에 입학하려는 고입 경쟁, 해당 고등학교에 진학한 후 그곳에서 성적이 뒤처지지 않으려는 내신 경쟁, 해당 고등학교를 통해 상위권 대학으로 가려는 대입 경쟁이 뒤섞여 있습니다. 그리고 이에 따른 사교육 유발 요인은 중학생뿐만 아니라 초등학생에게까지 일찌감치 나타나고 있습니다.

자사고 진학 희망 학생의 사교육비 지출이 과학고나 외고 진학 희망 학생의 사교육비 지출보다도 많은 이유에 의대 열풍도 있지 않나 추정해 봅니다. 수능 준비, 문·이과 편성, 기타 제약 사항 등을 고려해 볼 때 자사고를 거치는 것이 과학고나 외고를 거치는 것보다 의대 진학에 유리하다고 판단하기 때문일 것입니다.

어떤 경우이든 상위 서열로 가려는 경쟁인 것만은 분명합니다. 사교육비 지출은 높은 서열로 가기 위한 경쟁 비용, 또는 동시에 낙오되지 않으려는 불안 비용입니다. 우리나라 사교육에는 미래에 대한 투자, 낙오되지 않으려는 불안 그리고 상위 서열로 올라서려는 경쟁 등이 다층적으로 작동하고 있습니다.

여기에는 교육 내적인 요소와 교육 외적인 요소가 작동합니다. 교육 내적으로는 상대평가와 절대평가가 사교육에 영향을 줍니다. 상대평가는 한 학생이 다른 학생과 비교해 볼 때 어느 위치에 있는지를 중시하고, 절대평가는 그 학생이 교육목표에 도달했는지를 중시합니다. 따라서 절대평가가 교육의 본질에 맞습니다. 상대평가는 교육의 본질과도 어긋날 뿐만 아니라 불필요한 경쟁을 부추겨 사교육을 유발합니다. 지금은 다행히 학교에서의 내신 평가가 상대평가에서 절대평가로 바뀌는 추세입니다. 중학교까지는 절대평가이고, 고등학교에서는 과목 대부분이 상대평가이고 일부 과목이 절대평가입니다. 고등학교까지 완전한 절대평가가 정착되어야 내신 평가에서 사교육을 유발하는 효과가 줄어들 수 있습니다.

교육 내적 요소와 교육 외적 요소가 연결되는 지점이 학교 서열화입니다. 현재 초등학교와 중학교까지는 학교 서열이 거의 없으나, 고등학교부터 일반고, 특목고, 자사고 간에 학교 서열이 존재합니다. 이로부터 고입 경쟁과 고입 사교육이 유발됩니다. 대학 서열은 고교 서열보다 더욱 심각합니다. 과거에 비해 다소 완화되었지만, 수도권을 중심으로 한 대학과 나머지 대학 사이에 서열이 여전히 뚜렷합니다. 대학 간에 다양성이나 특성화가 발현되지 않고 한 줄로 세워진 모습이 우리 교육의 쓸쓸한 단면입니다. 이로부터 대입 경쟁과 대입 사교육이 유발됩니다.

대학 서열에는 학교 서열과 학과 서열이 이중으로 교차되어 있습니다. 학과 서열에는 직업의 불균형이 깔려 있습니다. 최근 사회적 문제가 된 의대 열풍은 의사라는 직업의 사회적·경제적 우위를 배경으로 합니다. 이공계 학생들이 N수를 거쳐 의대로 향하는 이유입니다.

여기에 정규직과 비정규직의 차별, 학력 학벌 차별, 복지제도의 미비, 장시간 노동 등도 영향을 미칩니다. 좋은 일자리가 부족하니 대학 입시 경쟁이 과열되고, 이러한 경쟁이 사교육의 원인이 됩니다.

이처럼 사교육 문제는 교육 내적 문제부터 교육 외적 문제까지를 모두 아우르는 총체적인 문제입니다. 이로 인한 고통은 모든 학생과 학부모에게 주어지지만, 그 양상은 소득에 따라, 지역에 따라, 양육 형태에 따라 다릅니다. 경쟁은 누구에게나 다가오지만, 경쟁에서 이기는 방법은 불평등하게 주어지고 있습니다. 물론, 경쟁에서 이겼다고 하여 고통이 사라지는 것은 아닙니다.

2부

역대 정부의 사교육 대책

1.
시기별 사교육 정책의 주요 흐름

외국의 교육학자들은 교육열educational fever과 사교육shadow education을 한국 교육의 독특한 특징으로 보고 있습니다.Seth, 2002 가난한 집에서 소를 팔아 자녀 대학 등록금을 마련한다는 데에서 온 '우골탑牛骨塔', 3시간 자면 합격하고 4시간 자면 불합격한다는 뜻인 '삼당사락三當四落'이라는 말이 있을 정도입니다. 이제는 이런 표현보다 'SKY 캐슬', '대치동 돼지엄마' 등의 단어가 사교육 열풍을 상징적으로 보여줍니다.

역대 정부도 이 문제를 해결하기 위해 이런저런 정책을 내놓았습니다. 하지만 수많은 정책 중에 이렇다 할 성과를 거둔 것은 적습니다. 부동산 정책과 함께 입시, 사교육 정책은 아예 손을 대지 않는 것이 차라리 낫다는 것이 정치권의 분위기일 정도입니다. 그럼에도 불구하고 역대 정부의 사교육 정책을 살펴보고, 그 특징과 한계는 무엇인지 냉정하게 살펴보아야 합니다. 이에 사교육 정책을 크게 '사교육 수요 해소', '사교육 공급 조절', '사교육 대체'로 나누어 살펴보고자 합니다.

사교육 수요 해소	사교육의 원인인 입시 경쟁 해소	학벌사회 및 대학·고교 서열화 해소, 입시 제도 개선 등
사교육 공급 조절	사교육 시간과 비용 등을 조절	교습비 상한제, 교습 시간 제한, 학원 물가 관리 등
사교육 대체	사교육 대체 프로그램을 국가 차원에서 제공	EBS 수능 강의, 방과후학교, 초등 돌봄교실 등

'사교육 수요 해소'는 사교육이 발생하는 원인을 해소하는 것입니다. 사교육이 발생하는 가장 근본적인 이유는 입시 경쟁입니다. 따라서 입시 자체를 폐지(무시험 전형)하거나 입시 경쟁을 완화하는 정책을 펴면 이에 따라 사교육 수요는 줄어들게 됩니다. 우리나라에서 가장 혁명적인 입시 폐지 정책은 1969년에 있었던 '중학교 무시험 입학제'라고 할 수 있습니다. 이 정책이 언론을 통해 방송되던 날, 전국의 초등학생(국민학생)이 일제히 '만세'를 외쳤다는 이야기가 전해지고 있습니다. 이어 1974년에는 고교평준화가 서울과 부산 지역부터 시행되어 현재까지 꾸준히 확대되었습니다.

'사교육 공급 조절'은 사교육 자체를 금지하거나 일정한 제약을 가하는 정책입니다. 1980년대에 개인교습(과외)을 전면 금지했던 것이나, 현재 학원의 심야 교습 시간을 규제하는 것 등이 이에 해당합니다. 사교육을 억제하는 데에 있어서는 직접적인 효과가 있는 접근이라 할 수 있으나, 2000년 헌법재판소의 과외 금지 위헌 결정으로 인해 현재로서는 상당 부분 주춤하고 있는 상황입니다.

'사교육 대체'는 사교육의 기능을 국가나 지방자치단체, 교육 당국이 대신 제공하는 정책입니다. 가장 대표적인 것이 EBS 수능 강의,

방과후학교 정책입니다. 이는 2000년 헌법재판소의 과외 금지 위헌 결정 이후 가장 보편화된 사교육 정책으로 볼 수 있습니다.

이상에서 언급한 사교육 정책의 흐름을 〈표 14〉와 같이 정리할 수 있습니다.최상근, 2003; 안선회, 2009; 권진수, 2016

〈표 14〉 시대별 사교육 정책의 흐름

사교육 수요 해소	
1969년	중학교 무시험 입학제
1974년	서울, 부산 지역 고교평준화 시행
사교육 공급 조절	
1980년	과외 전면 금지, 학교 보충수업 금지, 졸업생에 한해 학원 수강 허용
1981년	학습지 등 유사 과외교습 금지
1989년	초중고 학생 방학 중 학원 수강 허용, 대학생 과외교습 허용
1991년	초중고 학생 재학 중 학원 수강 허용
1996년	대학원생 과외교습 허용
2000년	과외 금지 위헌 결정 (〈학원의 설립·운영에 관한 법률〉에 대한 헌법재판소의 위헌 결정)
2001년	〈학원의 설립·운영에 관한 법률〉을 〈학원의 설립·운영 및 과외교습에 관한 법률〉로 전부 개정
2014년	〈공교육 정상화 촉진 및 선행교육 규제에 관한 법률〉 제정
사교육 대체	
1988년	학교 보충수업 부활
1999년	학교 보충수업을 '특기·적성 교육활동'으로 변경
2004년	공교육 정상화를 통한 사교육비 경감 대책 (EBS 수능 강의, 방과후학교 등)
2004년	초등 방과후교실 시범 운영
2010년	'초등돌봄교실'로 명칭 변경
2011년	'엄마품 온종일 돌봄교실' 시범 운영
2024년	'늘봄학교'(초등 돌봄교실과 방과후학교 통합) 도입

위 흐름을 살펴보면, 우리나라 사교육 관련 정책은 크게 네 가지 변곡점을 지나왔다고 할 수 있습니다. 첫 번째는 중학교 입시 폐지와 고교평준화 정책입니다. 이는 나이 어린 초등학생과 중학생들을 가혹한 입시 경쟁과 사교육 고통으로부터 해방하고자 한 조치라고 할 수 있습니다.

두 번째는 1980년 이른바 7·30 교육개혁 조치에 따른 과외 전면 금지입니다. 이는 전두환 신군부가 군사쿠데타로 정권을 찬탈한 직후에 벌어진 사건으로, 국민의 환심을 사기 위한 조치로도 볼 수 있습니다. 역설적인 일이지만, 박정희와 전두환 두 군사독재 정권 시기에 사교육에 대해 가장 혁명적인 조치가 이루어졌다고 볼 수 있습니다.

세 번째는 2000년 과외 금지 위헌 결정입니다. 헌법재판소는 당시 정부의 '사교육에 대한 원칙적 금지, 예외적 허용'을 국민의 기본권을 침해한 것으로 판단하였습니다. 이 판결로 인해 이후 정부의 사교육 정책은 '사교육에 대한 원칙적 허용, 예외적 규제'로 바뀔 수밖에 없게 되었습니다. 이는 사실상 '사교육 전면 허용'이나 마찬가지였습니다.

네 번째는 2004년 '공교육 정상화를 통한 사교육 경감 대책'입니다. 이로부터 이른바 '공교육 정상화'가 곧 '사교육 대책'과 동일시되는 담론이 형성되었습니다. 여기서 말하는 공교육 정상화는 곧 사교육에 대한 수요를 공교육으로 흡수하는 것입니다. 방과후학교를 통해 학교가 사교육 기능을 대신하도록 하는 것, EBS 수능 강의를 통해 국가가 사교육 기능을 제공하는 것이 대표적인 예입니다.

이처럼 2000년을 거쳐 정부의 사교육 정책 기조는 '사교육 대체'로 바뀌게 되었습니다. 물론 '사교육 수요 해소'(입시 제도 개선)나 '사교육 공급 조절'(학원 심야 영업 규제 등)과 같은 정책도 간간이 나왔습니다. 이러한 정책의 흐름과 특징을 노무현 정부, 이명박 정부, 박근혜 정부, 문재인 정부, 윤석열 정부 순으로 자세히 살펴보도록 하겠습니다.

2.
역대 정부 사교육 정책의 흐름

(1) 노무현 정부의 사교육 정책

2002년 대선을 통해 출범한 노무현 정부는 '학벌주의 타파'를 외칠 정도로 교육개혁에 대해 강한 의지를 보였습니다. 하지만 2000년 헌법재판소의 판결로 인해 고삐 풀린 사교육 시장의 팽창을 잡기에는 역부족이었던 것으로 보입니다. 이 시기 주요 사교육 정책의 흐름을 〈표 15〉와 같이 정리할 수 있습니다.^{교육인적자원부, 2004; 안선회, 2009; 유재봉 외, 2023}

〈표 15〉 노무현 정부 사교육 주요 정책

2004년 '공교육 정상화를 통한 사교육비 경감 대책'	• 초등 특기·적성교육 확대 • 초등 저학년 방과후교실 운영 • 중고등학교 수준별 보충학습 실시 • EBS를 통한 수능 과외 대체 • 학벌주의 극복을 위한 사회·문화 풍토 개선
2004년 '2008 대입 제도 개선안'	• 학교생활기록부 반영 비중 확대, 과목별 석차 9등급제 도입 • 대학수학능력시험 개선, 원점수 미제공, 석차 등급 제공 • 사회통합 전형 활성화
2006년 〈학원의 설립·운영 및 과외교습에 관한 법률〉 개정	• 시도 조례에 따라 학원 교습시간 제한

2007년 '사교육 의존도 완화 방안'	• 사교육비 통계 조사 실시 • EBS 영어 전용 방송 실시 • 방과후학교 독서 논술 프로그램 확대 • 농어촌 지역 방과후학교 지원 • 초등학생 방과 후 보육 프로그램 운영 • 특목고 선발 방식 중학교 내신 위주로 개선

노무현 정부는 2004년에 발표된 '공교육 정상화를 통한 사교육비 경감 대책'의 취지를 크게 세 가지로 제시하였습니다. 첫째, 사교육의 근본적 원인을 해결하기 위해 학교교육의 경쟁력을 제고하고 신뢰를 회복하는 것, 둘째, 사교육 수요를 공교육 체제 내에 흡수함으로써 사교육 팽창을 막는 것, 셋째, 학벌주의 및 왜곡된 교육관을 극복하는 사회문화 풍토를 개선하는 것입니다.교육인적자원부, 2004

이 중 구체적인 정책으로 주로 구현된 것은 두 번째 정책 과제인 '사교육 수요의 공교육 흡수'라고 할 수 있습니다. '초등 특기·적성 교육 확대', '초등 저학년 방과후교실 운영', '중고등학교 수준별 보충학습 실시', 'EBS를 통한 수능 과외 대체' 등이 그러합니다. 2007년 '사교육 의존도 완화 방안'에 제시된 'EBS 영어 전용 방송 실시', '방과후학교 독서 논술 프로그램 확대', '농어촌 지역 방과후학교 지원', '초등학생 방과후 보육 프로그램 운영' 등의 정책도 이의 연장선에 있습니다. 이는 사교육 문제에 대한 세 가지 접근법인 '사교육 수요 해소', '사교육 공급 조절', '사교육 대체' 중 '사교육 대체'에 해당합니다.

노무현 정부 시절의 가장 큰 논란이 된 정책은 '2008 대입 제도 개선안'이라고 할 수 있습니다. 대입 제도는 '사교육 수요 해소'와 밀접하게 연관됩니다. '2008 대입 제도 개선안'은 도입 당시부터 두고 두고 논란이 되어 왔습니다. '2008 대입 제도 개선안'에 대한 논란은 당시 유행했던 '죽음의 트라이앵글'이라는 표현으로 압축될 수 있습니다. 이는 '내신-수능-본고사 삼중고三重苦'를 비유적으로 표현하는 말입니다.

첫째, 고교 내신의 변화입니다. 대입에서 학교생활기록부의 비중을 높인다는 이유로 고교 내신을 절대평가에서 상대평가(과목별 석차 9등급제)로 변경하였습니다. 고교 내신을 절대평가로 유지하면 이른바 '성적 부풀리기' 의혹 때문에 대학이 이를 신뢰하지 못한다는 이유 때문이었습니다. 그 결과 '다른 학교 학생과의 경쟁'이 '교실 내 친구와의 경쟁'으로 옮기게 되었습니다. 시험 기간이 되면 친구의 노트를 훔쳐 없앤다는 믿기 어려운 현실까지 발생하였습니다. 이때부터 시작된 고교 내신 상대평가는 지금까지 이어져 여전히 고교교육 정상화의 걸림돌이 되고 있습니다.

둘째, 수능 석차 등급제입니다. 당시 정부는 수능 시험이 과도한 입시 경쟁과 사교육을 불러일으킨다는 판단에 따라 원점수를 제공하지 않고 과목별 석차 등급을 제공하는 방식으로 변경하였습니다. 내신 석차 등급 산출과 동일한 방식의 석차 9등급제입니다. 하지만 원점수를 없애고 석차 등급만 제시한다고 해서 경쟁이 완화되는 것은 아니었습니다.

셋째, 대학 본고사입니다. 일부 상위권 대학은 내신이나 수능 석차 등급보다 더 촘촘히 학생을 서열화하려고 시도하였습니다. 논술전형을 확대하고 논술 문항의 난이도를 고교 교육과정 범위 이상으로 높였습니다. 사실상 대학 본고사나 마찬가지였습니다. 이 때문에 대입 논술 관련 고액 사교육이 기승을 부렸습니다. 수능을 끝낸 수험생들은 또다시 논술 학원이나 고액 과외로 내몰렸습니다.

이처럼 2008 대입 제도 개선안은 학생, 학부모, 교사, 고등학교, 대학교 누구도 만족하지 못하는 최악의 조합을 만들어 냈습니다. 사교육 경감은커녕 내신 사교육, 수능 사교육, 논술 사교육 모두 팽창시켰다고 해도 과언이 아닙니다.

통계청에 의한 사교육 통계가 2007년부터 시작되었기 때문에, 노무현 정부 시기의 사교육 증감을 정확하게 확인하기는 어렵습니다. 여러 자료를 통해 볼 때, 이 시기 동안 사교육이 팽창되어 온 것은 분명합니다.[안선회, 2009] 이는 국가가 공교육을 통해 사교육 대체물을 제공하기 위해 노력했음에도 불구하고, 특히 '죽음의 트라이앵글'로 불리는 2008 대입 제도 개선안이 실패로 돌아갔기 때문으로 보입니다.

노무현 정부의 사교육비 대책의 담론은 "공교육이 부실하여 사교육이 팽창하니, 공교육 내실화를 통해 사교육을 잡아야 한다"라는 논리에서 크게 벗어나지 못했습니다. 그리고 이는 EBS 수능 강의 및 방과후학교로 상징되는 '사교육 수요의 공교육 체제 내 흡수'라는 정책으로 구현되었습니다. 이 정책 담론과 기조는 이후 정부에도 지속적으로 이어지게 됩니다.

2008 대입 제도 개선안을 둘러싼 논란 탓에 이후 "대입 제도는 가급적 손대지 않는 것이 좋다"는 암묵적인 분위기가 형성되었습니다. 그리고 당시 설계된 내신과 수능 제도의 큰 틀은 지금까지 유지

되고 있습니다. 대입 경쟁의 몸통이라 할 수 있는 대학 서열화와 학벌사회, 그리고 사교육 시장 자체에 대해서는 거의 손을 대지 못한 채 입시 경쟁과 사교육 고통은 지속되어 왔습니다.

(2) 이명박 정부의 사교육 정책

노무현 정부를 이은 이명박 정부는 인수위원회 시절부터 교육계에 파장을 일으켰습니다. 이른바 '어륀지' 파동으로 대표되는 '영어 몰입교육'이 대표적인 예입니다. 이명박 정부는 임기 내내 일제고사 부활, 자사고를 비롯한 고교 서열화 정책 등 신자유주의 경쟁교육의 기조를 일관되게 유지했습니다.

이와 함께 '교육 만족 두 배, 사교육비 절반'이라는 캐치프레이즈를 내걸고 이러저러한 사교육비 대책을 제시했습니다. 이 시기 역시 '공교육 내실화를 통한 사교육 경감'이라는 담론을 바탕으로 '사교육 대체' 위주의 사교육 정책이 중심을 이루었습니다. 이를 〈표 16〉과 같이 정리할 수 있습니다.교육과학기술부, 2009; 교육과학기술부, 2011; 이덕난 외, 2022; 유재봉 외, 2023

〈표 16〉 이명박 정부 사교육 주요 정책

2009년 '공교육 경쟁력 향상을 통한 사교육 경감 대책'	• 학교 자율화 확대: 교육과정, 교원 인사 등의 권한을 단위 학교에 위임 • 고교다양화 300 프로젝트 : 자율형 사립고, 기숙형 공립고, 마이스터고 등 확대 • 학업성취도평가(일제고사)를 표집에서 전집으로 확대 • 교과교실제, 수준별 이동수업 확대 • '학력향상 중점학교' 지원 • 영어교육의 질적 제고 및 격차 해소 • 대입 입학사정관제 확대 • 특목고 입시 제도 개선 • '사교육 없는 학교' 사업 추진 • 방과후학교 서비스 강화

2011년 '공교육 강화-사교육 경감 선순환 방안'	• 창의경영학교 지원 사업 추진 • 직업계 고등학교 '선취업 후진학' 확대 • 방과후 영어교육 활성화 추진 • 저소득층 방과후학교 자유수강권 지원 확대 • 엄마품 온종일 돌봄교실 확대 • 학원비 안정화 및 학원 운영 투명성 강화

이명박 정부의 교육정책의 핵심 기조는 '신자유주의 책무성 정책'입니다. 신자유주의 책무성 정책이란 학교와 교사가 자율성을 갖고 교육활동을 진행하되, 그 성과를 양적 지표에 따라 입증하도록 하고, 그 결과에 대해 보상이나 처벌을 가하는 정책입니다. 이를 옹호하는 측은 이러한 경쟁 기제가 있어야 교육의 질을 높일 수 있다고 봅니다. 이를 반대하는 측은 이러한 정책이 학교 간, 교사 간, 학생 간 과열 경쟁을 부추기고 지역 간, 계층 간 불평등을 심화시킬 뿐이라고 봅니다.

1980년대 영국(대처 정부)과 미국(레이건 정부)에서 본격화된 신자유주의 교육정책은 전 세계를 거쳐 우리나라까지 상륙하게 되었습니다. 우리나라에서 신자유주의 교육정책이 시작된 것은 김영삼 정부 시기인 1995년 5·31 교육개혁안부터라고 할 수 있습니다. 이후 신자유주의 교육정책의 흐름은 1997년에 출범한 김대중 정부와 2002년에 출범한 노무현 정부 시기의 교원 정년 단축, 자립형 사립고 시범 운영, 교원 성과급 평가 등으로 이어집니다. 그리고 2007년에 출범한 이명박 정부 시기의 교원능력개발평가, 고교다양화 300 프로젝트, 국가수준 학업성취도평가 확대 등에 이르러 절정에 달하게 됩니다. 이러한 신자유주의 교육정책은 2010년 교육감 직선제 이후 진보교육감 진영에서 추진한 혁신교육 정책과 충돌하며 공존해 왔습니다.

이명박 정부의 사교육 대책은 크게 보아 '신자유주의 책무성 정책을 통한 공교육 강화'와 '사교육 수요의 공교육 흡수(사교육 대체)', '입시 제도의 부분적 개선' 등 세 가지라고 할 수 있습니다.

첫째, '신자유주의 책무성 정책을 통한 공교육 강화'는 이론적으로 보나 실제로 드러난 결과로 보나 완전히 실패한 정책이라고 할 수 있습니다. '신자유주의'와 '공교육 강화'는 결코 어울릴 수 없는 조합입니다. '신자유주의'는 기본적으로 '교육, 의료, 보건'과 같은 공적 영역을 사적 민간 영역에 맡기는 것을 원칙으로 합니다. 이에 따르면 '교육'이란 '공적 권리'가 아니라 '시장의 원리에 따른 상품'입니다. 교육을 시장의 원리에 맡기면 당연히 양질의 상품을 얻기 위한 경쟁이 치열해지고, 이에 따라 새로운 사교육이 유발되고 계층 간 불평등이 커지게 됩니다.

이명박 정부가 추진했던 '고교다양화 300 프로젝트'가 대표적인 예입니다. 이는 기존 일반고와 특목고, 특성화고에 더하여 '자율형 사립고등학교', '기숙형 공립고등학교', '마이스터고등학교' 등 새로운 유형의 고등학교를 300개 만들겠다는 정책입니다. 이 중 특히 '자율형 사립고(자사고)'가 당시 뜨거운 쟁점이었습니다. 자율형 사립고는 '학교 재정의 자율권, 학생 선발의 자율권, 교육과정의 자율권'을 기본으로 합니다. 자율형 사립고는 일반고에 비해 3배 비싼 학비를 감당할 수 있는 부유층 학생, 중학교 내신 성적이 높은 상위권 학생을 선발하여 입시 위주의 교육과정을 운영하는 학교입니다. 고등학교를

'다양화, 자율화'하겠다는 정책은 사실상 '특목고/자사고/마이스터고/일반고/특성화고' 등으로 고등학교를 '서열화'하는 결과를 가져왔습니다. 이는 사교육을 줄이는 정책이 아니라 '고입 사교육'을 유발하는 정책일 따름이었습니다.

게다가 이명박 정부는 국가수준 학업성취도평가(일명 일제고사)를 '표집 방식'(일부 학생을 표본으로 데이터를 수집하는 방식)에서 '전수 방식'(모든 학생을 대상으로 데이터를 수집하는 방식)'으로 확대하였습니다. 그래서 학교 간 학업성취도 비교가 가능해지게 되었습니다. 그러다 보니 자기 학교의 성적을 올리기 위해 온갖 비교육적 관행이 생겨나고, 초등학생까지 일제식 지필평가 대비를 위한 문제 풀이 교육에 내몰리게 되며, 이와 관련된 사교육 시장이 확대되었습니다. 이처럼 신자유주의 정책으로 공교육을 강화하여 사교육을 줄이겠다는 논리는 '뜨거운 아이스 아메리카노'와 같은 형용모순이라 하겠습니다.

둘째, 이명박 정부의 사교육 정책은 이전 노무현 정부와 마찬가지로 '사교육 수요의 공교육 흡수', '사교육 대체'에 초점이 맞춰져 있습니다. 특히 이전 정부에서 시작되었던 '방과후학교'와 '돌봄교실' 확대에 많은 행정적, 재정적 지원이 투여되었습니다. 이에 따라 사교육비, 사교육 참여율 등 일부 사교육 지표에서 경감 효과가 실제로 나타나기도 했습니다.

'방과후학교'와 '돌봄교실'은 '사교육을 대체'하는 효과와 함께 '돌봄을 제공'하는 효과가 있습니다. 이에 대한 학부모의 만족도는 대체로 높은 편입니다. 물론 학교가 돌봄의 기능까지 떠맡아야 하는

가에 대해서는 논란의 여지가 있습니다. 특히 이와 관련된 행정업무 부담이 늘어나는 초등학교 입장에서는 반갑지만은 않은 정책입니다. 하지만 어린 자녀를 안전하게 맡길 곳이 없는 부모의 입장에서는 돌봄교실 확대를 대체로 선호합니다. 이 문제는 더욱 거시적인 차원, 즉 노동시간 단축이라든가 공적 돌봄 시스템 구축 등의 정책을 통해 해결해야 할 문제입니다. 이 점에 관해서는 이 책의 후반부에서 다시 다루도록 하겠습니다.

셋째, 이명박 정부는 부분적으로나마 입시 제도 개선과 관련된 정책을 시행했습니다. 대표적인 것이 대학 입학사정관제입니다. 이는 수능 성적, 내신 성적 등 정량적 평가로만 학생을 선발해 오던 관행에서 벗어나 학생의 진로 특성이나 잠재력 등에 대한 정성적 평가의 요소도 반영하겠다는 취지입니다. 이때 주로 활용되는 자료가 학교생활기록부에 기록된 각종 자료, 예컨대 '세부능력 및 특기사항', '수상실적', '봉사활동', '자기소개서', '추천서' 등입니다. 이를 입학사정관이 전문적으로 평가함으로써 대입전형을 다양화하겠다는 것입니다.

실제 입학사정관제가 대입전형 다양화를 통해 공교육 정상화와 사교육 경감에 기여했는지에 대해서는 상반된 평가가 있습니다. 일부에서는 이러한 정성적 평가가 이른바 '스펙 관리'를 할 수 있는 부유층에 유리한 제도로 보고 있습니다. 드라마 'SKY 캐슬'에서 묘사되었던 스펙 관리 전쟁이 이러한 현실을 반영하고 있습니다. 이와 달리 입학사정관제가 고교교육이 수능 위주의 주입식 교육에서 조금이나마 벗어날 수 있는 계기가 되었다는 긍정적인 평가도 있습니다.

또한 이명박 정부는 특목고 입시에도 '자기주도학습전형'을 확대하는 등 일부 개선을 시도했습니다. 과거 특목고 입시에서는 중학교 내신 성적에 자체적인 본고사 성적까지 반영함으로써 막대한 고입 경쟁과 사교육을 유발해 왔습니다. 하지만 2010학년도 이후부터 특목고에서 본고사형 지필평가를 치르거나 각종 수상 실적을 반영하는 것을 금지하고, 자기소개서와 면접을 바탕으로 한 '자기주도학습전형'을 도입함으로써 고입 경쟁을 완화하고 고입 사교육을 다소나마 완화한 효과를 거두었습니다.

하지만 이러한 입시 제도 개선의 효과는 제한적일 수밖에 없습니다. 대학 서열화를 전제하는 한 어떤 입시 제도가 도입되더라도 경쟁 자체를 완화하는 것을 기대하기는 어렵고, 이에 따라 사교육 경감 효과도 부분적일 수밖에 없습니다. 역대 어느 정부에서도 이 문제를 정면에서 승부를 걸어 본 적은 없었습니다.

(3) 박근혜 정부의 사교육 정책

박근혜 정부는 국정 농단 사태로 인해 국민으로부터 탄핵을 받아 중도 하차한 불명예를 남겼습니다. 교육정책에서도 '역사 교과서 국정화' 등 많은 논란을 낳았습니다. 반면에 '자유학기제', '성취평가제', '선행교육 규제법' 등 일부 긍정적인 성과도 있었습니다. 이전 정부부터 시행되어 온 다양한 형태의 '사교육 대체' 정책도 꾸준히 이어갔습니다. 박근혜 정부의 사교육 정책을 〈표 17〉처럼 정리할 수 있습니다.교육부, 2014; 이덕난 외, 2022; 유재봉 외, 2023

박근혜 정부의 교육정책은 명암이 뚜렷합니다. 박근혜 정부는 이

<표 17> 박근혜 정부 사교육 주요 정책

2014년 〈공교육 정상화 촉진 및 선행교육 규제에 관한 특별법〉 제정·시행	• 학교 교육과정 내 선행교육 금지 • 학생의 선행학습을 전제로 한 수업 금지 • 학교 시험에서 학교 교육과정의 범위를 벗어난 내용 출제 금지 • 학교 입학전형은 해당 학교 입학 단계 이전 교육과정 범위 내에서 실시 • 학원 등 사교육 기관의 선행학습 유발 광고 및 선전 금지
2014년 '사교육 경감 및 공교육 정상화 대책'	• 영어, 수학 학습 내용 적정화 • 초등 방과후 돌봄 기능 강화 • 고입 전형 개선 • 학원비 인상 및 선행교육 유발 억제
2016년 〈공교육 정상화 촉진 및 선행교육 규제에 관한 특별법〉 일부 개정	• 시도 조례에 따라 학원 교습시간 제한
2016년 '학원비 옥외가격표시제' 시도 규칙 근거 마련	• 학원비 옥외가격표시제 전면 확대를 위한 시도 규칙 개정

전 정부와 마찬가지로 신자유주의 경쟁교육의 기조를 이어갔습니다. 그리고 여기에 더하여 국가주의적 요소를 더하기도 했습니다. '한국사 교과서 국정화' 논란이 대표적입니다. 이는 역사관을 국가가 통제하겠다는 의도나 마찬가지입니다. 더욱이 그 국정 교과서는 친일 독재를 미화할 가능성이 매우 컸기에, 국민적 저항에 부딪혀 무산되었습니다. 또한 이 시기에 제정된 〈인성교육진흥법〉은 '예禮, 효孝, 정직, 책임'과 같은 전통주의적, 보수주의적 가치를 국가가 주입하려는 발상에서 비롯된 것으로도 볼 수 있습니다.

하지만 박근혜 정부의 교육정책 중에는 이와 다른 흐름도 존재했습니다. 중학교 '성취평가제'와 '자유학기제'가 대표적입니다. 이는 경쟁교육을 어느 정도 완화하고 교육의 본질을 회복하는 데에 도움이 되며, 시도교육청 차원에서 진행된 혁신교육의 흐름과도 부합되는 정책입니다.

2012년에 도입된 '성취평가제'는 학생이 성취기준에 어느 정도 도달했는지를 평가하는 '절대평가'에 해당합니다. 이전에는 중학교에서도 석차를 산출하였으나 성취평가제가 시행되면서 중학교가 절대평가로 전환되었습니다. 고등학교에서도 형식적으로 성취평가제가 도입되었으나 'A, B, C, D, E'와 같은 '성취도'와 함께 '1등급, 2등급, ~ 9등급'과 같은 '석차 등급'을 병기하도록 함으로써 여전히 상대평가가 유지되었습니다. 하지만 중학교에서라도 절대평가가 정착됨에 따라 내신 사교육을 억제하는 데에 일정 부분 효과가 있었습니다.

2015년에 시작된 '자유학기제'의 취지는 중학교 한 학기 동안 학생들이 자유롭게 자신의 진로와 적성을 찾아가도록 하는 데에 목적이 있습니다. 자유학기에는 중간고사, 기말고사와 같은 일제식 지필평가를 실시하지 않도록 하였습니다. 이는 학교 현장에서 줄 세우기 방식의 평가를 지양하고 수행평가 등 과정중심평가를 활성화하는 데에 도움이 되었습니다. 그렇기에 자유학기제는 내신 사교육을 억제하는 데에 일정 부분 효과가 있습니다.

이 시기, 사교육 정책에서 가장 눈여겨볼 것은 〈공교육 정상화 촉진 및 선행교육 규제에 관한 특별법〉입니다. 이 법안의 핵심 내용은 '학교 교육과정 내 선행교육 금지', '학생의 선행학습을 전제로 한 수업 금지', '학교 시험에서 학교 교육과정의 범위를 벗어난 내용 출제 금지', '학교 입학전형은 해당 학교 입학 단계 이전 교육과정 범위 내에서 실시', '학원 등 사교육 기관의 선행학습 유발 광고 및 선전 금지' 등입니다.

선행학습은 여러 가지 측면에서 심각한 문제를 유발합니다. 우선 학생들에게 발달단계에 맞지 않는 고난도 학습을 강요함으로써 극심한 부담을 줍니다. 더욱이 선행학습을 한다고 하여 학력 향상에 도움이 되는 것도 아닙니다. 제철에 나온 과일이 맛이 있듯이, 제철에 맞는 학습이 효과가 큽니다. 국가 교육과정에서 초등학교, 중학교, 고등학교 단계에 따른 학습 범위를 정해 놓은 것도 학생의 발달단계를 고려한 것입니다.

선행학습은 또한 공교육을 왜곡합니다. 교사들은 학생들이 선행학습을 했다고 가정하고 수업을 진행하게 되고, 선행학습을 받을 기회가 없는 학생은 너무 빠르고 어려운 수업을 따라가지 못하게 됩니다. 그렇게 되면 학생 간 학습 격차와 교육 불평등은 더욱 커지게 됩니다.

무엇보다도 선행학습은 과도한 사교육을 유발합니다. 옆집 초등학생이 중학교 선행학습을 한다는 소식을 듣게 되면 자기 자녀도 선행학습을 시켜야 안심하게 됩니다. 사교육 시장은 이러한 불안 심리를 악용하여 선행학습을 더욱 부추기고 있습니다. 최근 문제가 되고 있는 '초등학생 의대반'이 선행학습의 극단적인 형태입니다.

이런 점에서 2014년에 제정된 〈공교육 정상화 촉진 및 선행교육 규제에 관한 특별법〉은 나름의 의미가 있습니다. 하지만 문제는 이 법률이 '학교 안에서의 선행교육'을 금지했을 뿐, '사교육 시장에서의 선행교육'을 규제하지는 않고 있다는 점입니다. 이 법률의 조항 중 사교육 시장을 규제하고 있는 조항은 '학원 등 사교육 기관의 선행학습 유발 광고 및 선전 금지'뿐입니다. 다시 말해, "외부적으로 광고만 하지 않으면 학원 안에서 선행교육을 하더라도 규제하지 않겠다"라는 말이나 다름없습니다. 더욱이 2016년에는 '방과후학교에서의 선행교육'도 허용함으로써 법률의 취지를 더욱 무색하게 만들었습니다.

하지만 이 법률은 국가가 사교육 시장을 일정 부분 법률로써 통제하는 전례가 되었다는 점에서 의미가 있습니다. 이와 함께 이 시기 학원비 옥외가격표시제 전면 확대를 위해 시도 규칙을 개정한 것도 사교육 시장에 대한 긍정적인 통제로 볼 수 있습니다.

(4) 문재인 정부의 사교육 정책

박근혜 정부의 국정 농단 사태에 대한 탄핵 과정을 거쳐 출범한 문재인 정부는 여러 측면에서 국민적 기대를 받았습니다. 문재인 정부가 내걸었던 '기회는 평등하게, 과정은 공정하게, 결과는 정의롭게'라는 캐치프레이즈는 많은 사람의 공감을 얻었습니다. 이는 교육의 기회균등 강화에 대한 기대로 이어졌습니다. 또한 주민직선 교육감들이 각 시도교육청에서 진행해 온 혁신교육이 중앙정부 차원에서 확대될 것으로 기대를 모았습니다.

하지만 문재인 정부의 교육정책은 두 가지 측면에서 어려움에 부딪혔습니다. 문재인 정부 초기에 의욕적으로 추진했던 대입 제도 개편 방안은 '수시/정시' 논란을 거쳐 오히려 '정시 확대'라는 예상치 못했던 결과를 낳았습니다. 또한 2020년 전대미문의 코로나 사태는 공교육의 존재 이유에 대한 근본적인 물음을 던지게 되었습니다.

문재인 정부는 이전 정부와는 달리 별도의 사교육 경감 정책을 발표하지는 않았지만, 이 시기의 교육정책 중 사교육에 영향을 미치는 내용을 〈표 18〉과 같이 정리할 수 있습니다.[이덕난 외, 2022; 유재봉 외, 2023]

〈표 18〉 문재인 정부 사교육 주요 정책

입시 제도 개편	• 대입 제도의 간소화 및 공정성 강화 – 학생부 기재 항목 축소 – 자기소개서, 교사 추천서 폐지 – 수능 위주 전형(정시) 확대
공교육 정상화	• 과정중심평가 활성화 • 고교학점제 도입 기반 조성 • 기초학력 지원 내실화
온종일 돌봄체계 구축	• 수요자 맞춤형 방과후학교 활성화 • 지역사회 연계 초등 돌봄서비스 확대

문재인 정부 시기에는 사교육과 관련하여 이전 정부와 차별화된 정책이 뚜렷하지 않습니다. 초등 돌봄교실이라든가 중등 방과후학교 활성화 등 '사교육 대체' 정책은 꾸준하게 이어갔지만, 사교육과 관련하여 이전 정부마다 의례적으로 발표했던 종합대책 방안조차 마련하지 않았습니다. 물론 코로나 사태를 맞이하여 학교마다 방역, 온라인 수업 등 새로운 과제를 해결해야 했고, 사교육은 자연스럽게 위축될 수밖에 없었던 시기임을 감안하더라도 아쉬움이 남습니다.

더욱이 문재인 정부는 대입 제도 개편과 공교육 정상화 사이에 엇박자를 냈다는 평가를 받을 만합니다. 시도교육청 차원에서 진행된 혁신교육의 성과를 중앙정부에서 이어받아 수업 혁신, 과정중심평가 확대를 강조하였고 나아가 국정 과제로 '고교학점제 도입'을 제시하였으나, 대입 제도에서는 '수능 전형 위주의 정시 확대'라는 모순된 정책을 내놓았습니다. 이는 당시 '인국공(인천국제공항) 사태, 조국 사태' 등을 거치며 사회적으로 '형식적 공정성'에 대한 요구가 거셌던 탓으로 볼 수 있습니다.

이처럼 정부 차원에서 대입 제도에 대해 섣부르게 접근한 탓에 사교육비는 오히려 이전 정부에 비해 가파르게 상승한 결과를 낳았습니다. 앞에서 살펴보았듯이 2016년까지 소폭으로나마 감소하는 추세를 보였던 사교육비가 문재인 정부가 출범한 2017년 이후 코로나 사태가 발생하기 전 2019년까지 증가세로 돌아섰습니다. 그 원인을 한 가지로 단정하기는 어렵지만, 문재인 정부 초기에 대입을 둘러싼 혼란과 이에 따른 정시 확대 기조가 분명히 영향을 주었을 것으로 보입니다. 입시와 관련된 사회적 논란이 커질수록 학생과 학부모의 불안 심리 역시 커지기 마련이고, 이를 계기로 사교육 시장은 팽창할 수밖에 없습니다.

더욱이 이 시기에 벌어진 '수시/정시' 논란은 공교육 정상화 측면에서 볼 때 매우 소모적인 논쟁이었습니다. '학생부 기재 항목 축소, 자기소개서 및 교사 추천서 폐지' 등 학생부 전형에서 사교육 유발 요인이 상당 부분 제거되었지만, 드라마 'SKY 캐슬' 신드롬, '조국 사태' 등을 계기로 우리 사회에 '공정성 논란'이 왜곡된 형태로 진행되었습니다. 그 결과 '획일화된 시험 성적에 따른 보상'을 가장 공정한 것으로 여기는 '메리토크라시(능력주의)'가 확대되고, 수능 전형에 대한 사회적 선호도가 높아지는 현상이 발생했습니다. 이는 사교육 경감 측면에서나 공교육 정상화 측면에서나 절대 바람직하지 않은 현상으로, 두고두고 성찰해야 할 문제라 할 수 있습니다.

(5) 윤석열 정부의 사교육 정책

윤석열 정부는 2년 반 남짓 동안 역대 최악이라고 할 만한 국정 운영을 했습니다. 교육정책도 마찬가지입니다. 2022년, 2023년 사교육 관련 지표를 볼 때, 윤석열 정부의 사교육 정책은 역대 최악이라고 평가할 수 있습니다.

2022년에 출범한 윤석열 정부의 사교육 실태는 2023년 사교육 관련 핵심 지표를 통해 알 수 있습니다. 2023년 사교육비의 핵심 지표가 모두 악화되었습니다. 사교육비 총액은 4.5% 늘어 27조 원을 넘어섰고, 학생 1인당 월평균 사교육비는 전체 학생과 참여 학생이 각각 5.8% 및 5.5% 증가했습니다. 사교육 참여율과 주당 참여 시간 또한 늘었습니다.통계청, 2024a

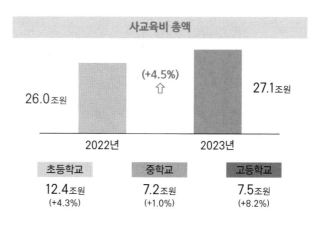

사교육 참여율

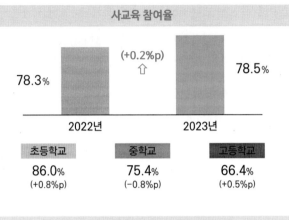

78.3%	(+0.2%p) ⇧	78.5%
2022년		2023년

초등학교	중학교	고등학교
86.0%	75.4%	66.4%
(+0.8%p)	(−0.8%p)	(+0.5%p)

사교육 주당 참여 시간

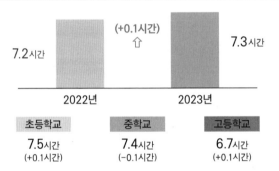

7.2시간	(+0.1시간) ⇧	7.3시간
2022년		2023년

초등학교	중학교	고등학교
7.5시간	7.4시간	6.7시간
(+0.1시간)	(−0.1시간)	(+0.1시간)

학생 1인당 월평균 사교육비

	41.0만 원	43.4만 원		52.4만 원	55.3만 원	
(+5.8%) ⇧	2022년	2023년		2022년	2023년	(+5.5%) ⇧
	전체 학생			참여 학생		

[그림 12] 2023년 초중고사교육비조사 결과 요약

2023년 만의 문제가 아닙니다. 문재인 정부 마지막 해인 2021년부터 매년 사교육 관련 지표가 악화했습니다. 2021년에는 학생 1인당 월평균 사교육비와 사교육비 총액 두 가지 지표가 역대 최악이었고, 사교육 참여율은 역대 두 번째였습니다. 정권이 바뀌고 윤석열 정부에서는 호전되기는커녕 더 나빠졌습니다. 사교육 참여율마저 최고치로 올라섰습니다. 2022년과 2023년에 연이어 학생 1인당 월평균 사교육비, 사교육비 총액, 사교육 참여율이 사상 최고치를 기록했습니다.

〈 표 19 〉 초중고 사교육 핵심 지표 추이

	2021년	2022년	2023년
학생 1인당 월평균 사교육비	사상 최고치	사상 최고치	사상 최고치
사교육비 총액	사상 최고치	사상 최고치	사상 최고치
사교육 참여율	역대 두 번째	사상 최고치	사상 최고치
	문재인 정부	윤석열 정부	

윤석열 정부는 교육 분야 대표 성과지표로 사교육비 총액 감소를 제시했습니다. 2023년 성과계획서 중 '초중고 사교육비 총액'이 첫 번째 대표 성과지표입니다. "과도한 사교육은 학교 교육과정 및 교실 수업을 황폐화하고 가계의 전반적인 소비·저축 여력의 감소를 가중시켜 저출산 등의 사회문제 원인으로 지목"되고 있다며 선정 이유를 밝혔습니다. 그러면서 2023년 사교육비 총액 24.2조 원을 목표로 제시했습니다. 2022년 사교육비 총액 26조 원에서 6.9%를 감소시키겠다는 것입니다.대한민국정부, 2023

[참고] 대표 성과지표

1. 초중고 사교육비 총액

■ 개념 및 의미: 초중고 학생들이 학교 정규 교육과정 이외에 사적 필요에 의해 학교 밖에서 받는 보충교육을 위해 개인이 부담하는 비용

■ 선정 사유: 과도한 사교육은 학교 교육과정 및 교실 수업을 황폐화하고 가계의 전반적인 소비저축 여력의 감소를 가중시켜 저출산 등의 사회문제 원인으로 지목되고 있음

■ 지표의 추이(최근 5년)

연도	2019	2020	2021	2022	2023	2024
목표(조원)	-	-	-	-	24.2(신규)	미정
실적(조원)	21.0	19.4	23.4	26.0	-	-

* '22년 초중고 사교육비 총액이 26.0조원으로 조사되어 교육부는 사교육대책팀 신설('23.4.3.), 사교육 경감대책 발표('23.6.26.) 등 사교육 경감을 위해 노력하고 있으나, 주요 추진과제가 '23년 하반기~'24년 상반기에 집중 추진될 예정으로 정책효과는 2024년 이후 나타날 것으로 예측되어 2024년 목표지 상향 조정 곤란

윤석열 정부는 이를 달성하기 위해 여러 가지 조치를 하겠다고 했습니다. 2023년 4월에는 교육부에 사교육대책팀을 신설했고, 6월에는 사교육 경감 대책을 발표했습니다. 사교육 수요 원인별로 맞춤 대응으로 경감하겠다고 밝혔습니다. 이주호 부총리 겸 교육부 장관은 사교육 경감 대책에서 "복잡하고 난해한 사교육 문제를 해결하려면 학생 학부모, 교육청, 관계부처, 나아가 지자체 및 민간까지 모두가 머리 맞대고 힘을 모아야 한다"라면서, "윤석열 정부를 믿고 힘과

지혜를 모아주실 것을 요청드린다"고 강조했습니다.^{교육부, 2023}

하지만 2023년 사교육비 총액은 목표액 24조 2천억 원을 훌쩍 뛰어넘어 27조 1천억 원에 이르렀습니다. 줄이겠다던 목표는 이루지 못했고, 도리어 2년 연속 최고치 경신이라는 정반대 결과를 이뤘습니다. 윤석열 정부는 이를 책임지기보다는 사교육 증가세 둔화라는 변명을 앞세웠습니다. 당시 사교육비 결과 브리핑은 "2023년 초중고 사교육비 조사 결과 사교육비 총액, 1인당 월평균 사교육비, 사교육 참여율 등 주요 지표가 증가세가 현격히 둔화된 것으로 나타났다"로 시작했습니다. 치우친 해석이 있을 뿐, 사교육이 역대 최고치에 달한 것에 대한 반성, 목표를 달성하지 못한 것에 대한 사과와 원인 분석은 없었습니다.

2023년 초중고 사교육비 조사 결과 주요 분석

■ 초중고 사교육비 총액, 1인당 월평균, 참여율 증가세 현격히 둔화
- [사교육비 총액 전년 대비 증가율] 22년 10.8% → 23년 4.5%
- [1인당 월평균 사교육비 전년 대비 증가율]

    22년 11.8% → 23년 5.8%
- [참여율 전년 대비 증가폭] 22년 2.8%p → 23년 0.2%p

■ 중학교 사교육 참여율 0.8%p 하락:
  22년 76.2%p → 23년 75.4%

■ 방과후학교 참여율 4.8%p 증가:
  22년 36.2%p → 23년 41.0%

당시 정부는 사교육 주요 지표의 증가세 둔화, 중학교 사교육 참

여율의 감소를 강조했습니다. 전체 참여율, 초등학교와 고등학교의 참여율은 증가하였으나, 중학교 참여율은 전년 대비 0.8% 감소하였다고 밝혔습니다. 그 원동력은 2023년 6월 사교육 경감 대책이라고 말했습니다. 2023년 6월에 수립된 과제 중 어떤 것은 아직 제대로 추진되지 않아 정책효과가 나오지 않은 반면, 본격 추진된 과제는 효과를 발휘했다는 것입니다. 2023년 7월 EBS 중학 프리미엄을 전면 무료로 전환한 결과 사교육 참여율이 낮아지는 효과로 이어졌다는 것입니다. 그리고 초등 늘봄학교와 고등학교 관련 정책 등 2024년부터 본격 시행되는 과제가 제자리를 잡으면 정책효과를 보일 것이라고 피력했습니다.

■ 2023년 7월 EBS 중학 프리미엄(연간 약 71만 원)을 전면 무료로 전환하여 약 31만 명(전체 중학생 4명 중 1명)이 혜택을 받았고, 2023년 중학생 사교육 참여율이 전년 대비 감소(-0.8%p)하였다.

*EBS 중학 프리미엄 이용자: (2023.6.) 1.4만 명 → (2024.2.) 31만 명

그러나 당시 정부의 발표에는 과장되거나 왜곡된 부분도 있습니다.

첫째, 주요 지표의 증가세가 둔화된 것은 사실입니다. 하지만 학생 1인당 월평균 사교육비, 사교육비 총액, 사교육 참여율 등 핵심 지표들이 사상 최고치인 점도 사실입니다. 문재인 정부까지 포함하여 3년 연속이었고, 정권이 바뀌고 윤석열 정부에 들어서는 2년 연속이었습니다. 이 점을 밝히지 않았습니다. 자신들에게 유리한 것만 선

별하여 발표했습니다.

둘째, 중학교 사교육 참여율이 감소한 것은 사실입니다. 하지만 〈표 20〉에 나타나 있듯, 역대 두 번째로 참여율이 높다는 것도 사실입니다. 2022년 76.2%이던 참여율은 2023년 75.4%로 교육부가 강조하는 것처럼 0.8% 포인트 줄었습니다. 두 연도만 바라보던 시선을 조금 더 넓혀 사교육비 통계가 작성된 2007년부터 현재까지 17년 동안의 추이를 보겠습니다. 중학교 사교육 참여율은 74.6%에서 시작했습니다. 이후 조금씩 감소하다가 2016년 63.8% 최저점을 찍은 후 다시 증가하는 흐름을 보였습니다. 그리고 2022년 76.2%는 사상 최고치였습니다. 참여율이 줄었다는 2023년 75.4%는 역대 두 번째입니다.

〈 표 20 〉 **학교급별 사교육 참여율 추이** 국가통계포털 KOSIS

	전체	초등학교	중학교	고등학교	일반고
2007년	77.0	88.8	74.6	55.0	62.0
2008년	75.1	87.9	72.5	53.4	60.5
2009년	75.0	87.4	74.3	53.8	62.8
2010년	73.6	86.8	72.2	52.8	61.1
2011년	71.7	84.6	71.0	51.6	58.7
2012년	69.4	80.9	70.6	50.7	57.6
2013년	68.8	81.8	69.5	49.2	55.9
2014년	68.6	81.1	69.1	48.5	56.2
2015년	68.8	81.7	69.4	50.2	56.8
2016년	67.8	80.0	63.8	52.4	58.8

2017년	71.2	82.7	67.4	55.9	62.2
2018년	72.8	82.5	69.6	58.5	65.2
2019년	74.8	83.5	71.4	61.0	67.9
2020년	67.1	69.7	67.3	61.6	68.5
2021년	75.5	82.0	73.1	64.6	71.3
2022년	78.3	85.2	76.2	66.0	72.5
2023년	78.5	86.0	75.4	66.4	72.3

단위: %

셋째, 정책효과와 비용에 다소 의구심이 있습니다. 교육부는 EBS 중학 프리미엄을 전면 무료로 전환하여 약 31만 명이 혜택을 받았고, 그 결과 중학교 사교육 참여율이 0.8% 포인트 감소했다고 밝힙니다. EBS 중학 프리미엄은 연간 71만 원이고 이용자는 1만 4천 명에서 31만 명으로 늘었다고 합니다. 중학생 4명 중 1명이 참여한 셈입니다. 교육부가 제시한 수치로 보면 무료 전환의 비용은 2천200억 원으로 계산됩니다. 즉, 2천200억 원을 들여 중학생 4명 중 1명에게 EBS 프리미엄을 무료 제공한 결과, 사교육 참여율은 75.4%로 역대 2번째를 기록했습니다. 이를 성과로 봐야 하는지 의문입니다.

> ■ 특히 중학교 사교육 참여율을 학년별로 살펴보면 1학년이 76.9%(전년 대비 0.7%p↓), 2학년이 76.2%(전년 대비 0.04%p↓), 3학년이 73.0%(전년 대비 1.7%p↓)로 중학교 3학년의 사교육 참여율 감소폭이 가장 크게 나타났다.

정부는 중학교 학년별 참여율도 줄었다고 피력합니다. 하지만 통

〈 표 21 〉 중학교 학년별 사교육 참여율 국가통계포털 KOSIS

	전체	1학년	2학년	3학년
2019년	71.4	72.9	70.6	70.6
2020년	67.3	68.0	68.1	65.7
2021년	73.1	74.1	73.7	71.6
2022년	76.2	77.6	76.2	74.7
2023년	75.4	76.9	76.2	73.0

단위: %

계가 작성된 2019년부터 현재까지 추이를 모두 보면, 줄었다는 참여율은 역대 두 번째입니다. 3학년 참여율의 감소 폭이 가장 크다고 강조하는데, 그렇게 줄어든 수치가 73.0%입니다. 감소한 것은 맞지만, 과연 의미 있는 감소인지 의문입니다.

사교육 참여율은 2023년 성적표를 보면 전체적으로 78.5%로, 역대 최고치입니다. 초등학교는 86.0%입니다. 역대 5번째이기는 하지만, 2010년 이후 가장 높습니다. 최근 13년 사이 최고치라고 할 수 있습니다. 중학교는 75.4%로 역대 2번째입니다. 66.4%인 고등학교는 역대 최고치, 72.3%인 일반고는 사상 2번째로 높습니다. 정부의 발표에서 증가세 둔화나 중학교 감소 부분만 강조하는 것이 적절한지 의문입니다.

사교육비 총액은 2021년 23조 4천158억 원에서 2023년 27조 1천144억 원으로 15.8% 증가했습니다. 집권 2년 사이에 3조 6천985억 원을 늘렸습니다. 초등학교가 18.0%로 가장 많이 늘었습니다. 중학교는 12.7%, 고등학교는 15.3%, 일반고는 15.5% 뛰었습니다. 2년 사이에 10% 넘게 뛰었습니다.

〈 표 22 〉 **윤석열 정부 사교육비 증감 현황**국가통계포털 KOSIS

		전체	초등학교	중학교	고등학교	일반고
사교육비 총액 (억 원)	2021년	234,158	105,279	63,480	65,399	62,637
	2023년	271,144	124,222	71,534	75,389	72,337
	증감	36,985	18,943	8,053	9,990	9,700
	증감률	15.8%	18.0%	12.7%	15.3%	15.5%
전체 학생 1인당 월평균 사교육비 (만 원)	2021년	36.7	32.8	39.2	41.9	48.2
	2023년	43.4	39.8	44.9	49.1	55.5
	증감	6.7	6.9	5.8	7.2	7.3
	증감률	18.3%	21.1%	14.7%	17.2%	15.2%
참여 학생 1인당 월평균 사교육비 (만 원)	2021년	48.5	40.0	53.5	64.9	67.5
	2023년	55.3	46.2	59.6	74.0	76.8
	증감	6.7	6.2	6.1	9.0	9.3
	증감률	13.8%	15.5%	11.3%	13.9%	13.7%

　학원에 다니지 않는 학생까지 포함한 학생 1인당 월평균 사교육비는 2021년 36만 7천 원에서 2023년 43만 4천 원으로 18.3% 증가했습니다. 거의 20%에 육박합니다. 학교급 중에서는 초등학교가 21.1%로 가장 많이 뛰었습니다. 고등학교 17.2%, 일반고 15.2%, 중학교 14.7% 등 모두 10% 넘게 늘었습니다. 사교육 참여 학생의 1인당 월평균 사교육비는 48만 5천 원에서 55만 3천 원으로 13.8% 뛰었습니다. 역시 초등학생이 가장 많이 증가했습니다. 일반고 학생은 67만 5천 원에서 76만 8천 원으로 13.7%가 늘었습니다.

　상황이 이런데도, 윤석열 정부가 제대로 노력한 것은 거의 없습니다. 엉뚱하게도, 윤석열 정부의 사교육 대책 중 세간의 관심을 끈 것은 '킬러문항 배제'였습니다. 윤석열 대통령이 2023년 6월 15일, 갑자기 킬러문항 배제 발언을 했습니다. 뜬금없었습니다. 이어 '쉬운 수능' 논란이 일어나자, 대입 업무를 담당하는 교육부 국장이 경질되고, 수능 업무를 관장하는 교육과정평가원 원장이 사임했습니다. 수능을 얼마 앞두고 급변한 상황에 수험생과 학부모는 앞으로 어떻게 되는지 촉각을 세울 수밖에 없습니다. 대통령이 입시의 안정성을 흔들었습니다.

그런데 킬러문항 배제는 이미 발표되었던 방침이었습니다. 한국교육과정평가원은 2020학년도 수능 때부터 이미 킬러문항을 지양하겠다고 밝혔습니다. 2023년 3월의 수능 시행 기본계획 발표에서는 "킬러문항 내지는 초고난도 문항을 내지 않겠다. 그것을 전제로 한 상태에서 변별력을 어느 정도 갖추겠다"라고 하였습니다. 그렇다면 대통령은 방침이 잘 이행되도록 내부 단속과 기강 확립에 온 힘을 다해야 했습니다. 제대로 되지 않았다면 상응하는 행정조치로 관계 기관에 방향을 재확인시켜야 했습니다. 하지만 엉뚱한 발언으로 대한민국 전체를 흔들었습니다. 교육도 경제처럼 '신호'가 중요한데, 그 점을 감안했을지 의문입니다.

이 와중에 교육부 장관은 자사고·외고 존치를 확정했습니다. 문재인 정부 시절 2025년 고교학점제 도입과 함께 자사고·외고를 일반고로 전환하겠다는 방침을 뒤엎었습니다. 모순된 조치가 사실상 동시에 추진되었습니다. 대통령은 킬러문항 배제를 천명했습니다. 9년 만에 발표된 사교육 경감 대책에서 핵심 과제이자 최우선 과제로 자리 잡았습니다. 교육부는 자사고·외고 존치를 천명했습니다. 한쪽에서는 사교육 잡는다며 킬러문항 배제 방안을 담고, 다른 쪽에서는 학교 서열과 경쟁 그리고 사교육비를 부추길 방안을 담았습니다.

대통령이 추진한 대로 '킬러문항 없는 수능'이 출제되었습니다. 하지만 '킬러문항'이 없더라도 '변별력'이 있는 수능이 필요했습니다. 그래서 수능의 전반적인 난도는 더 높아졌습니다. '킬러문항'과 동시에 '사교육 카르텔'을 잡겠다며 관련 행정기관이 모두 동원되었습니다. 사교육 기관과 교원의 문항 거래 등 유착 관계도 포착하고 이에 대한 조치도 이루어졌습니다.

하지만 사교육비는 늘었습니다. 공교롭게도 고등학교 사교육비 증가 폭이 두드러졌습니다. 단순히 증가한 것이 아니라 역대 최고치를 기록했습니다. 킬러문항을 없앤다고 사교육이 줄어들 리 없었습니다. 여기에 '의대 증원'을 계기로 의대 진학 희망자의 사교육이 폭증할 것으로 보입니다.

킬러문항 배제가 사교육비 경감과 연결되는지 의문입니다. 입시 사교육비의 원인은 경쟁이라는 점은 누구나 알고 있는 상식에 가깝기 때문입니다. 한국개발연구원[2024]은 좋은 일자리가 부족하여 대학 입시 경쟁이 과열되고 사교육의 원인이 된다고 밝힙니다. "입시 경쟁은 사교육의 원인이 된다. 정부가 아무리 노력을 해도 사교육이 사라지지 않는 이유는 결국 좋은 일자리의 부족에 있을 가능성이 높다"며, "부모의 경제력이 높을수록 사교육 지출도 높고 자녀의 학업 성취도도 높은 경향"이 있어 "부모 세대에서 자녀 세대로 교육을 통한 부의 대물림이 이루어지고 있는 것이다"라고 지적합니다. 이 점을 외면한 윤석열 정부의 사교육 대책이 성공할 리 없었습니다.

3.
주요 정책별 효과에 대한 평가

(1) 사교육 대체 정책

앞에서 살펴본 것처럼 역대 정부는 주로 '사교육 대체 정책'에 집중해 왔습니다. EBS 수능 강의, 방과후학교, 돌봄교실 등이 대표적인 예입니다. 정부에서는 이를 '사교육 수요의 공교육 흡수'라고 표현하고 있습니다. 이 정책의 효과를 하나씩 살펴보고자 합니다.

가. EBS 수능 강의 정책

EBS 수능 강의 정책은 2004년 2월에 발표된 '공교육 정상화를 통한 사교육비 경감 대책'의 10대 추진 과제 중 하나로 시작되었습니다.교육인적자원부, 2004 그리고 2004년 4월부터 정부 차원의 EBS 수능 강의가 시작되었습니다. 2010년 2월에는 '수능과 EBS 연계 강화 방안'이 발표되었습니다. 그리고 2011학년도부터 수능 시험의 70%를 EBS 교재와 연계하여 출제하는 정책이 시행되었습니다. 그러다 2022학년도 수능부터는 EBS 교재 연계율이 50%로 축소되었습니다.

EBS 수능 강의 정책이 의도하는 효과는 크게 두 가지입니다. 첫째는 사교육 혜택을 받지 못하는 지역에도 국가 차원의 사교육을 제공함으로써 사교육 격차를 줄인다는 것입니다. 두 번째는 수능 시험과 EBS 문항을 연계함으로써 대입 부담을 줄인다는 것입니다. 하지만 그 효과는 명확하지 않습니다.

EBS 수능 강의 정책이 사교육비 경감에 실질적인 도움이 되는지 여러 연구가 진행되었습니다. EBS 수능 강의 정책이 사교육비 경감에 일부 긍정적인 효과가 나타나기도 하지만, 그 효과는 크게 유의미하지 않은 것으로 나타났습니다.성낙일 외, 2009; 한상만 외, 2011; 정동욱 외, 2012; 최승진, 2017 또한 그 효과는 지역별, 학교급별, 학생 성적별로 조금씩 차이가 납니다. 대체로 농어촌 지역, 성적 하위권 학생에게는 EBS 수능 강의가 약간 도움이 되는 것으로 나타납니다. 하지만 도시 지역, 성적 상위권 학생에게는 EBS 수능 강의의 효과가 거의 없는 것으로 나타납니다.

그 이유는 명확합니다. 사교육 시장에서는 EBS 교재를 재구성한 또 다른 교재로 EBS 강의를 좀 더 심화시킨 강의를 제공하기 때문입니다. 즉 'EBS 대비 사교육'이 별도로 생겨난 것입니다. 사교육 시장의 논리에 밝은 내부자의 보고에 의하면, EBS 수능 강의 때문에 비수도권 지역의 학원이 다소 위축되었지만, 수도권의 학원은 EBS 수능 강의를 이용한 새로운 시장을 확장함으로써 오히려 수도권과 비수도권 사이의 사교육 격차가 더 확대되었다고 합니다.문호진 외, 2024

설령 EBS 수능 강의가 사교육비 경감에 다소나마 도움이 되더라도 그 폐해는 훨씬 큽니다. EBS 수능 강의가 활성화될수록, EBS 교재와 수능의 연계율이 높을수록 공교육은 왜곡될 수밖에 없기 때문입니다.

현행 〈초·중등교육법〉 제23조 1항에 의하면 "학교는 교육과정을 운영하여야" 합니다. 학교가 교육과정을 운영한다는 것은, 학년과 교과에 따라 가르칠 내용과 범위를 정한 국가 교육과정에 따라 수업을 진행한다는 것을 의미합니다. 하지만 우리나라 고등학교의 고3 수업은 사실상 수능 문제집 풀이 수업이나 마찬가지입니다. 정규 수업 시간에 버젓이 민간 출판사가 만든 수능 대비 문제집을 가지고 수업을 하는 것은 사실상 불법입니다. 이를 교육 당국이 눈감아 주는 것도 낯 뜨거운 일입니다.

그런데 EBS 교재를 수능 시험과 연계한다는 것은 이러한 공교육 왜곡을 더욱 부추기는 꼴입니다. 고등학교 수업은 노골적으로 EBS 수능 문제집 풀이로 대체되고, EBS 교재 내용이 국가 교육과정을 대체하는 현상이 발생합니다. 정부 당국이 말하는 '사교육 수요의 공교육 흡수'란 사실상 '학교의 학원화'나 다름없다는 비판이 제기될 수밖에 없습니다.

이런 점에서 볼 때, EBS 수능 강의 정책이 성공적인지는 의문입니다. '사교육 경감 효과'도 크지 않고, '공교육의 가치'에도 부합하지 않은 정책에 해당할 수 있습니다.

나. 방과후학교 정책

방과후학교 정책은 매우 뿌리가 깊은 정책입니다. 과거에 흔히 '보충수업'이라 불렸던 것이 '특기·적성 교육활동'이라는 이름으로 바뀌었고, 2006년부터 '방과후학교'라는 이름으로 바뀌어 현재에 이르고 있습니다. 이 정책의 주요 변화 양상은 〈표 23〉과 같습니다.

〈표 23〉 방과후학교 정책의 주요 변화 양상

연도	주요 내용	용어
1996	• 의무적 보충수업 폐지 • 특기·적성 계발활동과 보충·자율학습을 포함한 개념으로 '방과후 교육활동' 도입	방과후 교육활동
1999	• 교과 교육에서 탈피하여 다양한 특기와 적성을 계발하기 위한 프로그램으로서 '특기·적성 교육활동' 도입	특기·적성 교육활동
2004	• 초등학교 저학년 '방과후교실' 운영, 취약계층 무상 지원	방과후교실
2006	• 기존의 '특기·적성교육', '초등 방과후교실', '수준별 보충학습' 등의 명칭과 프로그램을 '방과후학교'로 통합 운영	방과후학교
2007	• '방과후학교 지원센터' 운영	
2008	• '방과후학교 코디네이터' 운영	
2011	• 방과후학교 행정전담인력 배치	
2016	• 돌봄 기능 포함 초등 방과후학교 운영 • 〈공교육 정상화 촉진 및 선행교육 규제에 관한 특별법〉 일부 개정으로 방과후학교에 일부 선행교육 허용	

40~50대 이상 기성세대에게는 '보충수업'이라는 용어가 매우 익숙합니다. 보충수업은 정규 수업에서 진행된 교과목, 특히 입시에 직접적으로 반영되는 국·영·수 중심의 교과목을 되풀이하는 수업이었습니다. 교과서를 중심으로 진행되는 정규 수업과 달리 보충수업에서는 대입 문제집 풀이를 노골적으로 진행했습니다. 게다가 원하지 않는 학생까지 강제적으로 참여해야 했기에 이는 입시 위주 교육의 폐해를 상징적으로 드러내는 것이기도 합니다. 그래서 '강제 보충·야자 폐지' 운동이 일어나기도 했습니다.

그러다 1999년부터 '특기·적성 교육활동'이라는 용어가 쓰이게 되었습니다. 교과 수업의 반복에 불과한 보충수업의 성격을 바꾸기 위한 것이었습니다. 용어에서 알 수 있듯이, 교과 학습을 넘어 학생의 다양한 특기와 적성을 키우는 프로그램을 운영하는 것이 특기·적성 교육활동의 목적입니다. 하지만 학교 현장에서 특기·적성 교육활동이 그 취지대로 운영되었는지는 의문입니다. 이름만 바뀐 채 사실상 기존의 국·영·수 문제집 풀이식 보충수업이 진행된 경우가 적지 않습니다.

그러다 2006년부터 '방과후학교'로 명칭이 바뀌었습니다. 정부에서 의도한 방과후학교의 기능은 기존의 교과 보충수업, 특기·적성 교육활동에 '방과 후 돌봄'의 기능까지 포괄한 것입니다. 이를 통해 '사교육 수요의 공교육 흡수'라는 목적까지 달성하고자 했습니다. 그렇기에 '방과후학교'는 차별화된 다양한 프로그램을 운영하는 곳이라기보다 '학교 안 학원'이라고 하는 것이 정직한 표현이겠습니다. 그렇기 때문에 방과후학교는 역대 정부의 '사교육 대체' 전략의 대표적 정책이라고 할 수 있습니다.

그렇다면 방과후학교 정책이 그만한 효과를 낳았는지를 살펴보아야 합니다. 각종 통계와 연구물을 살펴보면 방과후학교는 '절반의 성공'을 거두었다고 평가할 만합니다.

우선 방과후학교에 참여하는 학생의 비율을 살필 필요가 있습니다. 교육부[2020]의 자료에 의하면 방과후학교에 참여하는 학생의 비율은 2016년 62.1%, 2017년 58.9%, 2018년 52.5%, 2019년 48.6%입니다. 즉, 방과후학교에 대략 절반 정도의 학생이 참여하고 있으며, 참여율은 꾸준히 감소하는 추세입니다. 이 시기 사교육 참여율은 2016년 67.8%, 2017년 71.2%, 2018년 72.8%, 2019년 74.8%입니다. 코로나 사태 이후에 방과후학교 참여율은 더욱 급감하게 됩니다. 수치상으로 볼 때, 방과후학교에 대한 선호도는 크지 않은 것을 보입니다.

방과후학교가 사교육 경감에 어느 정도 효과를 주고 있는지에 대해서는 상반된 연구 결과가 나오고 있습니다. 즉 방과후학교가 사교육 경감에 도움이 된다는 분석도 있고, 그 영향이 거의 없다는 분석도 있습니다. 하지만 선행연구를 종합해 보면 방과후학교의 사교육 경감 효과는 학교급에 따라, 소득 수준에 따라 다르게 나타난다는 점을 알 수 있습니다. 방과후학교의 사교육 경감 효과는 초등학생과 중학생에게는 어느 정도 유의미하게 나타나지만, 고등학생에게는 거의 나타나지 않습니다. 또한 방과후학교는 저소득층 학생에게는 일부 도움이 되지만 고소득층 학생에게 별다른 도움이 되지 않습니다.김성식, 2022; 유재봉 외, 2023

사교육이 유발되는 원인은 무엇보다도 입시 경쟁 구조에 있습니다. 방과후학교 정책은 사교육의 혜택을 받기 어려운 계층의 학생에게 사교육비를 다소나마 줄이는 데에 일부 도움이 될 수 있을지 모르지만, 입시 경쟁 자체를 완화하는 데에는 거의 효과가 없는 것이 당연합니다. 특히 입시 경쟁이 가장 치열하게 이루어지는 고등학교 단계에서, 그리고 고액의 사교육 혜택을 통해 입시 경쟁에서 유리한 위치를 차지하려는 고소득층 학생에게 방과후학교 정책이 크게 의미 없는 것은 당연한 일이라 할 수 있습니다.

이와 반대로 초등학생과 중학생에게 방과후학교 정책이 도움이 된다면, 이는 입시 사교육을 대체하는 효과가 아닌 특기·적성 교육 활동, 혹은 돌봄 기능으로 보아야 할 것입니다. 즉 국영수 등 입시에 직접 관련된 교육이 아니라 학생의 다양한 소질을 기르는 데에 도움이 되는 교육으로서 방과후학교가 제 역할을 해야 합니다. 외국의 교육 선진국의 경우 방과후학교After School가 주로 스포츠 클럽, 예체능 활동으로 운영되는 것을 참고할 필요가 있습니다. 또한 최근에 나이 어린 학생을 위한 돌봄 정책이 중요한 이슈로 대두되고 있습니다. 사회적 돌봄의 기능을 어떻게 강화해야 하는지, 방과후학교를 매개로 학교와 지역사회가 어떤 역할을 맡아야 하는지 등에 대해 본격적인 논의가 필요합니다.

이처럼, 방과후학교는 사교육 경감 대책으로서는 일부 효과가 있으나 그 범위와 영향력이 제한적이라고 볼 수 있겠습니다. 따라서 향후 방과후학교는 사교육 경감 대책 정책이 아닌, 그 자체의 본질적 기능을 회복해야 합니다. 이는 정규 교육과정을 보완하는 역할, 학생의 다양한 소양과 재능을 계발하는 역할, 사회적 돌봄 기능을 제공하는 역할이 되어야 할 것입니다.

다. 돌봄교실 정책

돌봄교실은 맞벌이 가정의 학생을 위해 방과 후에 학교에서 학생을 돌봐주는 제도입니다. 이 제도는 민간 차원에서 운영되어 온 다양한 보육·돌봄 기관(공부방, 지역아동센터 등)의 기능을 학교의 유휴 공간을 활용해서 제공하는 방식으로 시작되었습니다. 특히 맞벌이 가정의 증가, 저출생 현상 등이 맞물리면서 돌봄교실에 대한 수요는 꾸준히 늘어왔습니다. 또한 이 제도는 아이를 맡길 곳이 없어 사교육 시장을 활용(일명 '학원 뺑뺑이')하던 학부모의 부담을 경감하는 목적도 함께 수행해 왔습니다. 돌봄교실 정책의 주요 흐름을 〈표 24〉와 같이 정리할 수 있습니다.

〈 표 24 〉 돌봄교실 정책의 주요 변화 양상

연도	주요 내용
2004	초등학교 저학년 '방과후교실' 정책 발표 및 시범 운영
2009	'종일돌봄교실(야간까지 운영)' 시범 운영
2010	'초등 돌봄교실'으로 명칭 변경 및 확대
2011	'엄마품 온종일 돌봄교실'(아침돌봄, 오후돌봄, 저녁돌봄) 도입
2015	방과후 연계형 돌봄교실 도입
2017	'온종일 돌봄교실' 전 학년 확대
2024	'늘봄학교'(초등 돌봄교실과 방과후학교 통합) 도입

돌봄교실 정책은 도입될 때부터 지금까지도 여러 가지 논란을 불러일으키고 있습니다. 우선 돌봄교실에서 말하는 '돌봄'이 무엇을 의미하는지, 이것이 '교육' 및 '보육'의 개념과 어떤 관련이 있는지에 대한 쟁점이 있습니다.

최근 들어 사회학 일반에서는 '돌봄 사회'에 대한 논의가 활발히 이루어지고 있습니다. '돌봄care'은 인간의 근원적인 취약성과 상호 의존성을 전제로 하는 개념입니다. 생애 주기적으로 볼 때 인간은 누구나 타인의 돌봄을 절대적으로 필요로 하는 취약한 상태에서 태어나고 생을 마감하게 됩니다. 또한 질병, 실업, 빈곤, 장애 등 예상치 못할 다양한 이유로 취약한 상태에 노출될 수밖에 없습니다. 그렇기에 인간은 상호의존성 속에 돌봄을 주고받으며 살아가는 것이 당연합니다. 또한 인간은 타인과 돌봄을 주고받는 과정에서 인간의 인간다움을 확인하는 윤리의식을 발휘하게 됩니다. 이러한 돌봄 윤리가 사회적 시스템으로 구축된 사회를 '돌봄 사회'라 칭할 수 있습니다. 여러 학자들은 이를 야만적 신자유주의와 시혜적 복지정책의 근본적 한계를 뛰어넘는 대안 사회의 원리로 보고 있습니다.[Kittay, 1998; Tronto, 2015]

이러한 '돌봄'의 원리는 '교육'의 정신과 크게 다르지 않습니다. 교사와 학생의 관계에서, 학교문화의 차원에서, 교육과정 운영의 원리에서 '돌봄'의 정신이 바탕이 되어야 좋은 '교육'이 이루어질 수 있습니다.[이형빈, 2023] 이 점에 관해서는 책의 후반부에서 다시 언급하도록 하겠습니다.

하지만 '돌봄교실'의 '돌봄'이 이러한 윤리학적, 사회학적 개념을 바탕으로 하고 있는지는 의문입니다. 초창기에는 단순히 맞벌이 부모의 부담을 덜어준다는 차원에서 정책이 도입되었으며, 최근에는 저출생 대책의 하나로 이 정책을 활용하고 있는 경향이 있습니다. 즉 돌봄교실을 단순히 '맡길 곳 없는 아이를 맡기는 곳' 정도로 취급하고 있습니다. '교육'과 '돌봄'을 서로 다른 영역으로 여기는 경향, '돌봄교실' 운영 주체를 둘러싼 논쟁과 갈등이 끊임없이 일어나는 이유가 여기에 있다고 하겠습니다.

돌봄교실의 사교육 경감 효과에 대해서는 대체로 긍정적인 연구 결과가 발표되었습니다. 여러 연구 결과를 종합해 볼 때, 돌봄교실 참여와 사교육 경감, 그리고 부모의 일과 양육 병행에는 유의미한 상관관계가 있습니다.^{박채영, 2018; 백순근 외, 2019} 다시 말해, 돌봄교실은 이른바 '학원 뺑뺑이' 현상을 일정 정도 줄이는 효과가 있습니다. 이처럼 돌봄교실은 부모가 자녀를 안심하고 양육하는 여건을 마련하는 효과, 사교육 참여를 감소시키는 효과가 있는 것은 분명합니다.

그러나 돌봄교실에 대한 질적 연구 결과를 살펴보면, 돌봄교실의 프로그램이나 아동의 만족도가 만족스러운 수준이 아닌 것으로 보입니다.^{정설미 외, 2021} '엄마품', '늘봄'과 같은 수식어가 붙기에는 민망한 상황입니다. 어린 아동이 온종일 학교 안에 머물러야 하는 현실은 결코 바람직하다고 보기 어렵습니다. 돌봄교실에서 제공하는 프로그램이 아동의 전인적 성장에 도움이 되려면 더 많은 지원이 뒷받침되어야 하는데, 이에 대한 인적·물적 지원은 턱없이 부족합니다.

돌봄교실을 둘러싼 논란이 해결되려면 사회적 차원의 돌봄 시스템이 총체적으로 마련되어야 합니다. '돌봄 윤리'에 기반하여 모든 인간이 전 생애에 걸쳐 필요할 때 필요한 돌봄을 제공받을 수 있는 권리가 보장되어야 합니다. 돌봄 문제는 또한 교육 문제뿐만 아니라 노동 문제, 저출생 문제 등과 분리될 수 없습니다. 노동시간 단축을 통해 부모가 자녀와 함께할 수 있는 시간이 충분히 마련되어야 하고, 저출생 문제 해결을 위한 촘촘한 지원이 뒷받침되어야 합니다. 아울러, '사교육 문제'는 '돌봄 문제'와 연계하여 접근해야 한다는 점도 확인할 필요가 있습니다.

(2) 사교육 공급 조절 정책

앞에서 언급한 '사교육 대체 정책'은 '사교육 수요를 공교육 안으로 흡수'하는 정책입니다. 이 정책이 일부 효과가 있다 하더라도, 이는 '학교의 학원화'를 꾀한다는 점에서 근본적인 문제가 있습니다.

이와 반대가 되는 정책이 '사교육 공급 조절 정책'입니다. 이는 사교육을 금지하거나, 사교육을 일정한 범위 안에서 제한하거나, 사교육 시장에서 벌어지는 문제에 대해 직접 개입하는 정책입니다. '사교육 공급 조절 정책'의 대표적인 예는 전두환 정권의 '과외 금지' 정책입니다. 역설적이지만 가장 권위주의적인 정권이기에 가장 강력한 사교육 정책을 펼 수 있었습니다.

2000년 헌법재판소의 과외 금지 위헌 결정으로 인해 사교육 공급 조절 정책은 크게 위축되었습니다. 2000년 이후 정부 차원의 사교육 공급 조절 정책은 국회에서 제정된 법률에 근거해 이루어졌습니다. 이와 관련된 대표적인 법률은 〈학원의 설립·운영 및 과외교습에 관한 법률〉과 〈공교육 정상화 촉진 및 선행교육 규제에 관한 법률〉입니다.

〈학원의 설립·운영 및 과외교습에 관한 법률〉에서는 주로 학원의 설립 절차, 운영 등에 대한 일반적인 사항을 다루고 있습니다. 이 중 사교육 공급 조절과 관련된 조항은 제16조 2항인 "교육감은 학교의 수업과 학생의 건강 등에 미치는 영향을 고려하여 시·도의 조례로 정하는 범위에서 학교교과교습학원, 교습소 또는 개인과외교습자의 교습시간을 정할 수 있다"입니다. 이에 따라 대부분의 시도에서 학원의 영업시간을 저녁 10시까지로 규제하고 있습니다.

〈공교육 정상화 촉진 및 선행교육 규제에 관한 법률〉의 핵심 내용은 '학교 교육과정 내 선행교육 금지', '학생의 선행학습을 전제로 한 수업 금지', '학교 시험에서 학교 교육과정의 범위를 벗어난 내용 출제 금지', '학교 입학전형은 해당 학교 입학 단계 이전 교육과정 범위 내에서 실시', '학원 등 사교육 기관의 선행학습 유발 광고 및 선전 금지' 등입니다. 이 중 사교육에 관한 항목은 '학원 등 사교육 기관의 선행학습 유발 광고 및 선전 금지'뿐입니다. 사실상 "광고만 하지 않으면 선행학습을 해도 된다"라는 것이나 마찬가지입니다.

이처럼 현재 사교육 시장에 대한 국가의 직접적인 규제는 거의 이루어지지 않고 있습니다. 사교육 시장은 자유로운 시장 논리에 맡겨야 한다는 견해가 있을 수 있습니다. 하지만 〈헌법〉 제119조 2항에도 "국가는 …… 시장의 지배와 경제력의 남용을 방지하며, …… 경제의 민주화를 위하여 경제에 관한 규제와 조정을 할 수 있다"라고 명시되어 있습니다. 따라서 교육의 정상화를 위해 사교육 시장에 대해 적절한 규제를 해야 하는 것은 국가의 당연한 임무라고 할 수 있습니다.

현재의 사교육 시장에 대한 규제는 너무나 제한적입니다. 학원의 교습 시간을 보더라도 마찬가지입니다. 모든 직장이 문을 닫는 일요일과 공휴일에도 학원 문은 활짝 열려 있습니다. 나이 어린 학생들의 휴식권, 건강권, 행복권이 심각하게 침해받고 있습니다. 그래서 그동안 교육시민단체에서는 꾸준히 '학원 휴일 휴무제'를 주장해 왔습니다. 우리 학생들이 적어도 휴일에는 충분한 휴식을 취할 권리를 보장해야 한다는 취지입니다. 이를 위해서는 〈학원의 설립·운영 및 과외교습에 관한 법률〉을 개정해야 합니다.

또한 '학원 선행학습 금지'를 요구하는 목소리도 높습니다. 최근 '초등 의대반'이 세간의 관심을 끌고 있습니다. 소위 '초등 의대반'이란 초등학생을 대상으로 중고등학교 수학을 가르치는 선행학습 학원입니다. 지나친 선행학습 열풍이 빚어낸 씁쓸한 풍경입니다. 그래서 교육시민단체에서는 '초등 의대반 금지법'을 제안하고 있습니다. 이를 위해서는 〈공교육 정상화 촉진 및 선행교육 규제에 관한 법률〉 개정이 필요합니다.

이상에서 살펴본 것처럼, 2000년 헌법재판소의 과외 금지 위헌 결정 이후 역대 정부 당국은 '사교육 공급 조절' 정책에 대해서는 사실상 손을 놓고 있습니다. 그 사이 사교육 시장은 코로나 시기를 제외하고는 한 번도 위축된 적이 없습니다. 법률 개정, 필요하다면 국민투표와 개헌을 통해서라도 사교육 시장에 대한 특단의 대책이 있어야 합니다.

(3) 사교육 수요 해소 정책

사교육 문제를 해결하는 이상적인 방법은 사교육 수요 자체가 생기지 않도록 하는 것입니다. 사교육에 대한 수요는 입시 경쟁으로부터 생깁니다. 입시 경쟁에서 승리하기 위한 욕구로 인해 너나 할 것 없이 사교육에 뛰어듭니다. 아무리 국가가 사교육 대체재를 제공하거나 사교육을 통제하더라도, 입시 경쟁 문제가 해결되지 않는 한 사교육 문제는 해결될 수 없습니다.

입시 경쟁 문제를 완전히 해소하기 어렵다면 입시 경쟁을 완화하는 정책이라도 꾸준히 이어져야 합니다. 하지만 역대 정부의 정책을 살펴보면 실망스럽기만 합니다.

역대 정부의 정책 중 입시 경쟁 문제를 정면으로 다룬 것은 1969년 중학교 무시험 입학제와 1974년 고교평준화 시행 두 차례에 불과합니다. 이를 통해 중학교 입시와 고등학교 입시 문제가 부분적으로 해소되었습니다. 하지만 여전히 고교 입시와 대학 입시 문제가 해결되지 않은 채 남아 있습니다.

현재 남아 있는 고교 입시는 크게 보아 '비평준화 지역 일반고 입시(후기고 입시)'와 '특목고, 자사고 입시(전기고 입시)' 두 가지입니다. 1974년에 서울과 부산 지역에 고교평준화가 시행된 이후 지금까지 평준화 지역이 꾸준히 확대되었습니다. 하지만 여전히 비평준화 지역이 남아 있습니다. 경기도 지역을 살펴보자면 '수원, 성남, 안양, 과천, 군포, 의왕, 부천, 고양, 광명, 안산, 의정부, 용인'은 평준화 지역이고, 나머지 '가평, 광주, 하남, 구리, 남양주, 김포, 동두천, 양주, 안성, 양평, 여주, 연천, 이천, 파주, 평택, 포천, 화성, 시흥, 오산'은 여전히 비평준화 지역입니다. 비평준화 지역에서는 학생의 중학교 내신 성적에 따라 고등학교 입학 여부가 달려집니다. 당연히 중학교 내신 성적을 위한 사교육이 발생하게 됩니다.

특목고, 자사고 입시 역시 사교육 문제와 직결됩니다. 특목고나 자사고에 진학하고자 하는 학생이 그렇지 않은 학생에 비해 더 많은 사교육을 받는다는 것은 앞에서 제시한 〈표 12〉를 통해서도 확인했습니다.

하지만 역대 어느 정부에서도 고입 문제를 해결하고자 하는 적극적인 노력이 이루어지지 않았습니다. 평준화 지역 확대는 매우 더디게 이루어져 왔고, 이와 반대로 특목고와 자사고는 점점 늘어났습니다. 문재인 정부 시절에 〈초·중등교육법 시행령〉 개정을 예고하여, 고교학점제가 도입되는 2025년부터 외고와 자사고가 일반고로 전환될 예정이었으나, 윤석열 정부에서는 이를 다시 뒤집어 외고와 자사고를 존치했습니다.

사교육 문제의 몸통인 대학 입시 관련 정책은 더욱 아쉽습니다. 대입 경쟁 문제를 해결하기 위해서는 대학 입시 제도의 개선, 대입 경쟁을 유발하는 대학 서열화와 학벌사회 문제에 대한 근본적인 접근이 필요합니다. 하지만 진보와 보수를 막론하고 역대 정부에서 대입 경쟁을 해소하는 적극적인 조치를 한 적은 거의 없다고 해도 과언이 아닙니다.

3부

사교육 문제의 근본적 해법 모색

1.
사교육 문제에 대한 국민의 인식

    사교육 문제는 모든 국민에게 고통을 주고 있습니다. 대한민국 국민이라면 누구나 경험으로 알 수 있습니다. 자녀를 키우고 있는 학부모라면 더더욱 체감할 수 있습니다. 한국교육개발원에서는 매년 '교육여론조사'를 진행하고 있습니다. 교육계에서 가장 공신력 있는 여론조사입니다. 이 여론조사를 통해서도 사교육 문제에 따른 국민적 고통을 확인할 수 있습니다.^{한국교육개발원, 2023}

⟨ 표 25 ⟩ 사교육비 지출 부담에 대한 생각

		부담이 큼	보통	부담이 적음
전국 성인 남녀	초 사교육 비용	65.2%	27.4%	7.4%
	중 사교육 비용	75.4%	16.2%	8.4%
	고 사교육 비용	74.4%	11.3%	14.3%
각 학교급 학부모	초 사교육 비용	59.0%	33.2%	7.8%
	중 사교육 비용	76.0%	16.6%	7.4%
	고 사교육 비용	76.6%	7.6%	16.8%

'한국교육개발원 2023년 교육여론조사'에 따르면, "사교육을 위해 지출하는 비용에 대한 부담에 대해 어떻게 생각하십니까" 질문했더니 지출 부담이 크다는 응답이 적다는 답변보다 압도적으로 많았습니다. 예컨대 고등학교 학부모는 고등학생 사교육비가 부담이 크다 76.6%, 부담이 적다 16.8%였습니다. 중학교 학부모는 각각 76.0% 와 7.4%였습니다. 전국 성인 남녀 답변도 비슷한 경향입니다. '부담이 큼' 비율은 5단 척도에서 '지출 부담이 크다'와 '지출 부담이 매우 크다'를 합한 것이고, '부담이 적음' 비율은 '지출 부담이 적다'와 '지출 부담이 거의 없다'를 합한 수치입니다.

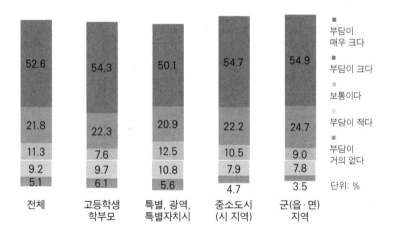

[그림 13] **사교육 지출 부담에 대한 인식**

사교육 문제는 우리 교육의 핵심 문제이자 사회 문제이기도 합니다. 그래서 정확한 실태 파악을 위한 국가통계가 있습니다. 하지만 영유아와 이른바 N수생의 사교육비는 국가통계에 잡히지 않습니다. 이 비용을 합하면 사교육비 통계치는 더 많아질 것으로 보입니다. 그동안 유아 사교육비 조사는 공식적으로 진행되지 않았습니다. 2024년에야 유아 사교육비 조사를 위한 조사모델 개발에 착수했습니다.교육부, 2024b 그동안 비어있던 유아 사교육비 통계 조사에 대해 교육부가 방안을 마련한 점은 의미 있습니다.

유아영어학원의 경우 2023년 12월 기준으로 교습비와 기타 경비를 포함하여 전국 평균 121만 원이라고 합니다.[1] N수생은 매월 수백만 원입니다. 1년 재수나 몇 개월 반수의 경우 수천만 원입니다. 요즘은 N수를 많이 하는 통에 가정의 부담이 더 큽니다. 많은 가정에서 경험적으로 비용을 알고 있습니다. 의대 열풍 속에 점차 N수가 많아지고, 그러면서 가정의 경제적 능력에 따른 격차도 커지고 있는 실정입니다.

이처럼 온 국민이 사교육을 매우 부담스러워하고 있고 이 문제를 해결해야 한다고 인식하고 있습니다. 그리고 사교육 문제의 본질은 학벌사회와 대학 및 고교 서열이라는 생각을 대부분 가지고 있습니다. 하지만 학벌사회와 대학 서열화에 대한 정부 정책은 찾기 어렵습니다. 고위당국자는 애써 외면하거나 반대로 서열을 키웁니다. 그러다 보니 한국교육개발원 교육여론조사 결과처럼 앞으로 큰 변화가 없거나 심화될 것이라는 국민 답변이 우세한지 모릅니다.한국교육개발원, 2023

지금은 다소 어두운 전망이지만, 문제의식은 더욱 커지지 않을까 합니다. 학벌사회와 대학 서열화는 결코 평등하지도 공정하지도 않

----
1. 강득구 의원실, 유아영어학원 월평균 120만 원 넘어, 2024년 3월 25일.

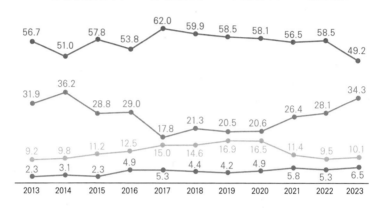

학벌사회에 대한 전망

→ 큰 변화 없을 것이다 → 심화될 것이다 → 약화될 것이다 → 잘 모르겠다

	2013	2014	2015	2016	2017	2018	2019	2020	2021	2022	2023
큰 변화 없을 것이다	56.7	51.0	57.8	53.8	62.0	59.9	58.5	58.1	56.5	58.5	49.2
심화될 것이다	31.9	36.2	28.8	29.0	17.8	21.3	20.5	20.6	26.4	28.1	34.3
약화될 것이다	9.2	9.8	11.2	12.5	15.0	14.6	16.9	16.5	11.4	9.5	10.1
잘 모르겠다	2.3	3.1	2.3	4.9	5.3	4.4	4.2	4.9	5.8	5.3	6.5

대학 서열에 대한 전망

→ 큰 변화 없을 것이다 → 심화될 것이다 → 약화될 것이다 → 잘 모르겠다

	2013	2014	2015	2016	2017	2018	2019	2020	2021	2022	2023
큰 변화 없을 것이다	61.7	50.5	60.4	55.8	61.0	58.4	59.2	57.4	58.6	51.8	
심화될 것이다	29.4	39.1	26.1	23.8	20.8	21.2	24.4	23.7	26.7	27.4	32.0
약화될 것이다	6.2	6.4	11.1	15.7	12.1	12.9	13.4	12.6	11.3	9.1	10.7
잘 모르겠다	2.8	4.1	2.5	4.9	4.7	5.1	3.8	4.5	4.7	4.9	5.5

[그림 14] 우리나라 학벌사회와 대학 서열에 대한 전망

다는 생각, 이른바 능력주의의 원리와도 충돌할 수 있는 인식이 더욱 확대될 수 있습니다.

　우리 사회의 역동성은 여기에서도 엿볼 수 있습니다. 저출생 문제가 주택가격, 사교육비, 장시간 노동과 늦은 퇴근 때문이라는 인식은 점차 확대되고 있습니다. 사교육비가 경쟁과 서열에서 나온다는 인식, 좋은 직장과 좋은 대학이 늘어날 때 원인 해소가 가능하다는 인식도 확대될 것입니다. 어느덧 정부의 위원회에서 저출산 5대 요인으로 교육 경쟁을 지목합니다.^{저출산고령사회위원회, 2022} 교육부 업무보고에서 '과도한 경쟁 완화' 문구가 나와 있습니다.^{교육부, 2024c} 지금 필요한 것은 어쩌면 정부 고위당국자부터의 인식 개선과 실질적이고 다각적인 혁신의 노력일지 모릅니다.

2.
사교육 문제에 대한 세 가지 접근법

사교육은 돌봄 사교육과 입시 사교육 등 크게 두 가지로 구분될 수 있습니다. 돌봄 사교육은 영유아나 초등학생들을 맡길 곳이 없어 학원 여러 곳을 돌리는 형태가 가장 일반적입니다. 유치원 하원이나 초등학교 하교에 맞춰 학원 봉고차가 교문 앞에 대기하는 풍경이 대표적입니다. 맞벌이 가정의 경우 보통 2~4개 학원을 돌립니다. 부모도 자녀도 고단합니다.

입시 사교육은 고입이나 대입 경쟁에서 유리한 고지를 점하려고 학원, 과외, 인터넷 강의 등에 비용을 들이는 것입니다. 타인과 경쟁인 까닭에 입시 사교육을 품앗이할 수도 없습니다. 죄수의 딜레마를 벗어나기 위해 모든 구성원이 함께 멈추지 않는 한, 부담과 비용이 계속 늘어날 수밖에 없습니다. 영유아와 초등학생 사교육을 돌봄 사교육, 중고생 사교육을 입시 사교육비로 보는 경우가 많지만, 이 두 가지가 선을 긋듯 명확하게 구분되는 것은 아닙니다. 유아영어학원과 초등학생 국영수 학원은 입시 사교육의 요소가 훨씬 강합니다. 자사고나 특목고를 염두에 둔 사교육에는 고입과 대입 요소가 혼재되어 있습니다.

2023년 초중고사교육비조사 결과를 보면, 초등학교의 경우 3~5학년 사교육비가 상대적으로 더 많이 늘었습니다.^{통계청, 2024a} 1~2학년보다 금액도 많습니다. 이를 돌봄 사교육비 증가로만 해석할 수 없습니다. 고입과 대입을 겨냥한 입시 사교육비 요소도 있습니다. 예체능을 줄이고 교과를 늘리면서 입시 경쟁에 대비한 유형일 수 있습니다. 태권도나 피아노 학원에 보내지 않고 국영수 학원에 보내기 시작한다는 뜻일 수 있습니다. 그러니 초등학생 사교육을 돌봄 사교육비 해법 차원에서만 접근하기에는 무리가 있습니다.[3]

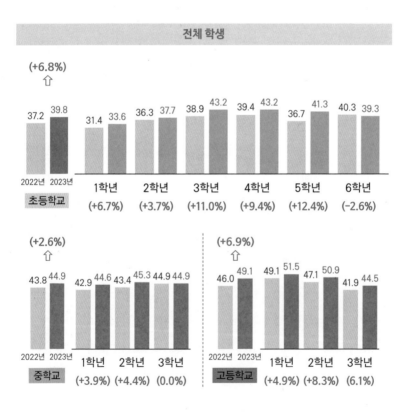

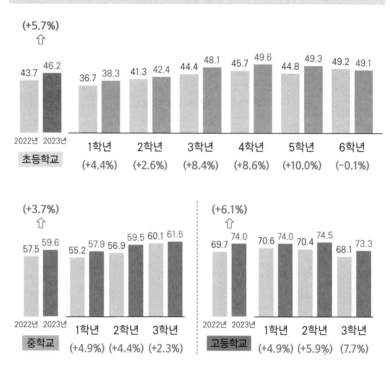

[그림 15] **학년별 학생 1인당 월평균 사교육비**   단위: 만 원

사교육비 경감은 사교육 수요 해소, 사교육 대체, 사교육 공급 조절 등 세 가지 접근을 생각할 수 있습니다. 앞에서 제시했던 표를 다시 보도록 하겠습니다.

----

2. 국민일보, [이도경의 에듀 서치] 매년 늘어나는 사교육비… '늘봄학교'로 잡을 수 있을까, 2024년 3월 20일.

〈표 26〉 **사교육 정책의 세 가지 접근**

사교육 수요 해소	사교육의 원인인 입시 경쟁 해소	학벌사회 및 대학·고교 서열화 해소, 입시 제도 개선 등
사교육 대체	사교육 대체 프로그램을 국가 차원에서 제공	EBS 수능 강의, 방과후학교, 초등 돌봄교실 등
사교육 공급 조절	사교육 시간과 비용 등을 조절	교습비 상한제, 교습 시간 제한, 학원 물가 관리 등

사교육 수요 해소는 사교육의 원인을 찾아 해소하는 것입니다. 입시 사교육은 경쟁이 원인입니다. 그러니 경쟁을 유발하는 원인을 완화하면 입시 사교육은 줄어들 수 있습니다. 이는 크게 세 차원에서 살펴볼 수 있습니다. 사회 개혁, 학교 체제 개편, 입시 제도 개선입니다. 근본적으로는 좋은 일자리를 많이 늘리고 학력·학벌 차별을 해소하는 사회 개혁이 이루어져야 합니다. 또한 대학 서열, 고등학교 서열을 해소하는 조치가 이루어져야 합니다. 대학평준화, 고교평준화가 궁극적인 지향점이 될 것입니다. 입시 제도에서 경쟁적인 요소를 줄이는 것 또한 방법입니다. 상대평가보다 절대평가가 사교육을 경감하는 데에도, 교육의 본질을 구현하는 데에도 도움이 됩니다.

사교육 대체는 사교육 시장에서 제공했던 것을 공교육 기관을 통해 제공해 주는 것입니다. 방과후학교나 초등돌봄교실, EBS 수능 강의가 대표적입니다. 돌봄 사교육비도 대체할 수 있습니다. 역대 정부가 추진했던 초등 돌봄교실은 제대로 된다면 사교육비 완화 및 저출생 극복에 도움 됩니다. 입시 사교육비도 대체 가능하지만 그 효과는 제한적입니다. 수요 해소와 병행하지 않을 경우 풍선 효과가 발생할 소지가 큽니다. 또한 사교육 대체 접근이 과하면 학교를 학원처럼 만들어 입시 위주 교육을 부추길 수 있습니다.

사교육 공급 조절은 사교육의 시간과 비용에 합리적인 제한을 두는 방식입니다. 학원 물가 관리도 이에 해당합니다. 현재는 교습비 상한제와 교습 시간 제한이 시행되고 있습니다. 헌법재판소의 2000년 과외 금지 위헌 결정이 있었지만, 합리적인 범위 내에서 제한은 가능합니다. 헌법재판소는 "비록 위헌결정이 선고되었다 하더라도, 입법자는 반사회적인 과외교습에 한정하여 이를테면, 지나치게 고액인 과외교습, 또는 입시준비생을 대상으로 하는 대학교수 등 입시관련자의 과외교습, 학생부나 내신성적 등에 영향을 미칠 수 있는 위치에 있는 교사가 해당 학생을 대상으로 하는 과외교습 등과 같이, 입시의 공정성을 저해할 위험이 있는 등 중대한 사회적 폐단이 우려되는 경우에는 이를 규제할 수 있는 입법 조치를 취할 수 있다"[3]고 밝힌 바 있습니다. 반사회적이거나 중대한 사회적 폐단이 우려되거나 과도한 경우 절차를 거쳐서 제한을 둘 수 있는 것입니다. 전국 17개 시도교육청의 학원 교습 시간 제한이 가능한 이유입니다.

세 가지 접근을 활용하면 사교육비가 경감될 수 있습니다. 코로나19 감염병 시기 외에도 사교육비가 감소한 사례도 있습니다. 학생 1인당 월평균 사교육비가 2010년과 2012년에 감소했습니다. 초등학교의 경우 2010~2012년 3년간 그랬습니다. 이명박 정부의 방과후학교와 EBS 수능, 그리고 학원 물가 관리의 영향으로 볼 수 있습니다. 방과후학교와 EBS 수능 강의는 사교육 대체 정책에 해당합니다. 학

----

3. 헌법재판소, 학원의 설립 운영에 관한 법률 제22조 제1항 제1호 등 위헌 제청, 학원의 설립 운영에 관한 법률 제3조 등 위헌 확인, 98헌가16, 2000년 4월 27일 전원재판부.

원 물가 관리는 사교육 공급 조절 정책에 해당합니다. 당시 이명박 정부의 학원 물가 관리가 성공인지 실패인지에 대해 평가가 엇갈리는 점을 감안하면, 사교육 대체 접근으로도 사교육비 경감 효과를 볼 수 있다는 뜻입니다.

역대 정부의 사교육 대책은 '사교육 대체' 위주입니다. 1997년 5월 〈과열과외 완화 및 과외비 경감 대책〉부터 2014년 12월 〈사교육 경감 및 공교육 정상화 대책〉, 그리고 2023년 〈사교육 경감 대책〉까지 총 6차례 사교육비 경감 종합 대책을 수립하고 집행했습니다. 이 중 2023년 윤석열 정부의 사교육 경감 대책은 〈표 27〉과 같습니다.^{교육부, 2023}

〈 표 27 〉 2023년 사교육 경감 대책

구분	주요 과제		달라지는 모습
[1] 수능	• (단기) 공교육 과정에서 다르지 않는 내용은 배제 • (중기) 학교교육 본질에 부합하는 수능 출제로 개선	→	공정한 수능 평가
[2] 사교육 카르텔	• (국민신고) 신고센터 설치 및 집중 신고 기간 • (범정부 대응) 사교육 카르텔·부조리 사안 엄정 대응	→	사교육 카르텔, 부조리 근절
[3] 입시	• (대입수시 공정성) 대학별 고사·내신 교육과정 내 평가 • (공교육 입시컨설팅) 공공컨설팅·대입정보 제공 강화	→	공정한 입시체제 구축
[4] 중·고	• (자기주도학습) EBS 단추 개선·수준별 강좌 확대 • (교과보충) 공교육 내 교과 보충지도 • (지자체·민간 연계) 학습 지원 서비스 활성화	→	모두가 누리는 개인 맞춤형 학습 지원
[5] 초등	• (돌봄) 늘봄학교 확대·자격 및 재정지원 확대 • (체육예술) 방과후과정 확대·시설 확충·대학 및 민간 참여 활성화 • (교과 사교육) 디지털 새싹캠프·신규 사교육 점검 • (제도 개선) 방과후 지원대상 확대·업체 위탁 점검	→	다양한 교육 수요를 흡수하는 국가책임 교육·돌봄
[6] 유아	• (단기) 이음학기 운영·방과후과정 및 돌봄 확대 • (중장기) 유보통합 연계·3~5세 교육과정 개정 • (제도 개선) 유아 사교육비 조사 신설	→	학부모 수요를 만족시키는 유아 공교육

2023년 사교육 경감 대책은 늘봄학교, EBS 활용, 공공컨설팅, 킬러문항 배제 등이 주요 내용입니다. 늘봄학교는 초등학생 돌봄 사교육 대체, EBS 활용은 중고등학생 입시 사교육 대체 차원의 접근입니다. 하지만 사교육 수요 해소나 공급 조절 차원의 정책은 보이지 않습니다. 킬러문항 배제, 사교육 카르텔 근절을 사교육 수요 해소책으로 여기는 듯하나, 얼마나 효과가 있을지 의문입니다. 입시 사교육비의 원인은 경쟁이지 킬러문항이 아니기 때문입니다. 학벌사회나 대학 서열에 대한 대책은 거의 없었습니다. 이 점이 매우 아쉽습니다.

3.
[사교육 수요 해소] 입시 경쟁 해소

사교육 문제를 해결하는 근본적인 방법은 사교육 문제가 발생하는 원인을 바로잡는 것입니다. 이를 '사교육 수요 해소'라고 할 수 있습니다. 사교육에 의존하는 것은 입시 경쟁에서 앞서기 위해서입니다. 입시 경쟁이 발생하는 이유는 대학이 서열화되어 있기 때문입니다. 대학이 서열화된 이유는 대학 간에 교육 여건 차이가 있기 때문이기도 하지만, 이른바 '대학 간판' 즉 학벌에 따라 사회적 지위가 달라지기 때문입니다. 학벌에 따라 사회적 지위가 달라지는 이유는 좋은 일자리가 부족하고 사회가 불평등하기 때문입니다.

이를 바로잡기 위해서는 좋은 일자리를 창출하고 노동자의 권리를 보장하는 노동 개혁, 학력·학벌에 따른 차별을 금지하는 사회 개혁, 대학 서열화를 완화하는 대학 체제 개편, 고교 서열화를 해소하는 고교평준화 완성, 입시에서 경쟁의 요소를 최소화하는 입시 제도 개선 등이 이루어져야 합니다. 어느 것 하나 쉬운 일은 아니지만 우리 사회가 나아가야 할 길입니다.

전망은 밝을 수도 있고 어두울 수도 있습니다. 한국 사회의 정치적 지형을 보면 다소 비관적입니다. 진보정당의 힘은 매우 미약하고, 자유주의 정당은 근본적 개혁에 소극적이고, 보수주의 정당은 시대를 역행하고 있습니다. 하지만 현재와 같은 입시 사교육 고통이 지속되어서는 안 된다는 국민적 공감대는 점점 더 커지고 있습니다.

더욱이 저출생 현상에 따라 더 이상 무모한 입시 경쟁은 정당화될 수 없는 상황에 놓여 있습니다. 이미 대학 입학 정원보다 고등학교 졸업생 수가 적어졌습니다. 학생수가 줄어든다는 것은 학생 한 명 한 명의 가치가 그만큼 더 소중하다는 것을 의미합니다. 이제 누군가는 선발하고 누군가는 탈락시키는 경쟁 구조는 바람직하지 않을 뿐만 아니라 현실적으로 지속 가능하지도 않습니다. '한 명도 포기하지 않는 책임교육'은 거창한 구호가 아니라 절실한 현실적 과제가 되었습니다. 모든 학생을 소중히 키워 이들이 잠재력과 가능성을 마음껏 발휘할 수 있도록 해야 한국 사회의 미래가 보장될 수 있습니다.

"한 아이를 키우기 위해서는 온 마을이 필요하다"라는 말이 있듯이, 저출생 시대를 맞아 우리 아이들을 온 국민이 함께 돌보겠다는 인식의 전환이 필요합니다. 그러기 위해서는 '입시 경쟁을 그만둘 결심', '과도한 사교육과 헤어질 결심'이 필요합니다. 이를 사회적 약속으로 삼아 사회 개혁, 교육개혁의 과제를 하나하나 해결해야 합니다.

(1) 좋은 일자리 확충, 학벌사회 해소

거시적으로 볼 때, 입시 경쟁을 해소하기 위해서는 입시 경쟁의 원인이 되는 사회 개혁이 함께 이루어져야 합니다. 누구나 인간으로 서의 존엄을 인정받을 수 있는 사회, 자신의 자아를 실현할 기회가 부여되는 사회, 노동의 가치를 소중히 여기고 모든 사람의 권리를 존중하는 사회를 만들어야 합니다.

입시 경쟁 문제와 직결되는 사회 문제는 일자리 문제입니다. 좋은 일자리가 부족하다 보니, 취업 걱정, 실업 걱정이 앞서게 되고, 학벌 이라는 확실한 보증수표를 갖고자 하는 경쟁이 치열하게 일어날 수 밖에 없습니다.

좋은 일자리란 안정적 일자리, 보람을 느낄 일자리, 사회적으로 기여할 수 있는 일자리라 할 수 있습니다. 아무리 많은 임금이 보장 되더라도 이른바 '불쉿 잡(Bullshit Job, 무의미한 일자리 혹은 사회에 해악을 미치는 일자리)'을 좋은 일자리라고 볼 수 없습니다.Graber, 2018 이윤 추구가 목적인 민간 기업에만 좋은 일자리 창출을 맡길 수는 없습니다. 국가와 사회 차원에서 공공 일자리를 늘리는 정책이 필요 합니다.

우리 시대에 공공 차원의 일자리, 좋은 일자리의 대표적인 예는 생태 분야와 돌봄 분야의 일자리입니다. 심각한 기후 위기를 극복 하는 차원에서, 생태 분야의 일자리를 대폭 창출하는 전략이 필요 합니다. 예를 들어 신재생 에너지 분야, 녹색 주택 분야, 스마트그리 드, 스마트팜 분야의 일자리를 창출함으로써 기후 위기 극복과 일 자리 창출을 동시에 꾀할 수 있습니다.

돌봄 분야의 일자리도 매우 중요합니다. 우리는 코로나 사태를 겪 으면서 사회적 돌봄의 중요성을 절실하게 깨닫게 되었습니다. 또한 저출생 고령화 사회를 맞아 보육, 간병, 요양, 복지 등 여러 분야의 돌봄 시스템이 촘촘하게 구축되어야 합니다. 하지만 현재 돌봄 노동은 대부분 민간 차원에서 제공되고 있으며, 돌봄 노동에 대한 처우도 매우 열악한 형편입니다. 인간의 전 생애에 걸쳐 필요한 돌봄을 사회적 시스템 차원에서 구축하고 이에 따른 일자리를 사회적으로 창출해야 합니다.

생태, 돌봄 일자리 창출은 동시에 우리 사회가 지향해야 할 궁극적인 방향과도 일치합니다. 승자독식의 자본주의 사회를 넘어 지구를 살리고 인간을 돌보는 생태 사회, 돌봄 사회를 지향해야 합니다. 이 밖에도 지역사회 차원에서 그 지역의 실정에 맞는 다양한 사회적 경제를 활성화시켜야 합니다. 그래야 지방 소멸의 위기를 극복할 수 있고, 젊은이들이 굳이 서울에 있는 대학과 직장에 가기 위한 경쟁을 하지 않게 됩니다.

또한, 모든 일자리에서 노동의 권리를 보장해야 합니다. 인간다운 삶을 누릴 수 있는 기본소득 보장, 비정규직 차별 해소, 임금 격차 해소, 노동시간 단축, 전 국민 보험 보장, 실업 지원 등이 이루어져야 합니다. 이 중 특히 노동시간 단축은 사교육 문제 해소와도 관련이 깊습니다. 직장인이 자기 자녀와 함께할 시간을 충분히 갖도록 보장하는 것은 이른바 '학원 뺑뺑이' 등 '돌봄 사교육 수요'를 해소하는 방안이기도 합니다.

또한 학력·학벌 간 임금 격차 해소는 역시 사교육 수요를 해소하는 근본적인 방안이 됩니다. 이지영·고영선[2023]의 연구에 의하면 노동시장 진입 시 최상위 그룹 대학 졸업자들은 최하위 그룹 대학 졸업자들보다 24.6% 더 많은 임금을 받고, 이후 이 격차는 점차 증가하여 40~44세에 최대치인 50.5% 격차를 보이다가, 퇴직 시점에는 격차가 거의 사라지는 것으로 나타났습니다. 이는 학벌에 따른 임금 격차입니다. 학력에 따른 임금 격차도 심각합니다. 한국고용정보원의 자료에 의하면 [그림 16]에 나타나 있듯이 2023년 대졸자의 평균 소득은 고졸자의 평균 소득보다 31% 더 많은 것으로 나타났습니다.

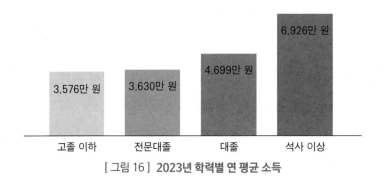

[그림 16] 2023년 학력별 연 평균 소득

물론 긍정적인 변화도 나타나고 있습니다. 교육시민단체 '교육의봄'의 자료에 의하면 이미 대기업, 공기업, 외국계 기업, IT 기업, 금융 기업에서는 '학벌'이나 '스펙'보다 '역량'을 선호하는 현상이 두드러지게 나타나고 있습니다.교육의봄, 2021 학벌이나 자격증, 어학 점수와 같은 전통적인 '스펙'이 기업의 직무역량을 보장하는 것은 아니기 때문입니다. 대신 이들 기업에서는 성과 역량, 성장 가능성을 중시합니다. 특히 '블라인드 채용'과 '역량 평가'를 도입한 기업에서는 이른바 SKY 대학 출신의 합격 비율이 낮아지고 지방대 출신의 합격 비율이 높아졌다고 합니다.

이처럼 우리 사회는 점차 전통적인 학벌사회에서 능력주의 사회로 변화하고 있습니다. '학벌'은 출신 가문이나 계층, 지역을 따지던 전통적인 '귀속주의'에 가깝습니다. 학벌에 따른 차별을 '현대판 음서제'라고 비판하는 이유가 여기에 있습니다. 반면에 능력주의 사회는 이러한 배경보다는 한 인물이 갖고 있는 실질적인 역량을 중시합니다. 물론 능력주의도 근본적인 한계가 있습니다. 한 인간이 지니게 된 능력을 순전히 그 개인이 노력한 결과로만 보고 이에 따른 보상을 정당화하는 것은 기회균등과 사회정의의 원칙에 어긋나기 때문입니다. 오히려 자기의 능력을 계발할 기회를 갖지 못한 처지에 있는 사람에게 더 많은 혜택을 제공하는 사회가 정의로운 사회입니다. 이것이 롤스와 샌델이 능력주의를 비판하고 사회정의를 주장하는 이유입니다.Rawls, 1971; Sandel, 2020

우리 사회가 점차 학벌사회에서 벗어나고 있는 것은 긍정적인 변화임이 분명합니다. 이에 더하여 학벌에 따른 차별을 금지하는 내용을 법제화하는 것도 필요합니다. 지난 21대 국회에서 발의된 '차별금지법'에는 학벌에 따른 차별을 금지하는 내용도 포함되어 있습니다. 하지만 이 법안이 이러저러한 이유로 제정되지 못하고 있는 현실이 매우 안타깝습니다. 학벌에 따른 차별을 법률로써 금지하고, 학벌 대신 다양한 잠재력과 가능성을 중시하는 풍토가 확산하면 입시 경쟁과 사교육 부담은 상당 부분 해소될 것이 분명합니다.

(2) 대학 서열화 해소, 고교평준화 완성

가. 대학 서열화 해소

우리나라 대학은 전 세계적으로도 유례없이 서울대학교를 정점으로 전국의 대학이 한 줄로, 혹은 몇몇 그룹으로 서열화되어 있습니다. 가혹한 입시 경쟁, 천문학적 사교육비 부담, 부모의 부와 권력이 자녀에게 대물림되는 교육 불평등의 원인은 학벌사회에 따른 대학 서열화입니다. 서울대를 정점으로 하는 대학 서열화 체제는 미군정 당시 이른바 '국대안(국립서울대학교설립안)'에 따라 서울대학교에 온갖 특혜를 집중한 이래 서울대 출신 학벌 엘리트가 한국 사회를 지배함에 따라 형성되었습니다.

이와 함께 1990년대 외국어고등학교 시범 설치, 2000년대 자립형 사립고등학교 시범 설치 이후 특수목적고(과학고, 외국어고, 국제고 등)와 자사고(자율형 사립고)가 꾸준히 확대되었고, 2010년 이명박 정부의 '고교다양화 300 프로젝트'로 인해 고교 서열화마저 정점에 이르게 되었습니다.

이러한 고교-대학 서열화 체제는 전 세계적으로도 유례가 없습니다. 복선제 전통이 강한 독일의 경우 우리나라의 일반고, 특성화고에 해당하는 김나지움Gymnasium, 레알슐레Realschule, 하우프트슐레 Hauptschule 등의 고교 유형이 오랫동안 존재했습니다. 하지만 인문교육을 담당하는 고등학교 내에서는 특목고/자사고/일반고와 같은 방식 분화가 없습니다. 더욱이 직업고등학교를 나왔다고 하여 사회적으로 차별받지 않습니다. 또한 스웨덴 등의 복지국가에서는 인문

교육과 직업교육이 통합된 종합 고등학교 체제를 갖추고 있습니다.

또한 독일, 프랑스 등 대부분의 유럽 국가에서는 대학 사이에 서열이 없습니다. 프랑스의 대학은 68혁명 이후 '파리 1대학, 파리 2대학 ……'과 같은 방식으로 평준화되었다는 것은 널리 알려진 상식입니다. 미국 역시 소수의 아이비리그 대학을 제외한 국공립대(주립대)는 UCUniversity of California System와 같은 방식으로 네트워킹되어 있어 그 안에 서열 경쟁이 이루어지지 않습니다.

그렇기 때문에 대부분의 유럽, 미국 국가에서는 대학 입시 경쟁이 거의 존재하지 않거나 매우 완화된 형태로 이루어지고 있습니다. 프랑스의 경우 대학입학자격고사인 바칼로레아를 통과한 학생이라면 누구나 원하는 국공립대학에 입학할 수 있습니다. 입학은 매우 개방적이지만 대신 졸업 기준은 엄격합니다. 그래서 고등학생은 여유가 있고 대학생은 자기가 원하는 분야에서 열심히 학업에 전념하는 풍토가 형성되어 있습니다. 네덜란드의 경우 학생의 선호도가 높은 의대는 일정 비율의 추첨 쿼터가 있어, 일정한 자격 조건을 갖춘 학생을 대상으로 추첨 선발을 하고 있습니다.

반면에 한국과 일본, 중국 등 동아시아 국가에서는 입시 경쟁이 매우 치열합니다. 과거에는 한국의 입시 경쟁이 치열하기로 유명하였으나, 최근 들어서는 중국의 입시 경쟁이 매우 치열하기로 유명합니다. 중국의 경우 대학입학고사인 가오까오考試에 매년 천만 명의 학생이 응시하며, 이 하나의 시험으로 당락이 결정됩니다. 중국은 우리나라와 같은 수시 전형, 학교생활기록부 전형이 없습니다.

우리나라에서도 대학 서열화를 해소하기 위한 정책이 꾸준히 제기되어 왔습니다. 2004년에 제안된 '국립대 통합네트워크'는 전국의 국립대학교와 일부 사립대학교를 하나로 묶어 '공동전형-공동이수-공동학위제'를 운영하자는 것이 핵심이며^{정진상, 2004}, 이는 당시 민주노동당의 정책으로도 수용되었습니다. 이후 이러한 논의는 '국립교양대학 통합네트워크'^{민주화를위한전국교수협의회, 2015}, '국공립대 통합네트워크 및 공영형 사립대 통합네트워크 동시 추진'^{임재홍 외, 2015}, '대학입학보장제'^{사교육걱정없는세상, 2018}, '서울대 10개 만들기'^{김종영, 2021} 등 다양한 정책 제안으로 이어졌습니다.

이러한 논의는 우리에게 익숙한 용어로 '대학평준화'에 해당합니다. 사립대학교의 비율이 압도적으로 높은 우리나라에서 우선 주요 국공립대부터 하나로 묶어서 이들 학교에 입학할 학생을 공동으로 선발하고, 자유롭게 학점을 교류하고, 졸업생 모두에게 동일한 대학출신 졸업장을 부여하자는 것입니다. 이를 '공동전형', '공동이수', '공동학위'라고 부릅니다. 이 경우 4만여 명 정도를 공동으로 선발하게 됩니다. 즉 서울대 4천여 명을 선발하기 위한 경쟁 대신 통합 국공립대학 4만여 명을 공동으로 선발함으로써 입시 경쟁을 대폭 완화할 수 있게 됩니다. 이후 사립대학들도 통합네트워크에 편입되도록 유도함으로써 대입 경쟁을 상당 부분 완화할 수 있다는 것입니다.

이 방안에 대해서는 이른바 상위권 사립대학 진학을 위한 경쟁을 해소할 수 없다는 비판, 사립대학을 통합네트워크에 유인할 만한 방안이 마땅하지 않다는 비판이 있기도 합니다. 이에 대한 해결 방안을 마련해야 합니다. 이 문제를 차치하더라도, 국공립대학 안에서도 평준화 방안을 실시할 수 있는 토대가 마련되어 있지 않은 것도 사실입니다.

평준화는 학교 간에 교육여건이나 교수자의 질이 유사하여 학생들이 어떤 학교에 입학하더라도 동일한 교육의 혜택을 누릴 수 있다는 것을 전제로 합니다. 고교평준화는 이러한 토대(교사의 순환근무제, 동일한 예산 투여, 공동의 교육과정)가 충족되었기 때문에 가능한 정책이었습니다. 그러나 현재 서울대학교와 전국의 9개 거점국립대학교 사이에도 이러한 전제가 충족되어 있지 않습니다. 이들 학교에 투여되는 재정 규모, 학생 1인당 교육비만 살펴보더라도 이를 확인할 수 있습니다.

〈 표 28 〉 2022년 국립대 재정 지원 및 학생 1인당 교육비 대학재정알리미 등

	정부 재정 지원	학생 1인당 교육비
강원대학교	3,716억 3,332	1,990
경북대학교	4,909억 3,225	2,384
경상국립대학교	4,053억 9,892	2,013
부산대학교	4,374억 1,690	2,313
서울대학교	1조 1,055억 8,005	5,804
전남대학교	4,821억 1,189	2,412
전북대학교	3,938억　214	2,141
제주대학교	2,023억 2,420	2,095
충남대학교	3,899억 9,218	2,229
충북대학교	3,092억　253	2,369

*단위: 만 원

〈표 28〉을 통해 알 수 있듯이, 서울대와 나머지 지방거점대학교 사이의 교육 여건 차이가 매우 큽니다. 예산 지원 규모는 최대 5배

정도 차이가 납니다. 예산 규모는 곧 교원당 학생 수, 교육시설 등 교육 여건의 차이를 가져오고, 이는 결과적으로 교육 성과의 차이로 나타납니다. 이러한 교육 여건의 차이에 지역적 격차까지 더하여 최근에는 지방의 거점국립대학교조차 신입생 충원에 어려움을 겪고 있습니다. 이른바 '벚꽃 엔딩(벚꽃이 피는 순서대로 지방대가 문을 닫는다)' 현상이 심각한 사회적 문제로 대두되고 있습니다.

대학평준화 체제를 도입하기 위해서는 우선 대학 간 교육 여건의 격차가 해소되어야 합니다. 이를 위한 최우선의 과제는 지방의 거점 국립대에 서울대 수준으로 재정을 지원하여 교육력을 제고하는 것입니다. 그리고 이들 학교를 졸업한 학생들에게 공동학위를 부여함으로써 지방 국립대를 나온 학생들도 서울대를 나온 학생들과 동일한 효과를 누리도록 하는 것입니다.

이를 '서울대 10개 만들기'라고 표현할 수 있습니다. 진보정당은 이 정책을 일찍이 수용하였고, 지난 2024년에 실시된 22대 총선에서는 더불어민주당도 이 정책을 수용하였습니다.

이 방안에 따르면, 이들 학교에는 국가가 과감한 재정 투여를 통해 교육의 질을 상향 평준화시키고, 국공립 교수 순환보직제를 도입합니다. 학생들은 각각의 대학에 마련된 교육과정을 자유롭게 이수할 수 있으며, 졸업생에게 공동학위가 부여됩니다. 이렇게 하면 입학 경쟁을 완화하고, 지방대를 살리며, 대학교육의 질을 획기적으로 높이는 효과를 거둘 수 있습니다.

이 경우에도 소수 명문 사립대학 진학을 위한 입시 경쟁은 유지될 수 있습니다. 하지만 '서울대 10개 만들기'를 통해 좋은 대학이 많아지면 입시 경쟁이 대폭 완화될 것은 분명합니다. 또한 사립대학의 비중이 압도적으로 높은 우리나라의 조건 속에서 프랑스와 같은 대학평준화 체제를 일시에 도입하는 것은 현실적으로 불가능합니다. 그렇기 때문에 단계적 접근이 필요합니다.

사립대학을 평준화 체제에 편입하는 것보다 시급한 과제는 존립 위기에 처한 지방 사립대 문제를 해결하는 것입니다. 학령인구 감소 추이와 지역 균형을 고려하여 대학 총정원을 적절한 수준으로 조정하되, 우수한 지방 사립대를 육성하는 것이 향후 대학평준화를 완성하는 토대가 됩니다. 초중등교육에서의 '혁신학교' 정책을 차용하여 '혁신대학'을 육성하고, 이들 학교를 국가가 책임지고 지원하는 정책이 필요합니다.

혁신학교 정책은 어려운 여건 속에서도 자발적인 혁신 의지를 보인 학교를 대상으로 시도교육청이 다양한 행정적·재정적 지원을 제공함으로써 이들 학교가 공교육의 모범으로 성장할 수 있도록 하는 정책입니다. 여러 가지 논란이 있음에도 불구하고, 전국 1만여 개의 초중등학교 중 20%까지 확산된 혁신학교는 우리나라 공교육의 패러다임을 새롭게 바꾸어 왔던 것이 분명합니다.

지방 사립대학의 경우에도 지역적 격차와 재정적 어려움에도 불구하고 건실한 건학이념과 우수한 교육 프로그램을 운영하고 있는 학교가 적지 않습니다. 이들 학교를 대상으로 국가가 혁신대학을 공모·지정하여 과감한 행정적·재정적 지원을 할 필요가 있습니다. 또한 지역사회, 산업체와 함께 '지산학地産學 연계' 지원 방안을 마련하여 졸업생에게 양질의 일자리를 보장한다면 '지방대 살리기'의 실질적인 대안이 마련될 수 있습니다. 이들 혁신대학 중 일부 학교는 정부와 학교가 공동으로 예산을 확보하고 민주적 운영을 책임지는 '공영형 사립대학' 혹은 '정부 책임형 사립대학'으로 성장할 수 있습니다.

이렇게 '서울대 10개 만들기' 정책과 '혁신대학' 정책을 토대로 대학평준화의 실질적 토대가 마련될 수 있습니다. 전국 10개의 거점국립대가 참여하는 '국립대 통합네트워크'에 이어 혁신대학까지 참여하는 '권역별 통합네트워크'를 구축할 수 있습니다. 이를 통해 대학 서열화 현상이 완화되어 '인 서울'만을 위한 입시 경쟁도 완화될 수 있습니다. 이러한 체제를 완벽한 대학평준화 이전 단계인 '대학상생 네트워크'(서울대학과 지방대학의 상생, 국립대와 사립대의 상생)라고도 부를 수 있습니다.

이러한 체제를 구축하기 위해서는 고등교육 재정의 확보가 필수적입니다. 현재 고등교육의 학비 부담, 교원 충원율, 교원당 학생 수, 교육시설 및 교육 여건 등 각종 지표는 초중등교육에 비해 훨씬 열악합니다. 초중등교육의 경우 〈지방교육재정교부금법〉에 따라 내국세의 20.79%를 교육재정으로 투여하게 되어 있어 어느 정도 안정된 재원이 확충되어 있습니다. 그러나 고등교육의 경우 이러한 교육재정 확보의 법적 근거가 마련되어 있지 않은 상태입니다. 그 결과 우리나라 고등교육 정부부담 공교육비는 GDP 대비 0.62%로 OECD 평균 0.9%보다 적은 상황입니다. 고액의 학비를 낸 대학생들이 고등학교 교실보다 열악한 강의실에서 저임금 시간강사의 강의를 대규모로 수강하는 이유가 여기에 있습니다.

따라서 향후에는 '고등교육재정교부금법'을 제정하여 적정 규모의 고등교육재정을 안정적으로 확보하도록 해야 합니다. 이를 통해 대학교원을 확충하고, 교육 여건을 획기적으로 개선하는 등 고등교육의 질을 높임으로써 지방대학에서도 서울대 못지않은 교육의 혜택을 누릴 수 있도록 해야 합니다.

또한 지방대학부터 무상교육을 도입하고 이를 확대해야 합니다. 학령인구 급감 추이와 현재의 국가장학금 국고 지원 예산을 감안할 때 이에 소요되는 예산은 정치적인 결단에 따라 얼마든지 감당할 수 있을 것입니다.

대학평준화와 대학 무상교육이라는 원대한 꿈은 학령인구 급감과 지방 소멸 시대를 맞아 더 이상 이념적 구호가 아닌 현실적 과제로 대두되고 있습니다. '서울대 10개 만들기'와 '고등교육재정교부금법' 제정은 그 과제를 구현하는 출발이 될 것입니다. 이를 통해 교육을 통한 불평등의 대물림을 막고, 입시 경쟁과 사교육 고통이 획기적으로 완화되고, 교육이 모두의 권리가 되는 미래사회를 열어갈 수 있을 것입니다.

나. 고교평준화 완성

우리나라는 이미 입시 문제 해결을 위한 과감한 조치를 시행해 본 경험이 두 차례 있습니다. 1969년 '중학교 무시험 입학제'와 1974년 '고교평준화 도입'입니다. 하지만 50여 년이 지난 지금, 여전히 고교평준화는 완성되지 않았습니다. 이는 두 가지 문제 때문입니다. 여전히 '고교 비평준화 지역'이 남아 있고, '특목고, 자사고' 등 선발형

학교가 계속 확산되어 왔습니다. 그래서 '고입 경쟁'이 남아 있고 이에 따른 사교육 부담도 지속되고 있습니다.

고교평준화의 법적 명칭은 '교육감 전형'이고, 비평준화의 법적 명칭은 '학교장 전형'입니다. 비평준화 지역에서는 학교별로 중학교 내신 성적으로 입학생을 선발합니다. 그래서 학생들이 선호하는 고등학교 입학 경쟁이 발생하고, 입학 성적에 따른 학교 서열이 고착됩니다. 평준화 지역에서는 해당 지역 일반고등학교 전체 입학생 수만큼을 선발합니다. 그리고 시도교육청이 이들 학생을 추첨으로 각 학교에 배정합니다. 그렇기 때문에 선호/비선호 학교에 따른 입시 경쟁이 발생하지 않습니다.

1974년 서울과 부산 지역부터 시작된 고교평준화는 전국적으로 꾸준히 확대되었습니다. 상대적으로 통학 여건이 좋은 지역에 먼저 고교평준화가 적용되었고, 그렇지 않은 지역은 여전히 중학교 내신 성적에 따른 학교별 선발이 이루어졌습니다. 현재 일정 규모 이상의 도심 지역은 대부분 고교평준화로 전환되었습니다. 하지만 여전히 일부 지역은 비평준화로 남아 있습니다. 경기도 지역을 예로 들면 〈표 29〉와 같습니다.

〈 표 29 〉 경기도 고교평준화/비평준화 적용 지역

평준화 지역	비평준화 지역
수원, 성남, 안양, 과천, 군포, 의왕, 부천, 고양, 광명, 안산, 의정부, 용인	가평, 광주, 하남, 구리, 남양주, 김포, 동두천, 양주, 안성, 양평, 여주, 연천, 이천, 파주, 평택, 포천, 화성, 시흥, 오산

고교평준화 적용 여부는 〈초·중등교육법 시행령〉에 의해 이루어지고 있습니다. 해당 조항은 다음과 같습니다.

제77조(고등학교 입학전형의 실시권자)

① 고등학교의 입학전형은 당해 학교의 장이 실시한다. 이 경우 입학전형방법 등 입학전형에 관하여 필요한 사항은 교육감의 승인을 얻어 당해 학교의 장이 정한다.

② 제1항에도 불구하고 다음 각 호의 요건을 모두 충족하는 지역으로서 시·도 조례로 정하는 지역 안에 소재하는 제80조제1항에 따른 후기학교(제90조제1항제6호에 해당하는 특수목적고등학교 및 제91조의3에 따른 자율형 사립고등학교는 제외한다)의 입학전형은 교육감이 실시한다.

   1. 학교 간 거리, 교통의 발달 정도 등에 비추어 학생의 통학에 불편이 없을 것

   2. 중학교 졸업생 수와 고등학교 입학 정원이 적절한 균형을 이룰 것

   3. 다음 각 목의 내용을 포함하는 타당성 조사 결과 교육감이 입학전형을 실시하는 것이 적합할 것

      가. 학교군 설정

      나. 학생배정방법

      다. 학교 간 교육격차 해소계획

      라. 비선호 학교 해소계획

      마. 단위학교 교육과정의 다양화·특성화 계획

   4. 해당 지역에 거주하는 학생·학부모 등을 대상으로 실시한 여론조사 결과가 시·도 조례로 정하는 기준을 충족할 것. 이 경우 여론조사 내용에는 제3호 각 목의 사항이 포함되어야

한다.

③ 제2항에 따라 교육감이 입학전형을 실시하는 지역의 지정을 해제하기 위하여 시·도 조례를 개정하려는 경우에는 해당 지역에 거주하는 학생·학부모 등을 대상으로 한 여론조사 결과가 시·도 조례로 정하는 기준을 충족하여야 한다.

④ 제2항제3호·제4호 및 제3항의 타당성 조사, 여론조사에 필요한 구체적인 내용은 시·도 교육규칙으로 정한다.

위 조항에 따르면, 일반적인 상식과는 달리 '비평준화'가 기본적인 방법이고 '평준화'가 예외적인 방법에 해당합니다. 비평준화 지역을 평준화로 전환하려면 타당성 조사, 학생·학부모 대상 여론조사, 시도 조례 개정 등 매우 까다로운 조건과 절차를 거쳐야 합니다. 그래서인지 여전히 비평준화로 남아 있는 지역이 꽤 많습니다. 〈표 29〉를 살펴보면, 평준화를 적용하는 데에 무리가 없어 보이는 지역도 여전히 비평준화 지역으로 남아 있습니다.

따라서 〈초·중등교육법 시행령〉을 개정하여 고교평준화를 확대해야 합니다. 〈초·중등교육법 시행령〉 개정은 국무회의 의결 사항이기 때문에 정부의 의지만 있으면 가능합니다. 현재와 달리 고교평준화를 기본 사항으로 하고 비평준화를 예외 사항으로 하는 것이 바람직합니다. 예컨대, 제77조 1항을 "고등학교의 입학전형은 교육감이 실시한다. 다만 교육감이 지역적 여건이나 학교의 특성을 고려해 학교장 입학전형을 허용할 수 있다"와 같이 개정하는 방안이 있을 수 있습니다. 그래야 비교육적인 고교 서열화, 이로 인한 입시 경쟁과 사교육 부담을 줄일 수 있습니다.

특수목적고(특목고)와 자율형 사립고(자사고)도 문제입니다. 특목고는 말 그대로 '특수목적'에 따라 운영되는 학교여야 합니다. 하지만 현재의 '외국어고, 국제고'가 과연 '외국어 인재 양성, 국제 분야 인재 양성'의 취지에 따라 운영되고 있는지는 의문입니다. 외고 졸업생의 진학 양태를 고려해 볼 때 그 존재 이유를 의심하지 않을 수 없습니다. 자율형 사립고도 마찬가지입니다. 자율형 사립고의 '자율'은 세 가지 의미를 지닙니다. '재정의 자율, 학생 선발의 자율, 교육과정의 자율'입니다. 자사고의 현실을 살펴보면 여기서 말하는 자율이란 '고액의 학비를 부담할 수 있는 성적 상위권 학생을 선발하여 입시 위주의 교육과정을 운영할 자율'을 의미합니다. 학생과 학부모 대부분이 특목고와 자사고를 '상위권 대학을 선점하는 데에 유리한 고지'로 인식하고 있다는 점은 공공연한 사실입니다.

특목고와 자사고가 사교육에 미치는 영향은 매우 부정적입니다. 특목고나 자사고에 진학하기를 희망하는 학생이 그렇지 않은 학생에 비해 훨씬 더 많은 사교육을 받고 있음을 [그림 17]을 통해 알 수 있습니다. 이 자료를 보면 특목고와 자사고는 중학생뿐만 아니라 초등학생의 사교육 부담에도 많은 영향을 주고 있음을 알 수 있습니다.

특목고와 자사고 문제는 사교육뿐만 아니라 공교육에도 악영향을 미칩니다. 좋은 교육이 이루어지기 위해서는 다양한 학생이 섞여 어우러져 서로의 장단점을 주고받는 협력적 분위기가 형성되어야 합니다. 성적이나 재력에 따라 학생을 별도로 갈라놓는 시스템은 교육

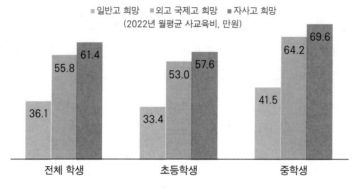

■일반고 희망 ■외고 국제고 희망 ■자사고 희망
(2022년 월평균 사교육비, 만원)

	전체 학생	초등학생	중학생
일반고 희망	36.1	33.4	41.5
외고 국제고 희망	55.8	53.0	64.2
자사고 희망	61.4	57.6	69.6

[그림 17] 진학 희망 고교 유형별 사교육비 현황

적으로 절대 바람직하지 않습니다. '특목고와 자사고는 일류 학교, 일반고는 이류 학교'라는 비교육적 인식이 형성됩니다. 특목고나 자사고 학생에게는 근거 없는 우월감이, 일반고 학생에게는 근거 없는 열패감이 형성됩니다. 특목고와 자사고가 성적 상위권 학생을 독점하면 일반고의 면학 분위기에 부정적인 영향을 미칩니다. 그렇다고 하여 특목고와 자사고에 진학한 학생이 행복한 것도 아닙니다. 늘 치열한 경쟁 속에서 하루하루를 보내야 하기 때문입니다.

또한 특목고와 자사고는 부모의 경제적 지위가 자녀에게 대물림하는 교육 불평등을 심화시킵니다. 김성식 외[2020]의 연구에 의하면, 부모의 사회경제적 지위가 자녀의 진학 및 취업에 미치는 영향력은 압도적인 것으로 나타났습니다.

〈표 30〉, 〈표 31〉, 〈표 32〉는 부모의 사회경제적 지위가 출신학교 및 고용시장에 미치는 영향을 보여주고 있습니다. 상대적 고소득층의 자녀는 특목고와 세칭 명문대를 통로로 상대적으로 우월한 지위

〈 표 30 〉 가구 소득에 따른 진학 고교 유형의 차이

가구 소득	고교유형			
	외국어고	과학고	일반고	직업계고
100만 원 미만	0.6%	0.1%	67.1%	32.2%
100~300만 원 미만	4.2%	2.7%	32.3%	60.8%
300~500만 원 미만	7.6%	8.2%	48.3%	35.9%
500~700만 원 미만	17.4%	18.3%	43.8%	20.6%
700~1,000만 원 미만	20.9%	32.6%	34.1%	12.4%
1,000만 원 이상	29.5%	18.0%	37.7%	14.8%
전체	6.8%	6.7%	47.1%	39.4%

〈 표 31 〉 고교 유형에 따른 대학 진학 결과

고교 유형	대학					
	상위 5위권	상위 5-20위권	지방 국립대	기타 서울경기	지방 사립대	2-3년제
외국어고	22.8%	38.6%	8.1%	13.1%	15.8%	1.5%
과학고	78.6%	17.0%	2.2%	0.4%	1.8%	0%
일반고	2.4%	10.3%	14.9%	15.1%	32.3%	25.0%
직업계고	0.2%	1.5%	5.7%	6.5%	18.1%	68.1%
전체	9.5%	10.0%	10.2%	10.8%	23.6%	35.9%

〈 표 32 〉 고교 유형에 따른 취업 기업의 규모

	대기업(300인 이상)	중기업(50-300인)	소기업(50인 이하)
외국어고	57.9%	23.4%	18.7%
과학고	76.7%	11.6%	11.6%
일반고	37.7%	21.6%	40.7%
직업계고	28.7%	24.0%	47.3%
전체	36.9%	22.2%	40.9%

를 차지하는 경향이 뚜렷하게 나타나 있습니다.

　부모의 사회경제적 지위가 자녀의 교육에 영향을 미치는 원인은 크게 보아 경제적 자본과 사회문화적 자본으로 나누어 볼 수 있습니다. 경제적 자본은 고액의 공교육비(특목고, 자사고의 학비는 연간 600~1,000만 원)와 고액의 사교육비를 부담할 수 있는 능력입니다. 사회문화적 자본은 경제적 자본에 따라 형성되는 사회적 네트워크나 동료효과, 가정의 배경에 의해 자연스럽게 형성되는 학문적 지식이나 문화적 소양 등을 말합니다. 세간의 화제가 되었던 드라마 'SKY 캐슬', '펜트하우스'는 이러한 경제적, 사회문화적 자본이 어떻게 특권계층에 의해 독점되고 공유되는지를 막장 드라마 스타일로 보여주었습니다.

　현재 일반고, 특성화고, 특목고, 자사고 등 고교 유형은 〈초·중등 교육법 시행령〉에 규정되어 있습니다. 문재인 정부는 이 법령을 개정하여 고교학점제가 시작되는 2025년부터 외고, 국제고, 자사고를 일반고로 전환하기로 하였습니다. 고교학점제는 교육과정 다양화를 주요 목적으로 하고 있습니다. 따라서 특목고와 자사고의 존재 명분인 '외국어, 국제 분야 인재 양성', '교육과정 다양화'를 고교학점제를 통해서도 구현할 수 있습니다. 그러나 안타깝게도, 윤석열 정부는 2024년에 다시 〈초·중등교육법 시행령〉을 개정하여 외고, 국제고, 자사고를 존치했습니다.

　이처럼 고교 비평준화 전형, 특목고와 자사고는 고교 입시에 따른 사교육을 유발하고, 학생을 입시 경쟁으로 내몰고, 중학교와 고등학교 교육을 왜곡하고 있습니다. 이를 바로잡아 고교평준화를 완성하는 것이 매우 중요한 과제입니다.

(3) 입시 제도 개선

고교평준화 완성은 정부의 의지만 있으면 상대적으로 쉽게 해결할 수 있는 과제입니다. 하지만 대학 서열화 및 학벌사회 해소는 상대적으로 어려운 과제입니다. '서울대 10개 만들기'와 같은 첫 단계를 완성하는 데에도 제법 시간이 걸릴 것입니다. 이러한 근본적인 문제가 해결되기 전에도 할 일은 있습니다. 입시 제도를 개선하는 일입니다.

대학 서열화와 학벌사회 문제가 해결되지 않는 한 아무리 입시 제도를 바꿔도 소용없다고 보는 시각도 있습니다. 이 시각도 일리가 있습니다. 입시 제도만 바꿔서는 근본적 문제가 해결되지 않습니다. 입시 제도와 함께 대학 서열화와 학벌사회 문제를 해결해야 합니다. 하지만 근본적인 문제가 해결되기 이전이라도 입시 제도를 개선해야 합니다. 그 효과는 분명히 있습니다.

온 국민의 관심사인 대학입시제도는 현재의 대학 서열화가 유지되는 한 어떤 방향으로 바뀌어도 그 본질은 달라지지 않습니다. 정시가 확대되든 수시가 확대되든 부모의 사회경제적 배경이 자녀의 대학 진학에 절대적인 영향을 미칩니다. 그럼에도 불구하고 수능이 중심이 되는 정시 전형이 학교생활기록부가 중심이 되는 수시 전형보다 교육 불평등을 더욱 키우는 것은 분명합니다. "수능이 가장 공정하다"라는 세간의 오해와는 달리, 사교육이 쉽게 적응할 수 있는 표준화 시험이야말로 부모의 사회경제적 지위의 영향을 강하게 받게 됩니다.

학교생활기록부 전형은 고교 내신 성적과 '세부능력 및 특기사항'을 위주로 이루어집니다. 내신 성적은 학교에서 배운 것을 대상으로 치른 평가로 얻은 성적입니다. 만약 고등학교 교사가 교과서나 문제집 위주의 수업에서 벗어나 교육과정을 창의적으로 재구성하여 수업을 진행하고, 수행평가 등 과정중심평가를 통해 학생의 실력을 확인했다면 사교육의 영향이 개입할 여지가 상대적으로 적습니다. 특히 '세부능력 및 특기사항'은 학생의 다양한 특성과 장점을 교사가 직접 관찰하고 그 결과를 기록하는 것에 그 취지가 있습니다. 고등학교에서 이러한 취지를 충분히 살린다면 이 역시 사교육의 영향을 줄이는 데에 도움이 됩니다.

반대로 수능은 전국의 모든 학생을 대상으로 동일한 오지선다형 문항을 치르는 시험입니다. 극단적으로 말해, 학교 수업을 전혀 듣지 않고 학원 수업만 들어도 치를 수 있는 시험입니다. 이처럼 전국적으로 표준화된 시험은 사교육 시장이 쉽게 그 패턴을 파악하고 이에 대한 대비를 내놓을 수 있습니다. 강남, 분당 지역과 같이 고액의 사교육 시장이 형성된 곳에서는 그만한 고급 정보가 특정 그룹 안에서 유통되기 마련입니다. 그렇기에 수능 성적에는 부모의 경제적 지위에 따른 사교육 혜택이 직접적인 영향을 미칩니다.

최필선·민인식[2015]에 의하면 소득 5분위 부모의 자녀는 수능 1~2등급을 11.0%를 차지했지만 1분위 자녀는 2.3%를 차지하여 5배의 격차가 벌어졌습니다. 또한 전문대졸 이상 부모의 자녀는 수능 1~2등급을 20.8% 차지한 데에 비해 고졸 이하 부모의 자녀는 0.8%를 차지하여 26배의 격차를 보였습니다. 즉, 부모의 소득수준과 수능 성적 간에는 매우 일정하고 분명한 상관관계가 있다는 것을 알 수 있습니다.

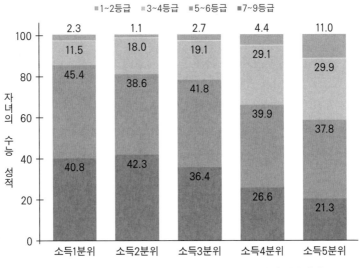

[그림 18] 부모의 소득수준과 자녀의 수능 성적 간의 상관관계

사교육의 혜택을 받기 어려운 지역이나 계층의 자녀들은 수능에서 절대적으로 불리합니다. 그렇기에 농어촌 지역 학생들, 저소득층 학생들은 대부분 학생부 전형을 통해 대학에 진학합니다. 농어촌 지역 고등학교 교사들이라면 자기 학교 학생의 90% 이상이 수능이 아닌 학생부 전형으로 대학에 진학한다는 사실을 늘 확인하고 있습니다.

[그림 19]는 2019학년도 서울대학교 입학 자료를 재구성한 것입니다. 이를 보면 서울과 경기 지역 학생은 정시(수능)를 통해 입학하

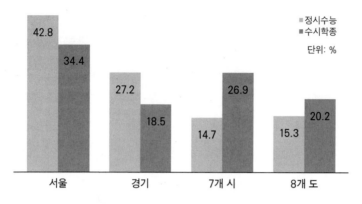

그래프 데이터:
정시수능 / 수시학종
단위: %

서울: 42.8 / 34.4
경기: 27.2 / 18.5
7개 시: 14.7 / 26.9
8개 도: 15.3 / 20.2

[그림 19] 서울대학교 신입생 지역별 전형별 입학 비율

는 비율이 높고, 나머지 시도 지역은 수시(학생부 종합전형)를 통해 입학하는 비율이 높다는 점을 확인할 수 있습니다.

이처럼 학교생활기록부를 중심으로 하는 수시 전형은 수능에 비해 상대적으로 사교육의 영향이 적고 교육의 기회균등에 기여한다는 점을 알 수 있습니다. 물론 학교생활기록부 전형이 완벽한 제도인 것은 아닙니다. 과거 '조국 사태' 등을 통해 확인했듯이, 자기소개서, 추천서, 수상 실적, 봉사 실적 등 비교과 영역에는 부모의 사회경제적 지위, 문화자본이 개입될 여지가 많습니다. 또한 고액의 사교육 시장, 입시 컨설턴트가 개입해 학생의 '스펙'을 관리해 줄 수도 있습니다. 이러한 폐단을 줄이기 위해 최근 학교생활기록부 전형에는 비교과 영역이 전부 폐지되고, 내신 성적과 '세부능력 및 특기사항'만 반영하도록 제도가 개선되었습니다.

또한 학교생활기록부 전형은 수능 전형에 비해 고등학교 교육 정상화의 여건을 마련할 가능성이 있습니다. 학교생활기록부 전형이 확대되어야 고등학교에서도 문제 풀이 중심의 수업에서 벗어나 다양한 교육활동을 진행할 수 있습니다. 그리고 그 과정에서 학생의 다양한 잠재력과 가능성을 수행평가 등 과정중심평가를 통해 확인하고, 이를 학교생활기록부의 '세부능력 및 특기사항'에 기록하고, 그 기록이 대학 입시에 반영되는 선순환 구조가 마련될 수 있습니다.

학교생활기록부 전형 확대와 함께 고교 내신 평가가 절대평가로 전환되어야 합니다. 현재 고등학교에는 절대평가가 적용되는 과목과 상대평가가 적용되는 과목이 혼재되어 있습니다. 이른바 '주요 과목'으로 불리는 공통과목, 일반선택과목에는 석차 9등급제(상대평가)가 적용되고 있고, 진로선택과목, 예술·체육과목, 교양과목에는 절대평가가 적용되고 있습니다. 2025년 고교학점제 도입과 함께 공통과목을 제외한 모든 과목을 절대평가로 전환하겠다는 방침을 문재인 정부 시절 밝힌 바 있습니다.

그러나 윤석열 정부는 이 계획을 또다시 뒤집고 절대평가 전환 계획을 없던 일로 만들었습니다. 대신 석차 9등급제를 석차 5등급제로 완화했습니다. 석차 9등급제에서는 상위 4%까지 1등급을 부여하게 되나, 석차 5등급제에서는 상위 10%까지 1등급을 부여하게 됩니다. 경쟁은 다소 완화되었지만 여전히 학급 내 친구와의 경쟁은 사라지지 않았습니다. 내신 성적을 위한 사교육은 별로 줄어들 것 같지 않습니다. 고교학점제의 취지도 무색해질 수밖에 없습니다. 더욱이 윤석열 정부는 수능에 대해서는 아무런 긍정적인 개선 방안도 마련하지 않았습니다.

향후에는 수능의 성격 자체를 바꿔야 합니다. 수능은 '대학수학

능력시험大學受學能力試驗'의 줄임말입니다. 이 말을 있는 그대로 풀어보면 수능은 '대학에서 학업을 수행할 수 있는 기본능력을 확인하는 시험', 즉 '대학입학 자격고사'로서의 성격을 지닙니다.

현행 수능에 대한 개선 방향은 크게 세 가지로 살펴볼 수 있습니다. 상대평가에서 절대평가로 전환하는 것, 선다형 문항 위주의 평가에서 탈피하는 것, 궁극적으로는 대학입학 자격고사로 전환하는 것입니다.

우리나라의 수능 시험은 궁극적으로는 자격고사로 전환되어야 합니다. 자격고사는 프랑스 바칼로레아처럼 '합격/불합격Pass/Fail'만 판별하는 시험입니다. 이는 앞에서 언급했던 대학 서열화 해소 이후에 적용될 수 있는 방식입니다. 입시를 개선하려면 우선적으로 수능을 상대평가에서 절대평가로 전환해야 합니다.

현행 수능은 절대평가와 상대평가가 혼재되어 있습니다. 영어, 한국사, 제2외국어/한문은 절대평가 방식으로, 나머지 과목은 상대평가 방식에 따라 1등급부터 9등급까지 산출됩니다. 영어 과목은 절대평가라 부담이 적지만 이에 따른 풍선 효과에 따라 수학과 국어 부담이 매우 큽니다.

수능은 모든 과목이 절대평가로 전환되어야 합니다. 수능의 본래 취지를 감안하여 문제은행형 출제 방식으로 개선하는 것도 생각할 수 있습니다. 그리고 오지선다형 문항에서 탈피해 서술형·논술형 문항을 도입하는 방안도 모색할 수 있습니다. 이러한 변화가 이루어져야 수능이 수능다울 수 있습니다.

수능과 내신을 모두 절대평가 방식으로 전환한다면 변별력 확보에 어려움이 있을 수 있습니다. 하지만 이제 학생수가 급감함에 따라 기존 방식과 같이 학생을 촘촘하게 변별할 필요가 없어지고 있습니다. 'A, B, C, D, E' 정도의 절대평가로도 어느 정도 변별은 가능합니다. 여기에 학교생활기록부의 정성적 기록, 대학에서의 면접 등을 활용한 정성적 평가가 폭넓게 활용되어야 합니다. 정성적 평가는 학생들의 잠재력과 가능성을 더욱 타당하게 평가하는 방법이기도 합니다. 오지선다형 문항에 따른 성적으로 줄을 세우는 것이 아니라, 학생의 다양한 잠재력을 다면적으로 평가하는 것이 대학 입장에서도 바람직합니다.

문제는 이러한 절대평가 및 정성적 평가를 국민들이 신뢰할 것인가에 달려 있습니다. 고등학교에서의 절대평가 및 정성적 평가는 지금보다 한층 높은 평가 전문성 및 윤리성을 요구합니다. 그렇기 때문에 앞으로는 고등학교에서도 학생들을 줄 세우는 방식의 평가가 아닌, 학생들의 가능성과 잠재력, 성장의 과정과 결과 등에 대한 질적 평가, 종합적 평가가 이루어져야 합니다.

초등학교와 중학교에서는 어느 정도 수업 혁신, 평가 혁신이 이루어져 왔습니다. 하지만 이러한 변화가 대입을 앞둔 고등학교에서는 더디게 이루어지고 있습니다. 교육과정-수업-평가 혁신이 고등학교 현장에 일반화될 때 새로운 대입 제도가 바람직한 방향으로 작동될 수 있습니다.

교사들은 입시의 장벽 앞에 무기력함을 느끼는 경우가 많습니다. 물론 입시 문제는 학교의 노력만으로 해결할 수 없는 사회적인 문제입니다. 입시 문제는 학벌 구조, 고용 문제, 사회 양극화 문제 등과 복잡하게 얽혀 있습니다. 이러한 문제가 해결되지 않고는 공교육의 근본적인 혁신은 이루어지기 어렵습니다.

그러나 "입시 때문에 교육의 변화는 불가능하다"라는 인식에 대해서도 다시 생각해 볼 필요가 있습니다. "입시 때문에 교육의 변화는 불가능하다"라는 담론은 "따라서 입시 제도 개선을 위해 노력해야 한다"라는 실천적 인식으로 이어져야 합니다. 하지만 "입시 때문에 어쩔 수 없이 주입식 교육을 할 수밖에 없다"라는 자기합리화 논리로 왜곡되는 것은 바람직하지 않습니다.

거시적 차원에서 볼 때 우리나라의 입시 제도는 불평등한 학벌사회를 재생산하는 치열한 경쟁 시스템입니다. 그럼에도 불구하고, 학생수 감소와 노동시장의 변화 등과 함께 입시 경쟁 역시 조금씩 완화되었고, 이에 따라 입시 제도 역시 학력고사에서 수능으로, 정시에서 학생부 전형 확대로 조금씩 바람직한 방향으로 변화해 온 것도 사실입니다.

따라서 입시 제도와 관련해 다음과 같은 관점이 필요합니다. 첫째, 현행 입시 제도의 흐름을 정확히 이해하고 현재의 제도 안에서 할 수 있는 교육 혁신의 최대치를 모색해야 합니다. 둘째, 제도의 변화가 학교 현장의 변화를 가져오기도 하지만 동시에 학교 현장의 변화가 제도의 변화를 견인할 수도 있다는 관점에 따라, 학교에서의 교육 혁신을 통해 입시 제도의 변화를 이끌어 낼 동력을 형성해야 합니다. '수능 확대 → 문제풀이식 수업 반복 → 사교육 영향력 확대 → 결과적 불평등'의 악순환을 끊고, '고교 교육과정 다양화 → 학생 참여형 수업 → 성장중심평가 정착 → 학교생활기록부 신뢰 확대 → 대입 제도 개선'의 선순환을 구축해야 합니다.

물론 입시 제도의 개선이 이루어져야 공교육 혁신이 근본적으로 가능합니다. 하지만 제도의 변화는 정부 관료나 몇몇 학자의 의사결정만으로 이루어지는 것이 아닙니다. 현장에서의 구체적인 실천과 변화의 흐름이 모여 제도의 변화를 가져오기도 합니다. '거시적 구조에 대한 냉철한 인식'과 '일상적 실천에 대한 뜨거운 열정'이 모여 의미 있는 변화를 가져올 수 있습니다. 그렇기에 이탈리아의 사상가 그람시Gramsci의 "지성으로 비관하되, 의지로 낙관하라"라는 유명한 말을 늘 곱씹어 보아야 할 것입니다.

4.
[사교육 대체] 사회적 돌봄 시스템 구축

사교육의 몸통은 입시 사교육입니다. 입시 사교육 문제는 사교육 수요 해소, 즉 입시 경쟁 자체를 없애거나 완화하는 것을 통해 해결할 수 있습니다. 그런데, 또 하나의 사교육 수요가 있습니다. 돌봄 사교육입니다. 아이를 맡길 곳이 없어 아이를 학원에 보내는 경우가 많습니다.

아침에는 보통 부모가 초등학생 자녀를 학교에 데려다줍니다. 하지만 오후 하교 시간에 교문에서 이 아이를 기다리고 있는 것은 학원 차량입니다. 아이들은 하교 시간부터 저녁 시간까지 영어학원, 수학학원, 태권도학원, 미술학원 등을 시간표에 맞춰 돌아다닙니다. 이른바 '학원 뺑뺑이'입니다. 교과 사교육도 있고, 예체능 및 취미·교양 사교육도 있습니다. 여기에는 입시 사교육 수요와 돌봄 사교육 수요가 혼재되어 있습니다.

이 문제를 해결하기 위해 2010년 무렵부터 '초등돌봄교실' 정책이 확대되었습니다. 학교 안 교실을 개조하여 아이들이 방과 후에 머물 공간을 마련하고, 돌봄 인력이 아이들의 보충학습을 지도하거나 놀이 프로그램을 운영하기 시작했습니다. 학부모의 반응은 대체로 긍정적이었습니다. 방과 후 돌봄교실에 이어 아침 돌봄교실까지 운영되고, 방과 후 돌봄 시간이 확대되면서 '온종일 돌봄교실'이라는 용어까지 생겼습니다. 그러다 2024년에는 돌봄교실과 방과후학교를 통합한 '늘봄학교' 정책이 시작되었습니다.

학부모의 반응과 달리 교사의 반응은 대체로 부정적입니다. 돌봄교실 운영으로 인한 업무 부담이 가장 큰 이유입니다. 돌봄교실 인력 채용, 급여 관리 등의 업무를 교사가 직접 담당하는 일도 있었습니다. 돌봄교실을 운영할 공간이 부족한 학교에서는 학급 교실까지 돌봄교실로 활용하기도 합니다. 담임교사가 자기 공간을 내주고 다른 공간에 가서 업무를 봐야 하는 상황도 발생했습니다. 그러다 보니 "돌봄과 교육은 분리되어야 한다"라는 논리, 돌봄교실 운영을 학교가 아닌 지자체가 맡아야 한다는 주장도 제기되었습니다.

학부모는 대체로 돌봄교실 정책이 더 확대되어야 한다고 생각합니다. 아이가 하루 종일 학교에서 생활하는 것이 안쓰럽기는 하지만, 그래도 학교가 가장 안전한 공간이기 때문입니다. 앞에서도 언급했듯이, 돌봄교실 정책으로 사교육 부담이 일부 경감된 것도 분명합니다.

돌봄교실 정책은 대표적인 '사교육 대체' 정책입니다. 학원이 일부 담당했던 돌봄 기능을 국가가 학교를 통해 제공하는 방식입니다. 정책의 방향은 나쁘지 않습니다. 하지만 이와 함께 생각해 보아야 할 문제가 있습니다. 첫째, 부모가 아이를 직접 돌볼 수 있는 여건을 마련하는 문제입니다. 둘째, 지역사회가 아이를 함께 돌보는 사회적 돌봄 시스템을 구축하는 문제입니다. 셋째, 돌봄과 교육의 관계를 올바로 정립하는 문제입니다.

(1) '사회적 돌봄'의 필요성

우선, 부모가 아이를 직접 돌볼 수 있는 여건을 마련해야 합니다. 정규 수업을 마친 아이가 부모를 기다리며 학교에 남아 있는 현상을 바람직하다고 볼 수 없습니다. 나이 어린 자녀를 부모가 직접 돌볼 수 있는 여건을 마련해야 합니다.

해답은 '노동시간 단축'입니다. 우리 사회는 '과로 사회'입니다. 주 5일제 도입 이후 많이 줄어들기는 했지만 2022년 기준 한국의 1인당 연간 근로 시간은 1,901시간이며, OECD 회원국 평균인 1,752시간보다 149시간 더 깁니다.한국개발연구원, 2023 노동시간을 단축해야 '저녁이 있는 삶', '워라밸Work-Life Ballance'이 가능하고, 부모가 자녀와 함께 보낼 수 있는 시간이 늘어납니다. 자녀 양육을 위해 '노동시간 자유 선택제', '돌봄 휴직 유급화' 등의 정책이 필요합니다.

다음으로, 지역사회가 아이를 함께 돌보는 시스템을 마련해야 합니다. "한 아이를 키우기 위해서는 온 마을이 필요하다"라는 말이 있습니다. 아이를 돌보는 역할을 부모의 몫으로만 돌려서는 곤란합니다. 아이를 돌보기 힘든 형편에 있는 부모 대신 사회가 따뜻한 돌봄을 제공해야 합니다. 가정의 울타리를 넘어 아이가 다양한 사람과 함께 어울리며 사회적 관계를 형성하는 경험을 하도록 해야 합니다. 그래야 아이도 공동체적 역량을 키울 수 있고, 부모도 자기 자녀 이기주의를 넘어설 수 있습니다.

아이만 사회적 돌봄이 필요한 것이 아닙니다. 고령, 질병, 장애, 빈곤, 실업 등 인간은 누구나 살면서 전적으로 타인에게 의존해야 하는 상황에 놓일 수 있습니다. 인간은 근원적으로 취약한 존재입니다. 그렇기 때문에 돌봄을 받는 것은 부끄러운 일이 아니라 마땅히 누려야 할 인간의 권리입니다. 또한 타인의 돌봄을 받아 본 경험 있는 사람이 타인을 돌보는 윤리의식을 발휘할 수 있습니다. 이러한 상호 돌봄의 윤리가 제도화된 사회를 '돌봄사회'라고 할 수 있습니다.

'돌봄'은 인간의 근원적인 '취약성'과 '상호의존성'을 전제로 한 개념입니다. 모든 인간은 근원적으로 취약한 존재입니다. 갓난아이는 벌거숭이 상태로 이 세상에 태어나며 다른 동물과는 비교할 수 없을 정도로 긴 시간을 타인의 돌봄에 절대적으로 의존합니다. 이들이 사회인으로 성장하기까지 부모의 돌봄과 공교육을 받고 주변 사람들의 돌봄을 받으며 살아갑니다. 성인도 돌봄이 필요합니다. 누구나 실업, 질병, 장애, 정서적 어려움 등 다양한 취약성에 쉽게 노출되어 있으며, 눈에 보이든 보이지 않든 수많은 사람과의 연결망 속에서 돌봄을 제공받습니다. 그리고 노후에는 보통 자기가 돌봄을 베풀었던 자녀의 돌봄을 받거나 사회적 차원의 돌봄을 받으며 생을 마감하기 마련입니다. 그렇기 때문에 돌봄과 관련된 논의는 '모든 인간은 돌봄을 주거나 받을 수밖에 없는 취약한 존재'임을 전제로 합니다.

인간은 또한 필연적으로 '상호의존성'을 지닙니다. 어린아이는 부모의 돌봄에 의존하게 되고, 노인은 다시 자녀의 돌봄에 의존하게 됩니다. 그리고 가족관계를 넘어 다양한 사회적 영역에서 돌봄을 주고받는 상호의존적 관계를 형성하게 됩니다. 여기서 말하는 '의존성'이란 '나약한 존재'가 '그렇지 않은 존재'에게 일방적으로 의지하는 '부끄럽거나 혐오스러운 것'이 아니라 '인간이라면 누구나 누려야 할 권리이자 베풀어야 할 의무'라고 할 수 있습니다. 이러한 상호의존성이 탄탄하게 구축된 사회를 '돌봄 사회'라고 할 수 있습니다.

'돌봄 사회' 논의는 최근 논란이 되고 있는 공정성 담론, 능력주의 담론의 대안이 될 수 있습니다. "자신의 능력에 따라 대접받는 것이 정당하다"라고 보는 능력주의meritocracy나 공정성 담론은 그러한 능력을 발휘할 기회 자체를 선천적 혹은 후천적으로 얻지 못한 사람을 구조적으로 배제합니다. 또한 소위 '자신의 능력을 통해 정당한 사회적 위치를 차지한 사람' 역시 언젠가는 취약한 존재로 돌아갈 수밖에 없다는 사실을 애써 외면합니다. 그러나 돌봄 사회의 원리는 인간의 취약성 자체를 있는 그대로 인정하며, 이들에게 공적 돌봄을 제공하여 자신의 잠재 가능성을 발휘하도록 돕는 것을 목적으로 합니다.

최근 학계와 정치권에서도 사회적 돌봄 시스템 구축의 필요성을 인식하고 있습니다. 사회적 돌봄 시스템을 확충하기 위해서는 여러 분야가 힘을 모아야 합니다. 이를 위해 중앙정부 차원에서 통합돌봄 기구를 설치하고 보건복지부, 여성가족부, 고용노동부, 교육부 등이 종합적으로 돌봄 정책을 수립하여 집행해야 합니다.녹색정의당, 2024

지역에도 공공돌봄센터가 설치되어야 합니다. 그래서 보육, 요양, 보건의료, 주거 등 돌봄서비스 종합 지원 체계를 마련하고, 복지사, 교사, 의료인, 상담사, 지역사회 전문가 등 각 분야의 전문가가 협업

하는 시스템을 구축해야 합니다. 이때 학교의 역할도 매우 중요합니다. 아이를 돌보는 일에 학교가 중심적 역할을 할 수밖에 없기 때문입니다. "돌봄교실이 학교의 역할인가, 지역사회의 역할인가?"라는 소모적인 논쟁을 넘어 학교와 마을이 함께 아이를 돌보는 협업 체계를 구축해야 합니다.

이렇게 학교 안팎의 촘촘한 돌봄을 받은 아이는 자기의 삶을 주도적으로 살아갈 수 있는 역량과 사회적 자본을 형성할 수 있습니다. 미국의 빈곤 문제를 빅 데이터를 통해 분석한 학자 라즈 체티Raj Chetty는 사회적 자본이 폭넓게 형성된 지역일수록 빈곤의 대물림을 끊고 더욱 평등한 사회적 관계가 형성된다는 연구 결과를 발표하였습니다.[4] 이러한 사회적 자본은 유년기에 형성될수록 더욱 효과적입니다. 따라서 아이를 '학원 뺑뺑이'나 '돌봄교실'에 맡기는 것보다 사회적 관계망 속에서 다양한 경험을 하도록 하는 것이 개인적으로나 사회적으로나 바람직합니다. 사회적 돌봄 시스템을 구축하는 것이 중요한 이유가 여기에 있습니다.

(2) '돌봄'과 '교육'

돌봄과 교육의 관계를 올바로 정립해야 합니다. 교육과 돌봄은 본래 친화적인 관계에 있습니다. 학교와 가정에서 돌봄을 잘 받은 학생이 잘 배울 수 있습니다. 혁신학교를 '배움과 돌봄의 책임교육 공동체'라고 부르는 이유가 여기에 있습니다.이순철·성열관, 2010 하지만 초등 돌봄교실을 둘러싼 논란 때문에 "돌봄은 교육이 아니다"라는 담

----
4. EBS, 위대한 수업, 2024년 3월 11~19일.

론까지 형성되었습니다. 교육과 돌봄의 관계를 근본적으로 새롭게 정립해야 이 논란이 해결될 수 있습니다.

앞에서 이야기했듯, 돌봄은 인간의 근원적인 '취약성'과 '상호의존성'을 전제로 하는 개념입니다. 인간은 누구나 취약한 상태에서 태어나 취약한 상태로 생을 마감하게 됩니다. 그 상황에서는 타인의 돌봄이 절대적으로 필요합니다. 뿐만 아니라 인간은 누구나 살다 보면 질병, 장애, 빈곤, 실업, 정신적 어려움 등 취약한 상황에 처할 수밖에 없습니다. 그러기에 내가 취약할 때 누군가의 돌봄을 받아야 합니다. 이는 '복지 수혜'와 같이 모욕적인 상황을 의미하는 것이 아니라 인간이면 누구나 마땅히 누려야 할 권리입니다.

내가 돌봄을 받은 만큼 나도 누군가를 돌볼 의무가 있습니다. 이는 '자선'과 같은 시혜적 베풂이 아닙니다. 또한 내가 타인을 돌볼 때, 돌봄 행위를 통해 자기 자신도 보람과 위안을 느끼며 인간다움의 본질을 찾을 수 있습니다. 이처럼 돌봄은 상호적, 호혜적 관계 속에서 이루어집니다. 이를 '상호 돌봄'이라고 할 수 있습니다. 이러한 돌봄의 윤리가 공동체적으로 정착된 사회를 '돌봄 사회'라고 할 수 있습니다. 많은 학자들이 이를 약육강식의 자본주의와 시혜적 복지 사회를 넘어설 대안 사회의 원리로 여기고 있습니다.Kittay, 1998; Tronto, 2015

교육도 돌봄의 원리를 중심으로 새롭게 재구조화되어야 합니다. 인간의 취약성과 의존성을 전제로 하는 돌봄의 원리는 승자독식의 경쟁교육을 넘어설 원리, 교사-학생-학부모 사이의 반목과 갈등을 넘어설 원리, 바람직한 미래사회를 만들어 갈 역량 교육의 원리가 될 수 있습니다. 교사와 학생의 관계에서, 학교문화의 차원에서, 교육과정 운영의 원리에서 '돌봄'의 정신이 바탕이 되어야 좋은 '교육'이 이루어질 수 있습니다.^{이형빈, 2023}

교사와 학생의 관계에 있어서는 '교권'과 '학생 인권'의 대립 프레임을 넘어서야 합니다. '교권 보호'라는 프레임은 자칫 학생을 '취약한 존재'로 보기보다 '잠재적 가해자'로 볼 위험성이 있습니다. 학생은 마땅히 교사로부터 돌봄을 받을 권리가 있고 이 과정에서 교사에게 상처를 줄 수도 있는 존재임을 인정해야 합니다. 이 과정에서 '교권 침해'라는 프레임을 무분별하게 적용할 경우 사법적 엄격성이 돌봄의 관계성을 훼손할 우려가 있습니다.

교사는 학생들의 취약성을 있는 그대로 인정하며 이들이 언젠가는 삶의 의미를 발견해 성장할 수 있으리라는 믿음을 지녀야 합니다. 교사는 취약한 학생을 돌보는 과정에서 불가피하게 상처를 받을 수도 있지만, 자신에게 타인의 아픔에 공감하며 조건 없는 사랑을 베풀 수 있는 능력이 있음을 알게 되고, 내면이 성장하는 경험을 하는 경우가 있습니다. 이를 인식하는 것이 돌봄의 윤리의식입니다. 대신에 이 과정에서 교사가 겪게 되는 어려움을 사회가 공적으로 해결하는 지원 체제를 구축해야 합니다.

나딩스는 학교를 지식을 배우는 곳이라고 보는 전통적인 관념을 비판하고, 학교는 교육과 돌봄이 결합한 공동체가 되어야 한다고 보았습니다.^{Noddings, 1992} 학생들이 잘 배우기 위해서라도 교사와 학생 사이에 돌봄의 관계가 형성되어야 합니다. 학생들은 교사들이 자신들을 진심으로 걱정해 주고 돌봐줄 때 학업에 적극적으로 참여하고

자 하는 마음이 생깁니다. 이렇게 돌봄은 그 자체로 교육적 윤리이기도 하고 배움이 이루어지는 조건이 되기도 합니다. 이 속에서 특히 배움이 느린 학생들, 신체적으로나 정신적으로 어려움을 겪는 학생들, 사회경제적으로 불리한 처지에 있는 학생들을 위한 돌봄이 제공되어야 합니다. 이는 단지 돌봄의 공백에 있는 학생들에게 돌봄교실과 같은 정책을 베푸는 차원을 넘어섭니다.

존중을 받아 본 사람이 타인을 존중해 줄 수 듯이, 교사의 따뜻한 돌봄을 받은 학생은 반대로 교사를 배려하고자 하는 마음을 가질 수 있습니다. 이러한 학교문화가 정착될 때 학생들은 타인과 세상을 돌보는 역량을 기를 수 있습니다. 학교 교육과정은 이처럼 학생의 돌봄 역량을 기르는 것을 중시해야 합니다.

학생은 학교 교육과정을 통해 취약한 사람, 취약한 생명을 돌볼 수 있는 역량을 길러야 합니다. 친구, 가족 등 가까운 관계뿐만 아니라 낯선 타인, 비인간 존재, 생태계를 돌볼 수 있어야 합니다. 돌봄을 받고 돌봄을 베푸는 과정에서 인간에 대한 사랑을 사회 전반, 생태계 전반에 확장할 때, 민주시민교육, 생태교육이 자연스럽게 이루어질 수 있고, 미래사회에 필요한 역량을 기를 수 있습니다.

현재의 '돌봄교실'의 '돌봄'이 이러한 철학적, 교육학적 개념을 바탕으로 하고 있다고 보기 어렵습니다. 다만 '맡길 곳 없는 아이를 맡아주는 곳'에 불과할 따름입니다. 돌봄은 부모의 몫이자 학교를 중심으로 한 사회 전반의 몫이어야 합니다. 사회적 돌봄 시스템이 갖춰질 때, 돌봄 사교육이 경감되는 것은 물론이고, 아이들의 사회적 역량도 기를 수 있습니다. 학교가 이러한 사회적 돌봄의 중심이 되어야 하며, 학교의 문화, 교사와 학생의 관계, 교육과정 자체가 돌봄의 윤리를 중심으로 재구조화되어야 합니다.

5.
[사교육 공급 조절]
유아·초등학생 입시 사교육 중단 국민투표

 사교육 문제를 근본적으로 해결하기 위해서는 입시 사교육이 발생하는 원인인 학벌사회와 입시 경쟁 시스템을 고쳐야 합니다. 또 다른 사교육 수요인 돌봄 사교육은 사회적 돌봄 시스템 구축을 통해 대체해야 합니다. 이와 함께 중요한 또 하나의 과제가 있습니다. 사교육 자체를 일정 부분 통제하는 일입니다.

 입시 경쟁 시스템을 고치는 일, 사회적 돌봄 시스템을 구축하는 일은 제법 시간이 오래 걸립니다. 그때까지 손 놓고 기다릴 수는 없습니다. 설령 입시 경쟁이 사라진다고 해도 사교육이 완전히 사라지는 않을 것입니다. 건강한 사교육은 보장하더라도 불필요한 사교육은 규제해야 합니다.

 앞에서도 살펴보았듯이, 역대 정부 중 전두환 정권이 가장 강력한 사교육 규제 정책을 펼쳤습니다. 재학생이 과외를 받거나 학원에 다니는 일 자체를 금지했습니다. 이는 당시 사교육 문제가 워낙 심각했기 때문이기도 하지만, 권력의 정당성이 없었던 전두환 정권이 국민의 관심을 호도하기 위한 목적이 앞선 것이기도 합니다. 무소불위의 권력을 휘두른 정권이다 보니 역설적으로 매우 급진적인 정책을 펼칠 수 있었습니다. 민주국가라면 아무리 좋은 정책이라 하더라도 법적 근거와 국민적 합의를 통해 펼쳐야 하는데, 전두환 정권에서는 그 과정이 완전히 생략되었습니다.

이처럼 사교육 자체를 금지한다고 하여 공교육의 질이 좋아진 것은 아니었습니다. 사교육은 억제되었지만, 공교육은 입시 위주의 암기식 교육 일변도로 이루어져 왔습니다. 이러한 상황에서 사교육을 강압적으로 억제하는 것이 근본적 대안이 될 수는 없었습니다.

이후 과외 금지 정책은 조금씩 완화되기는 했습니다. 졸업생의 학원 수강이 허용되고, 학교 보충수업이 허용되고, 초중고 재학생의 방학 중에는 학원 수강이 허용되고, 대학생 과외도 허용되었습니다. 하지만 이는 사교육 자체를 포괄적으로 금지하는 기조 아래 부분적으로 허용의 범위를 넓혀간 것이었습니다.

〈 표 33 〉 사교육 공급 조절 정책의 변화 과정

연도	주요 내용
1980	과외 전면 금지, 학교 보충수업 금지 졸업생에 한해 학원 수강 허용
1981	학습지 등 유사 과외교습 금지
1989	초중고 학생 방학 중 학원 수강 허용 대학생 과외교습 허용
1991	초중고 학생 재학 중 학원 수강 허용
1996	대학원생 과외교습 허용
2000	헌법재판소 과외 금지 위헌 결정
2021	〈학원의 설립·운영 및 과외교습에 관한 법률〉 전면 개정
2024	〈공교육 정상화 촉진 및 선행교육 규제에 관한 특별법〉 제정

(1) 헌법재판소 '과외 금지 위헌' 결정과 그 이후

2000년 헌법재판소는 '과외 금지 위헌 결정'을 내립니다. 이는 당시 〈학원의 설립 운영에 관한 법률〉 제3조의 조항이 헌법의 정신을 위배하느냐 여부에 대한 판결입니다. 그 조항은 다음과 같습니다.

> ### 학원의 설립 운영에 관한 법률
>
> 제3조(과외교습) 누구든지 과외교습을 하여서는 아니된다. 다만, 각호의 1에 해당하는 경우에는 그러하지 아니하다.
>
> 1. 학원 또는 교습소에서 기술·예능 또는 대통령령이 정하는 과목에 관한 지식을 교습하는 경우
>
> 2. 학원에서 고등학교·대학 또는 이에 준하는 학교에의 입학이나 이를 위한 학력인정에 관한 검정을 받을 목적으로 학습하는 수험준비생에게 교습하는 경우
>
> 3. 대학·교육대학·사범대학·전문대학·방송통신대학·개방대학 또는 개별 법률에 의하여 설립된 대학 및 이에 준하는 학교에 재적 중인 학생(대학원생을 포함한다)이 교습하는 경우

이처럼 당시에는 과외가 원칙적으로 금지되는 가운데, 초중고생 기술·예능·비교과 학원 교습, 중고생 교과학원 교습, 대학(원)생 과외는 예외적으로 허용되었습니다. 대학(원)생이 아닌 일반인은 과외교습을 제공할 수 없었습니다. 이 조항에 대한 헌법소원에서 헌법재판소는 다음과 같은 결정을 내립니다.

학원의설립운영에관한법률 제22조 제1항 제1호 등 위헌제청

[98헌가16, 2000. 4. 27., 전원재판부]

[결정요지]

1. 자녀의 양육과 교육은 일차적으로 부모의 천부적인 권리인 동시에 부모에게 부과된 의무이기도 하다. '부모의 자녀에 대한 교육권'은 비록 헌법에 명문으로 규정되어 있지는 아니하지만, 이는 모든 인간이 누리는 불가침의 인권으로서 혼인과 가족생활을 보장하는 헌법 제36조 제1항, 행복추구권을 보장하는 헌법 제10조 및 "국민의 자유와 권리는 헌법에 열거되지 아니한 이유로 경시되지 아니한다"고 규정하는 헌법 제37조 제1항에서 나오는 중요한 기본권이다. 부모는 자녀의 교육에 관하여 전반적인 계획을 세우고 자신의 인생관·사회관·교육관에 따라 자녀의 교육을 자유롭게 형성할 권리를 가지며, 부모의 교육권은 다른 교육의 주체와의 관계에서 원칙적인 우위를 가진다.

2. 헌법 제31조 제1항은 "모든 국민은 능력에 따라 균등하게 교육을 받을 권리를 가진다"고 규정하여 국민의 교육을 받을 권리를 보장하고 있다. '교육을 받을 권리'란, 모든 국민에게 저마다의 능력에 따른 교육이 가능하도록 그에 필요한 설비와 제도를 마련해야 할 국가의 과제와 아울러 이를 넘어 사회적·경제적 약자도 능력에 따른 실질적 평등교육을 받을 수 있도록 적극적인 정책을 실현해야 할 국가의 의무를 뜻한다. 특히 같은 조 제6항은 "학교교육 및 평생교육을 포함한 교육제도와 그 운영, 교육재정 및 교원의 지위에 관한 기본적인 사항은 법률로 정한다"고 함으로써 학교교육에 관한 국가의 권한과 책임을 규정하고 있다. 위 조항은 국가에게 학교제도를 통한 교육을 시행하도록 위임하였

고, 이로써 국가는 학교제도에 관한 포괄적인 규율권한과 자녀에 대한 학교교육의 책임을 부여받았다.

3. 자녀의 양육과 교육에 있어서 부모의 교육권은 교육의 모든 영역에서 존중되어야 하며, 다만, 학교교육에 관한 한, 국가는 헌법 제31조에 의하여 부모의 교육권으로부터 원칙적으로 독립된 독자적인 교육권한을 부여받음으로써 부모의 교육권과 함께 자녀의 교육을 담당하지만, 학교 밖의 교육영역에서는 원칙적으로 부모의 교육권이 우위를 차지한다.

4. 법 제3조에 의하여 제한되는 기본권은, 배우고자 하는 아동과 청소년의 인격의 자유로운 발현권, 자녀를 가르치고자 하는 부모의 교육권, 과외교습을 하고자 하는 개인의 직업선택의 자유 및 행복추구권이다.

5. 과외교습을 금지하는 법 제3조에 의하여 제기되는 헌법적 문제는 교육의 영역에서의 자녀의 인격발현권·부모의 교육권과 국가의 교육책임의 경계설정에 관한 문제이고, 이로써 국가가 사적인 교육영역에서 자녀의 인격발현권·부모의 자녀교육권을 어느 정도로 제한할 수 있는가에 관한 것이다. 학교교육에 관한 한, 국가는 교육제도의 형성에 관한 폭넓은 권한을 가지고 있지만, 과외교습과 같은 사적으로 이루어지는 교육을 제한하는 경우에는 특히 자녀인격의 자유로운 발현권과 부모의 교육권을 존중해야 한다는 것에 국가에 의한 규율의 한계가 있으므로, 법치국가적 요청인 비례의 원칙을 준수하여야 한다.

6. 가. 사교육의 영역에 관한 한, 우리 사회가 불행하게도 이미 자정능력이나 자기조절능력을 현저히 상실했고, 이로 말미암아 국가가 부득이 개입하지 않을 수 없는 실정이므로, 위와 같이 사

회가 자율성을 상실한 예외적인 상황에서는 고액과외교습을 방지하여 사교육에서의 과열경쟁으로 인한 학부모의 경제적 부담을 덜어주고 나아가 국민이 되도록 균등한 정도의 사교육을 받도록 하려는 법 제3조의 입법목적은 입법자가 '잠정적으로' 추구할 수 있는 정당한 공익이라고 하겠다.

나. 수단의 적합성의 관점에서 보더라도 법 제3조가 학원·교습소·대학(원)생에 의한 과외교습을 허용하면서 그밖에 고액과외교습의 가능성이 있는 개인적인 과외교습을 광범위하게 금지하는 규제수단을 택하였고, 이러한 수단이 위 입법목적의 달성에 어느 정도 기여한다는 점은 의문의 여지가 없다. 따라서 수단으로서의 적합성도 인정된다 하겠다.

7. 법 제3조는 원칙적으로 허용되고 기본권적으로 보장되는 행위에 대하여 원칙적으로 금지하고 예외적으로 허용하는 방식의 '원칙과 예외'가 전도된 규율형식을 취한 데다가, 그 내용상으로도 규제의 편의성만을 강조하여 입법목적달성의 측면에서 보더라도 금지범위에 포함시킬 불가피성이 없는 행위의 유형을 광범위하게 포함시키고 있다는 점에서, 입법자가 선택한 규제수단은 입법목적의 달성을 위한 최소한의 불가피한 수단이라고 볼 수 없다.

8. 법 제3조와 같은 형태의 사교육에 대한 규율은, 사적인 교육의 영역에서 부모와 자녀의 기본권에 대한 중대한 침해라는 개인적인 차원을 넘어서 국가를 문화적으로 빈곤하게 만들며, 국가 간의 경쟁에서 살아남기 힘든 오늘날의 무한경쟁시대에서 문화의 빈곤은 궁극적으로는 사회적·경제적인 후진성으로 이어질 수밖에 없다. 따라서 법 제3조가 실현하려는 입법목적의 실현효과

에 대하여 의문의 여지가 있고, 반면에 법 제3조에 의하여 발생
하는 기본권제한의 효과 및 문화국가실현에 대한 불리한 효과가
현저하므로, 법 제3조는 제한을 통하여 얻는 공익적 성과와 제
한이 초래하는 효과가 합리적인 비례관계를 현저하게 일탈하여
법익의 균형성을 갖추지 못하고 있다.

위 결정문의 요지와 취지는 다음과 같습니다.

첫째, 핵심 쟁점은 국가가 부모의 자녀교육권을 어느 정도 범위로
제한할 수 있느냐 하는 점입니다. 공교육은 부모가 자녀교육권을 국
가를 통해 학교와 교사에게 위임함으로써 성립됩니다. 그렇기 때문
에 공교육에 관한 여러 사항, 예를 들어 학제, 학교 유형, 교육과정,
교사와 학생의 권리와 의무는 국가가 법률로써 촘촘하게 규정할 수
있습니다. 하지만 사교육은 말 그대로 사적 영역이기 때문에 원칙적
으로는 부모의 교육권이 우선시됩니다. 위 결정문에도 "학교 밖의
교육영역에서는 원칙적으로 부모의 교육권이 우위를 차지한다"라고
명시되어 있습니다.

둘째, 위 결정문에 의하면 국가가 사교육을 규제하는 정책을 펴는
것 자체는 정당한 행위로 볼 수 있습니다. 국가는 공익을 위해 사익
을 일정 부분 제한할 수 있습니다. 〈헌법〉 제119조 2항에도 "국가는
…… 시장의 지배와 경제력의 남용을 방지하며, …… 경제의 민주화
를 위하여 경제에 관한 규제와 조정을 할 수 있다"라고 명시되어 있
습니다. 이른바 자유 시장 원리를 존중하더라도 국가의 개입이 없다
면 개인의 기본권이 심각하게 침해될 수 있고 국가 경제 자체가 위

기에 빠질 수 있습니다. 따라서 교육의 정상화를 위해 사교육 시장에 대해 적절한 규제를 하는 것은 국가의 당연한 임무라고 할 수 있습니다. 위 결정문에도 "사교육의 영역에 관한 한, 우리 사회가 불행하게도 이미 자정능력이나 자기조절능력을 현저히 상실했고, 이로 말미암아 국가가 부득이 개입하지 않을 수 없는 실정이므로 …… 제3조의 입법목적은 …… 정당한 공익이라고 하겠다"라고 명시되어 있습니다.

셋째, 위 판결문의 핵심은 '사교육 금지' 자체가 위헌이라는 것이 아니라 '사교육을 포괄적으로 금지하고 일부를 예외적으로 허용하는 방식'이 위헌이라는 것입니다. "법 제3조는 원칙적으로 허용되고 기본권적으로 보장되는 행위에 대하여 원칙적으로 금지하고 예외적으로 허용하는 방식의 '원칙과 예외'가 전도된 규율형식을 취한 데다가 …… 제한을 통하여 얻는 공익적 성과와 제한이 초래하는 효과가 합리적인 비례관계를 현저하게 일탈하여 법익의 균형성을 갖추지 못하고 있다"라는 내용이 이에 해당합니다.

이와 반대로, '사교육을 포괄적으로 허용하되 예외적으로 규제해야 할 사항을 별도로 정하는 것'은 현행 헌법의 정신에 위배되는 것이 아닙니다. 그래서 헌법재판소 결정 이후 국회는 기존의 〈학원의 설립 운영에 관한 법률〉을 〈학원의 설립·운영 및 과외교습에 관한 법률〉로 전면 개정합니다. 그리고 이 법률에 근거하여 교습 시간 등 사교육 공급을 일부 규제합니다.

학원의 설립·운영 및 과외교습에 관한 법률

제16조(지도·감독 등)

① 교육감은 학원의 건전한 발전과 교습소 및 개인과외교습자가 하는 과외교습의 건전성을 확보하기 위하여 적절한 지도·감독을 하여야 한다.

② 교육감은 학교의 수업과 학생의 건강 등에 미치는 영향을 고려하여 시·도의 조례로 정하는 범위에서 학교교과교습학원, 교습소 또는 개인과외교습자의 교습 시간을 정할 수 있다. 이 경우 교육감은 학부모 및 관련 단체 등의 의견을 들어야 한다.

2000년 헌법재판소의 과외 금지 위헌판결 이후 사교육 시장은 급속히 확대되어 갔습니다. 국가가 실제적으로 규제하는 것은 위의 항목에 나와 있듯 교습 시간을 일부 제한하는 것입니다. 더욱이 구체적인 교습 시간을 결정할 권한을 시도 조례로 위임하였습니다.

서울특별시 학원의 설립·운영 및 과외교습에 관한 조례

제8조(학교교과교습학원 등의 교습시간) 법 제16조제2항에 따른 학교교과교습학원, 교습소와 개인과외교습자의 교습시간은 02:00부터 22:00까지로 한다. 다만, 독서실은 관할 교육장의 승인을 받아 연장할 수 있다.

각 시도 의회에서는 학원의 교습 시간을 대체로 밤 10시 이전까지로 제한하고 있습니다. 너무 늦은 시간까지 학원을 운영하는 '심야 교습'을 금지하고 있는 것입니다. 한때 시도마다 그 시각이 다르기도 했습니다. 과거 경기도에서는 학원 영업시간을 12시까지 허용했던 때도 있습니다. 서울 도봉구 지역 학원에서 10시까지 수업을 듣던 학생이 학원 버스를 타고 경기도 의정부 학원으로 이동해 12시까지 수업을 듣는 현상도 생겼습니다. 이후 다행히 경기도 조례가 개정되어 10시까지 학원 교습 시간을 제한하고 있습니다. 하지만 저녁 10시도 너무 늦습니다. 성장기에 있는 청소년에게는 가혹한 짐입니다.

교육시민단체에서는 심야 영업뿐만 아니라 '학원 휴일 휴무제'를 주장하고 있습니다. 적어도 주말과 공휴일은 학생도 쉬어야 한다는 것입니다. 하지만 정치권에서는 별다른 반응이 없습니다. "다른 집 아이가 학원에 다니니까 우리 집 아이도 학원에 보내야 한다"라는 죄수의 딜레마가 반복되고 있습니다.

정부 차원에서 법률로써 사교육 공급을 규제하는 또 하나의 사례는 '선행학습 광고 금지'입니다. 〈공교육 정상화 촉진 및 선행교육 규제에 관한 특별법〉에는 다음과 같은 조항이 명시되어 있습니다.

공교육 정상화 촉진 및 선행교육 규제에 관한 특별법

제8조(선행교육 및 선행학습 유발행위 금지 등)

① 학교는 국가교육과정 및 시·도교육과정에 따라 학교교육과정을 편성하여야 하며, 편성된 학교교육과정을 앞서는 교육과정을 운영하여서는 아니 된다. 방과후학교 과정도 또한 같다.

② 제1항 후단에도 불구하고 방과후학교 과정이 다음 각 호의 어느 하나에 해당하는 경우 편성된 학교교육과정을 앞서는 교육과정을 운영할 수 있다.

1. 「초·중등교육법」 제2조에 따른 고등학교에서 「초·중등교육법」 제24조제4항에 따른 학교의 휴업일 중 편성·운영되는 경우

2. 「초·중등교육법」 제2조에 따른 중학교 및 고등학교 중 농산어촌 지역 학교 및 대통령령으로 정하는 절차 및 방법 등에 따라 지정하는 도시 저소득층 밀집 학교 등에서 운영되는 경우

③ 학교에서는 다음 각 호의 행위를 하여서는 아니 된다.

1. 지필평가, 수행평가 등 학교 시험에서 학생이 배운 학교교육과정의 범위와 수준을 벗어난 내용을 출제하여 평가하는 행위

2. 각종 교내 대회에서 학생이 배운 학교교육과정의 범위와 수준을 벗어난 내용을 출제하여 평가하는 행위

3. 그 밖에 이에 준하는 것으로서 대통령령으로 정하는 행위

④ 「학원의 설립·운영 및 과외교습에 관한 법률」 제2조에 따른 학원, 교습소 또는 개인과외교습자는 선행학습을 유발하는 광고 또는 선전을 하여서는 아니 된다.

이 법의 핵심 내용은 '학교 교육과정 내 선행교육 금지', '학생의 선행학습을 전제로 한 수업 금지', '학교 시험에서 학교 교육과정의 범위를 벗어난 내용 출제 금지', '학교 입학전형은 해당 학교 입학 단

계 이전 교육과정 범위 내에서 실시', '학원 등 사교육 기관의 선행학습 유발 광고 및 선전 금지' 등입니다. 이는 대부분 공교육 기관인 학교에 해당하는 내용입니다. 학원 등 사교육 기관에 해당하는 내용은 '선행학습 유발 광고 및 선전 금지'입니다. 다시 말해 "학원에서 선행학습을 한다는 광고만 하지 않으면, 선행학습을 해도 된다"라는 뜻이나 다름없습니다. 공교육 기관은 촘촘하게 규제하고 있는 반면, 사교육 기관에 대한 규제는 너무 느슨합니다.

이처럼 역대 정부의 사교육 정책에 '사교육 공급 조절' 정책은 너무 급진적이거나(전두환 정권의 과외 금지 정책), 너무 미약합니다(학원 심야 교습 금지, 선행학습 광고 금지). 앞에서도 언급했듯이, 2000년 헌법재판소의 판결이 사교육을 무한정 허용하라는 의미는 절대 아닙니다. 사교육을 유발하는 여러 요인을 제거하는 과정에서, 국민적 공감대를 형성하는 가운데 사교육에 대한 합리적인 규제는 반드시 필요합니다. 그래야 '죄수의 딜레마'에서 벗어날 수 있습니다.

(2) '유아·초등학생 입시 사교육 중단 국민투표' 제안

'레테'라는 말이 있습니다. '레벨 테스트level test'의 줄임말입니다. 초등학생이 선행학습을 원한다고 해서 모두 선행학습을 받을 수 있는 것은 아닙니다. 학원에서 초등학생의 '레벨'을 엄격히 테스트한 후, 그 레벨에 따라 '고등학교 선행학습반', '중학교 선행학습반'을 나눈다고 합니다. 그 레벨 테스트가 가히 '고시' 수준이라고 합니다.

대치동은 지금 '레테'의 계절…수능 고사장 방불케 하는 '황소 고시'[6]

11월 첫 일요일인 3일 오전, 서울 강남구 대치동 한 건물 주변은 인파로 북적였다. 초등 2~3학년을 대상으로 한 수학학원의 정규 입학시험을 치르려는 아이들과 학부모들이었다. 시험 시작 시각인 오전 11시에 가까워지자 몇몇 부모는 늦지 않으려고 아이 손을 잡고 달리기도 했다. '사교육 1번지' 대치동에서 가을은 사교육을 향한 레이스가 본격 시작되는 때이기도 하다.

학원에 몰린 1,800명

낮 12시 18분. 40대 남녀와 머리가 희끗희끗한 노인까지 건물 안 엘리베이터 앞에 양옆으로 늘어선 채 통로를 만들었다. 이들은 엘리베이터 쪽을 바라보며 아이들을 애타게 기다리고 있었다. 한 초등학생 남자아이가 장난스러운 미소를 띤 채 초콜릿을 들고 엘리베이터에서 나오자 웃음과 박수가 터져 나왔다. 연이어 어른 어깨에도 못 닿는 키의 아이들이 하나둘 걸어 나오기 시작했다. 순식간에 아이 이름을 부르는 소리와 "시험 잘 봤어?"라는 질문으로 뒤덮였다.

이 학원은 "초등학생 대상 선행·심화 전문 수학학원"이라 자칭하는 '생각하는황소'(황소수학)다. 이날 대치 본관과 3관에서 약 1,800명이 시험을 봤다. 모집 정원은 330명으로 5배 넘는 지원자가 몰려, '황소 고시'라는 별칭까지 붙었다. 지난달 시험 접수 날짜에도 접속이 쏟아져 학원 누리집 서버가 다운되기도 했다.

현장에서 만난 학부모들은 "이미 황소 유행은 끝물"이라면서도 자녀가 학원에 입학하기를 바랐다. 대치동의 초등 2학년 학부모는

----
5. 한겨레신문, 9살 손잡고 "떨어지면 편입"…대치동 그 학원 1800명 북새통, 2024년 11월 5일.

"입학시험을 대비해 주는 수학학원까지 보내며 1년을 준비했다"며 "황소수학은 문제를 다 풀 때까지 집에 안 보내주기 때문에 아이가 오래 공부할 수 있는 '엉덩이 힘'을 길러주는 게 장점"이라고 했다. 이어 "아이가 떨어지면 내년 편입시험이라도 보겠다"고 했다.

아이에게 자극을 주기 위해 시험을 보게 했다는 학부모도 있었다. 청담동에 사는 한 2학년생 학부모는 "아이가 노력해야 하는데 자신감이 너무 넘친다. 잘하는 애들 보고 기 좀 죽으라고 시험을 보러 왔다"고 했다. 아이들은 시험 결과를 묻는 부모에게 "4점 문제는 하나도 못 풀었다", "엄마, (시험 보는) 같은 반에 ○○이도 있었어"라고 말하기도 했다.

'4세 고시'부터 시작되는 레이스

'사교육 1번지' 대치동의 사교육 바람은 다른 지역에 영향을 준다. 이곳에서 나고 자라 학원 입학시험인 '레테'(레벨테스트) 준비 강사로 일하고 있는 윤아무개(27)씨는 "대치동에서 유행하는 학원, 교수법 등이 1~2년 시차를 두고 서울 잠실, 경기도 분당 등 다른 곳으로 퍼져 나간다"고 말했다.

에스엔에스(SNS)에는 대치동 초등 사교육 로드맵까지 나와 있다. 이른바 '세 번의 고시'로, 좋은 영어유치원에 보내려는 '4세 고시', 초등 영어학원 입학을 위한 '7세 고시', 황소수학 입학을 위한 '황소 고시' 등이다. 여기에 이들 학원의 입학시험을 도와주기 위한 보조 학원이나 과외도 성행하며 대치동 사교육 생태계를 촘촘하게 만든다. 중고생 위주의 사교육 시장이 초등은 물론 그 아래까지 확산된 것은 이미 '한물간 얘기'다.

통계청에 따르면, 2000년 초·중·고교생은 81만여 명에서 2010년 73만여 명, 2020년 54만여 명, 2024년 52만여 명(추정치)으로 계속 줄고 있다. 이에 대해 구본창 사교육걱정없는세상 정책대안연구소장은 "학령인구가 줄면서 낮은 연령부터 사교육을 하도록 부추겨야 '사교육 소비자'를 확보할 수 있는 상황까지 와 버렸다"고 설명했다.

지난해 초·중·고교생 사교육비는 총 27조 1천억 원으로 역대 최고를 기록했다. 정부가 2023년 5월 사교육 경감 대책을 발표했는데도 별다른 효과가 없는 셈이다. 교육부는 지난 7월에도 한 달 동안 사교육 카르텔·부조리 신고센터를 통해 선행학습 유발 광고 및 학원 등 특별점검을 했지만, 실효성은 없다는 평가다.

여기엔 사교육 시장의 공포 마케팅도 한몫한다는 평가다. 구본창 소장은 "상대평가 시스템에서 일찍 여러 번 반복하지 않고 어떻게 최상위를 점유하려느냐, 일정 계층에 들어가지 못하면 망하는 거라는 시그널을 계속 준다"고 말했다. 이어 "'초등의대반 방지법' 등이 발의된 것처럼, 과도한 선행에 대해서 시키는 사람, 안 시키는 사람 모두 불안하게 만드는 시스템을 가만히 둘 수 없게 된 상황이 왔다"고 말했다.

동시에 한국 사회가 변해야 사교육 시장도 바뀔 것이라는 진단도 있다. 이찬승 '교육을 바꾸는 사람들' 대표는 "우리 사회가 너무 경쟁적인 데다 성공의 경로가 좋은 학교, 좋은 직장에 들어가는 식으로 너무 단순해 사교육 시장이 손쉽게 바뀔 거라고 기대하기 어렵다"며 "최근 영국, 미국 교육계를 중심으로 출신 배경과 상관없이 자기 소질을 발휘하고 잠재력을 끝까지 키워줄 수 있는 교육에 대한 논의가 많은데, 우리 사회도 교육의 최종 목표가 무엇인지 사회적으로 폭넓게 논의가 이뤄져야 할 것"이라고 강조했다.

윤석열 정부의 '의대 정원 확대' 방침이 있자 '초등학생 의대반' 문제가 불거졌습니다. 그 실체는 초등학생을 대상으로 고등학교 수학 과정을 가르치는 선행학습입니다. 이를 원하는 초등학생은 엄격한 레벨 테스트를 거쳐 고액의 비용을 납부하고 고등학교 수준의 수학 수업을 수강하게 됩니다. 지나치게 과도한 사교육이라 하지 않을 수 없습니다.

몇몇 국회의원이 '초등의대반 방지법'을 발의했습니다. 〈공교육 정상화 촉진 및 선행교육 규제에 관한 특별법〉의 개정안입니다. 학원에서의 선행학습이 학교급을 넘지 않도록 제한하는 내용입니다. 하지만 국회에서는 이에 대해 아직 본격적인 논의를 진행하지 않고 있습니다. 우리 사회가 나이 어린 초등학생의 건강권과 행복권을 보장하기는커녕 오히려 이들을 과도하게 몰아붙이고 있는 것은 아닌지 성찰해야 할 필요가 있습니다. 이에 대한 언론의 반응도 눈여겨볼 만합니다.

'초등의대반' 방지법[7]

사교육 문제를 해결하는 방법이 있다. 사회 구성원 모두가 일제히 학원 수업과 과외를 딱 끊는 것이다. 이렇게만 되면 수많은 난제가 풀린다. 부모는 돈을 아끼고, 아이들은 공부 부담을 덜 수 있다. 입시가 공정해지고, 계층 이동 사다리도 복원된다. 이창용 한국은행 총재가 걱정하는 강남 집값도 잡을 수 있다. 그러나 남들이 사교육을 그만둔다는 믿음이 없기 때문에 어느 누구도 사교육을 포

----
6. 경향신문, 오창민 논설위원 칼럼, 2024년 10월 1일.

기하지 못한다. 게임이론에 등장하는 '죄수의 딜레마'를 떠올리게 한다.

교육 주체들이 스스로 합리적 결정을 할 수 없을 땐 공권력을 동원하는 것도 방법이다. 그래서 나온 것이 1980년 전두환 정권의 '과외 전면 금지' 조치와 박근혜 정부에서 제정된 '선행학습금지법(공교육 정상화 촉진 및 선행교육 규제에 관한 특별법)'이다. 그러나 전자는 너무 강압적이어서 헌법재판소에서 위헌 결정을 받았고, 후자는 처벌 조항이 없어 실효성이 없다는 지적을 받고 있다. 실제로 선행학습금지법은 물러터졌다. 학교에서 선행교육을 금지했을 뿐 정작 사설학원은 법 적용 대상에서 제외했다. 학원의 선행학습 유발 광고와 선전을 금지했지만 처벌 규정은 없다. 사교육자들의 기본권과 학부모의 교육권 침해 등으로 위헌 시비가 일 것을 우려한 탓이다.

선행학습금지법을 업그레이드한 '초등의대반 방지법안'이 지난달 30일 발의됐다. 교육단체인 '사교육걱정없는세상'과 강경숙 조국혁신당 의원 등이 주도했다. '초등메디컬반' '초등M클래스'로도 불리는 초등의대반은 의대 정원이 확대되면서 올 초부터 우후죽순으로 생겨나고 있다. 초등학생에게 4~5년을 앞질러 미적분은 물론이고 가우스함수와 행렬식까지 가르친다. 심지어 '유아의대반' '태교의대반'까지 나오고 있다. 초등의대반 방지법안은 이런 반교육적인 학원들에 1년 이하의 교습 정지를 명령하고 최고 300만 원의 과태료를 부과하는 조항을 담았다. 민주사회를위한변호사모임(민변)은 이 법안이 규제 수단의 적합성, 침해의 최소성, 법익의 균형성 등의 측면에서 정당하다는 의견을 냈다. 복잡다단한 문제가 법 하나로 해결될 리는 만무하지만 '선'을 넘은 사교육에 최소한의 견제 장치는 둬야 한다.

사교육 문제를 해결하는 방법이 '사회 구성원 모두가 일제히 학원 수업과 과외를 딱 끊는 것'이라는 주장은 일리가 있습니다. 그러기 위해서는 '남들이 사교육을 그만둔다는 믿음'이 있어야 합니다. 이런 믿음이 저절로 생기기는 어렵습니다. 그래서 국가가 일정 부분 개입을 하거나, '사회적 합의와 약속'이 있어야 합니다. 그래야 '죄수의 딜레마'를 벗어날 수 있습니다.

'죄수의 딜레마'는 불신과 경쟁의 늪을 설명할 때 흔히 사용하는 비유입니다. 그 내용은 다음과 같습니다. 두 범죄자가 각각 독방에 수감되었습니다. 이들에게는 다음과 같은 선택지가 있습니다. 두 사람 중 한 명만 범죄를 자백하면 그 사람은 석방되고 다른 공범은 징역 3년을 받게 됩니다. 하지만 두 사람 모두 자백하면 각각 징역 2년을 받고, 아무도 자백하지 않으면 각각 징역 6개월을 받습니다. 이 경우 두 사람이 상대방을 믿고 자백하지 않음으로써 가벼운 형량을 받는 것이 가장 합리적입니다. 하지만 이 실험을 모의로 해 봤더니, 상대방을 믿지 못해 두 사람 모두 자백하는 경우가 대부분이었다고 합니다.

이와 비슷한 '객석의 딜레마' 비유도 있습니다. 앞 사람 때문에 무대를 바라보는 시야에 불편함을 느낀 한두 관객이 아예 자리에서 일어나기 시작합니다. 그러자 그 뒤에 있던 사람도 연쇄적으로 자리에서 일어나 무대를 보게 됩니다. 결국 시야가 확보되지 않는 것은 마찬가지이지만 모두가 자리에서 일어나 선 채로 공연을 봐야 하는 불편함만 생깁니다.

모두가 상대방을 믿는다면, 모두가 자리에 앉는다면, 모두가 행복해질 수 있습니다. 하지만 상대방을 믿지 못해서, 남들보다 이익을 얻기 위해 한두 사람이 불필요한 행위를 하면 결국 자기 자신도 불이익을 겪게 됩니다. 사교육 경쟁이 이와 똑 닮았습니다.

그렇다고 모든 사람이 일제히 사교육을 그만두는 것은 현실적으로 가능해 보이지 않습니다. 전두환 정권처럼 강압적으로 통제할 수도 없습니다. 그렇다면 사회 구성원이 "최소한 이 정도는 지키자"라는 약속을 정하고, 그 약속을 법률로 정하고, 그 법률을 지킬 수 있는 여건을 마련하는 것이 현실적입니다.

"적어도 유아·초등학생만큼은 입시 사교육에서 해방시키자."

이것이 사교육 문제 해결을 위해 우리 국민들이 해야 할 최소한의 약속일 수 있습니다. 나이 어린 유아와 초등학생만큼은 입시 사교육 고통에서 벗어나게 하자는 약속입니다.

여기서 말하는 입시 사교육이란 국어, 영어, 수학 등 학교교육과정과 동일한 내용을 다루는 사교육, 특목고·자사고 반, 의대 준비반 등 선행학습 사교육 등을 의미합니다. 태권도나 피아노 학원 같은 예체능 및 취미·교양 학원은 예외입니다. 예체능 및 취미·교양 학원은 학생의 다양한 특기와 적성을 기르는 데에 도움이 되고, 여전히 존재하는 돌봄의 공백을 메울 방안이 되기도 합니다.

초등학생 연령 이하를 대상으로 하는 입시 사교육도 중단해야 합니다. 이른바 '영어유치원'이 대표적인 예입니다. 사실 '영어유치원'은 '유치원'이 아니라 '사설학원'입니다. '유치원'이란 〈유아교육법〉에 따라 운영되는 공교육 기관입니다. 따라서 세칭 '영어유치원'이 '유치원'이라는 명칭을 쓸 수 없습니다. 그래서 'ㅇㅇ 잉글리쉬 아카데미'와 같은 명칭을 씁니다. 유아기에 영어 학습을 규제해야 하는 이유는 명확합니다. 사교육 부담 때문만이 아니라 아동의 자연스러운 발달단계에 맞지 않기 때문입니다. 유아 시절에는 모국어를 자연스럽게 습득하는 것이 우선시되어야 합니다. 모국어를 통해 의사소통을 하고 개념을 습득하는 토대가 형성된 다음에 외국어를 배워야 합니다. 국가 교육과정에서 영어를 초등학교 3학년 때부터 시작하는 이유가 여기에 있습니다.

여러 가지 지표를 통해 볼 때, 고등학생보다 초등학생이 사교육 부담이 더 큽니다. 더욱이 나이 어린 연령대임을 감안할 때, 그 고통은 더더욱 클 수밖에 없습니다. 앞에서 언급했던 초등학생 사교육 관련 통계를 다시 인용해 보겠습니다.

〈표 34〉 초중고 사교육비 총액

	전체	초등학교	중학교	고등학교
2022년	25조 9.538억	11조 9,055억	7조 832억	6조 9,651억
2023년	27조 1,144억	12조 4,222억	7조 1,534억	7조 5,389억
증감률	4.5%	4.3%	1.0%	8.2%

〈표 35〉 학교급별 사교육 참여율

	전체	초등학교	중학교	고등학교
2022년	78.3%	85.2%	76.2%	66.0%
2023년	78.5%	86.0%	75.4%	66.4%
증감	0.2%p	0.8%p	-0.8%p	0.4%p

〈표 34〉, 〈표 35〉를 보면 초등학생의 사교육 참여 비율이 중학생, 고등학생보다 높습니다. 왜 그럴까요? 초등학생의 사교육 참여에는 '입시 사교육'과 '돌봄 사교육'이 모두 포함되어 있을 것입니다. 방과 후에 보통 3~4개의 '학원 뺑뺑이'를 돌린다고 할 경우, 이 중 일부는 국영수 등 '입시 사교육', 나머지는 미술, 음악, 체육 등 '예체능 및 취미·교양 사교육'일 것입니다. '예체능 및 취미·교양 사교육'은 '돌봄서비스'의 역할을 대체하고 있습니다.

하지만 이것만으로는 설명이 되지 않습니다. 입시 사교육에 있어서도 초등학생의 참여가 결코 중학생, 고등학생에 뒤지지 않기 때문입니다. 최근 '초등 의대반' 등 선행학습 열풍은 초등학생을 더더욱 사교육으로 내몰고 있습니다.

사교육에 의존하는 심리는 크게 '남들보다 앞서려는 욕망'과 '남들보다 뒤처지지 않으려는 불안'으로 나눌 수 있습니다. 초등 사교육에는 '욕망'보다는 '불안' 심리가 더 크게 작동합니다. 이른바 '옆집 교육학'에 의해 "이 정도는 해야 중학교 내신에서 뒤처지지 않는다.", "이 정도 선행학습은 기본이다. 남들은 우리보다 더 많이 한다." 등의 이야기에 솔깃해합니다. 사교육을 향한 '불안' 심리는 고소득층이나 저소득층이나 예외는 아닙니다.

> "영어가 정식 교과에 포함되는 초등학교 3학년이 되자 윤
> 선생영어교실에 등록해 주었다. 이후엔 원어민이 있는 고급
> 영어회화 학원에도 반년쯤 보내주었다. 세 식구의 생활비는
> 수급비로 충당하고, 엄마가 버는 월급의 상당액이 나의 학원

비로 쓰였다."_안온, 2023, 30쪽

"정부가 소득 지원을 더 해주면 어디에 쓰겠냐고 혜영 씨에게 물었다. 그의 대답은 '아들 학원비로 쓰겠다'였다."

_권기석 외, 2022, 70쪽

사교육을 부추기는 심리에는 '불안' 외에 '오해'도 있습니다. 초등학생 학부모가 입시에 대해 '오해'하는 경우도 많습니다. 2012년부터 중학교 내신 절대평가가 도입되었지만, 아직도 중학교에서 석차를 산출하는 것으로 알고 있는 경우가 있습니다. 특목고·자사고 입시에는 중학교 내신 성적만 반영될 뿐인데, 여전히 특목고·자사고 별도의 입학시험이 있는 것으로 알고 있는 경우도 있습니다. 대학 입시에서 학생부 전형이 70% 이상을 차지하지만, 여전히 수능 점수가 한 인간의 운명을 좌우한다고 생각하는 경우도 많습니다.

한국교육개발원에서 매년 실시하는 교육여론조사에서도 사교육을 시키는 이유 1위는 '남들이 하니까 심리적으로 불안해서'이고, 2위는 '남들보다 앞서 나가기 위해서'입니다. 두 가지 이유는 비슷한 듯 조금 다른 측면이 있습니다. '남들보다 앞서 나가기 위해서'는 경쟁에서 승리하고자 하는 '욕망'입니다. 이 욕망은 '사교육 수요 해소'를 통해 해결해야 합니다. 즉 입시 경쟁이 발생하는 원인 자체를 없애야 합니다. '남들이 하니까 심리적으로 불안해서'는 '욕망'이라기보다 '불안'입니다. 이는 인간이면 누구나 갖게 되는 자연스러운 심리입니다. 이 불안은 "남들도 안 한다"라는 믿음이 있어야 해결될 수 있습니다. 그래서 '사교육 공급 조절'이 필요합니다.

이러한 '불안과 오해'의 악순환을 끊으려면 모두가 '죄수의 딜레마'에서 벗어나야 합니다. '죄수의 딜레마'를 벗어난다는 것은 '모두가 사교육을 그만두는 것'을 의미합니다. 모두가 사교육을 그만두려면 어떻게 해야 할까요? 사교육을 그만둘 수 있는 사회적 여건을 마련하는 것, 사회적 약속을 도출하는 것, 그 약속을 법률에 명시하는 것 등 세 가지를 동시에 추진하는 것입니다. 다른 자녀도 입시 학원에 보내지 않을 것이라는 믿음으로 내 자녀도 입시 학원에 보내지 않겠다는 약속이 필요합니다. 단순히 막연한 약속이 아니라 그 약속을 바탕으로 한 명확한 법률 개정이 필요합니다.

〈학원의 설립·운영 및 과외교습에 관한 법률〉을 일부 개정하는 방안이 있을 수 있습니다. 예를 들어 다음과 같은 조항을 추가할 수 있습니다. 교습소와 과외에도 적절한 규정을 둘 수 있겠습니다.

> 학원의 설립·운영 및 과외교습에 관한 법률〉 일부 개정안
>
> 제12조(교습과정) 학원의 교습과정은 학원 설립·운영자가 학습자의 필요와 실용성을 존중하여 정한다. 다만, 유아·초등학생을 대상으로 초·중등교육법 제23조에 따른 학교교육과정이나 이와 유사한 교습과정을 운영할 수 없다. (신설)

이 조항이 2000년 헌법재판소의 결정문의 취지에 위배되는 것은 아닌지 하는 의구심이 들 수도 있습니다. 하지만 당시 헌법재판소 결정문의 취지는 사교육을 '포괄적으로 금지하고 일부를 예외적으

로 허용하는' 방식이 국민의 기본권을 침해한다는 것이었습니다. 따라서 사교육을 원칙적으로 금지하지는 않되, 일부 사교육에 제한을 가하는 것은 헌법의 정신에 위배되지 않습니다. 당시 헌법재판소의 결정문에도 "사교육의 영역에 관한 한, 우리 사회가 불행하게도 이미 자정능력이나 자기조절능력을 현저히 상실했고, 이로 말미암아 국가가 부득이 개입하지 않을 수 없는 실정이므로 …… 제3조의 입법목적은 …… 정당한 공익이라고 하겠다"라고 명시되어 있습니다. 특히 최근 '초등 의대반' 등의 문제는 그야말로 '자정능력이나 자기조절능력을 현저히 상실'한 사례라고 볼 수 있습니다.

하지만 여전히 문제가 남습니다. '유아·초등학생 입시 사교육 금지'에 대해 또다시 위헌 시비가 발생하지 않을까, 그리고 법률로써 이를 금지하더라도 누군가는 위법을 불사하고 자기 자녀를 사교육에 참여시키지 않을까, 음성적 방법의 사교육이 발생하지 않을까 등의 걱정이 생길 수 있습니다. 물론 법률 개정만으로 이러한 문제가 일거에 해결될 수는 없습니다. 여러 가지 부대 조치가 함께 이루어져야 합니다. 그리고 법률 개정 자체에 국민적 합의와 정당성이 뒷받침되어야 합니다.

그래서 '유아·초등학생 입시 사교육 중단을 위한 국민투표'를 실시할 것을 제안합니다. "적어도 유아·초등학생만큼은 입시 사교육에서 해방시키자"라는 국민적 합의를 명확한 법적 절차에 따라 이루자는 것입니다.

국민투표는 〈헌법〉 제72조 "대통령은 필요하다고 인정할 때에는 외교·국방·통일 기타 국가안위에 관한 중요정책을 국민투표에 붙일 수 있다." 조항과 헌법 제130조 2항 "헌법개정안은 국회가 의결한 후 30일 이내에 국민투표에 붙여 국회의원선거권자 과반수의 투표와 투표자 과반수의 찬성을 얻어야 한다." 조항에 따라 실시됩니다. 이 중 헌법개정안에 대한 국민투표는 반드시 실시해야 하는 '필수적 국민투표'이고, 헌법 '외교·국방·통일 기타 국가안위에 관한 중요정책'에 대해 실시하는 국민투표는 '임의적 국민투표'입니다.전학선, 2023

우리나라에서는 그동안 모두 6차례 국민투표를 실시했습니다. 이 중 5번의 국민투표는 모두 헌법 개정에 따른 '필수적 국민투표'였습니다. '임의적 국민투표'는 1975년에 실시된 '유신체제와 박정희 대통령 재신임'에 대한 국민투표였습니다. 물론 이 국민투표는 유신체제를 정당화하는 도구로 악용된 민의 조작이라는 비판을 받고 있습니다.

이렇게 본다면 '외교·국방·통일 기타 국가안위에 관한 중요정책'에 대해 실시하는 국민투표는 우리나라에서 한 차례도 실시되지 않았다고 볼 수 있습니다. 국민의 민의가 직접 정치에 반영될 통로가 없었고, 오로지 국민의 대의기구인 국회에서의 결정에 따라 모든 정책이 결정되었다고 볼 수 있습니다. 대의제 민주주의 한계를 보완할 수 있는 직접 민주주의의 장치가 한 번도 작동되지 않은 셈입니다.

하지만 외국에서는 국가의 중요한 정책에 대해 국민투표를 실시하는 경우가 매우 일상적입니다. 그동안 다른 나라에서 실시했던 주요 국민투표 사례를 정리하면 다음과 같습니다.

- 스코틀랜드 독립 국민투표(2014년): 스코틀랜드가 영국으로부터 분리 독립할지에 대한 국민투표 결과로 잔류 결정
- 영국 브렉시트 국민투표(2016년): 영국이 유럽연합(EU) 탈퇴 여부에 대한 국민투표 결과로 잔류 결정
- 스위스 기본소득 국민투표(2016년): 모든 국민에게 조건 없이 지급하는 기본소득안에 대한 국민투표 결과로 기본소득안 부결
- 프랑스 연금개혁 국민투표(2019년): 마크롱 대통령이 추진한 연금개혁안에 대한 국민투표 결과로 연금개혁안 시행

이처럼 세계 여러 나라에서는 '헌법 개정'뿐만 아니라 '연금개혁', '기본소득', '사형제' 등 주요 정책에 대해서 민의를 직접 확인하는 국민투표가 활성화되고 있습니다. 우리나라의 사교육 문제는 연금제도, 기본소득제도, 사형제 등의 정책과 비교해 볼 때 그 무게가 결코 가볍지 않습니다. 사교육비 총액 27조는 공교육비의 30%에 육박하는 규모이며, 초등학생의 80% 이상이 사교육에 참여하고 있는 것이 현실이기 때문입니다.

또한 초등학생 사교육 문제는 비단 초등학생과 그의 부모 등 당사자만의 문제가 아닙니다. 향후 초등학생 부모가 될 청년, 초등학생 학부모를 지원하고 있는 그들의 부모, 20만 명에 달하는 사교육 종사자, 사교육의 영향을 받을 수밖에 없는 공교육 종사자 50만 명, 사교육 시장의 향방에 따른 경제적 영향력 등을 고려해 볼 때 전 국민적 문제라고 할 수 있습니다. 따라서 이 문제에 대해 모든 국민의 의견을 확인하는 것은 반드시 필요합니다.

국민투표 결과가 어떻게 나올지는 섣부르게 예측할 수 없습니다. 하지만 그동안 사교육이 우리 사회에 미쳤던 여러 가지 부담을 생각해 볼 때 "적어도 유아·초등학생만큼은 입시 사교육에서 해방시키자"라는 의견이 더 많을 것으로 예상됩니다.

헌법 개정이 필요할 수도 있습니다. 두 가지 측면 때문입니다. 하나는 사교육 문제가 헌법에서 규정한 국민투표 사항에 해당하지 않을 수 있습니다. 사교육은 '외교·국방·통일 기타 국가안위에 관한 중요정책'이 아니라는 판단이 있을 수 있습니다. 또 다른 경우로 〈학원의 설립·운영 및 과외교습에 관한 법률〉에 유아·초등학생 입시 사교육 금지를 규정하는 것이 2000년 헌법재판소의 위헌 결정을 받은 조항과 마찬가지로 '포괄적 금지 조항'에 해당한다는 판단이 있을 수 있습니다.

그럴 경우, 헌법 개정도 하나의 방안입니다. '개헌'은 매우 묵직한 무게를 갖는 단어입니다. 하지만 우리 사회는 근본적인 대개혁이 필요한 때입니다. 정치, 경제, 사회 여러 분야에서 개헌 수준의 개혁을 요구하고 있습니다. 이에 대한 전 사회적 논의와 함께 교육 분야에서는 사교육 문제에 대해 개헌 수준의 근본적 대책 마련이 필요합니다.

헌법 제31조는 교육의 권리, 의무교육, 무상교육, 평생교육, 교육의 자주성과 중립성, 대학교육, 교육재정, 교원 지위 등을 규정하고 있습니다. 여기에 "초등교육까지 사교육은 법률이 정하는 바에 의하여 제한될 수 있다" 조항을 넣을 수 있습니다. 헌법을 이렇게 개정하려면 국민투표를 거쳐야 합니다. 즉 국민의 뜻을 확인할 수 있고, 사회적 논의와 숙의를 거쳐 공감대를 형성할 수 있습니다.

〈헌법〉 일부 개정안

제31조

① 모든 국민은 능력에 따라 균등하게 교육을 받을 권리를 가진다.

② 모든 국민은 그 보호하는 자녀에게 적어도 초등교육과 법률이 정하는 교육을 받게 할 의무를 진다.

③ 의무교육은 무상으로 한다.

④ 교육의 자주성·전문성·정치적 중립성 및 대학의 자율성은 법률이 정하는 바에 의하여 보장된다.

⑤ 국가는 평생교육을 진흥하여야 한다.

⑥ 학교교육 및 평생교육을 포함한 교육제도와 그 운영, 교육재정 및 교원의 지위에 관한 기본적인 사항은 법률로 정한다.

⑦ 초등교육까지 사교육은 법률이 정하는 바에 의하여 제한될 수 있다. (신설)

유아·초등학생이 입시 사교육으로부터 자유로운 세상을 상상해 볼 수 있을까요? 조금만 기억을 되살려 보면, 지금의 부모 세대도 어린 시절에 학원 교습이나 과외를 받지 않았던 경우가 꽤 있습니다. 그 경험을 반추하면서 다음 세대의 행복을 진심으로 바란다면 사회적 공감대를 충분히 형성할 수 있을 것입니다.

유아·초등학생 입시 사교육을 중단한다고 해서 모든 문제가 해결될까요? 물론 그렇지 않습니다. 그렇기 때문에 앞에서 언급했던 '사교육 수요 해소-좋은 일자리 창출, 학벌사회 해소, 대학 서열화 해소, 입시 제도 개선 등'과 '사교육 공급 대체-사회적 돌봄 시스템 구축'이 함께 진행되어야 합니다. 이런 점을 고려해 볼 때 '유아·초등학생 입시 사교육 중단'에 필요한 여러 여건을 마련하는 데에 최소 10년 정도가 필요할 것으로 보입니다. 따라서 '유아·초등학생 입시 사교육 중단 국민투표'는 '10년 앞을 내다보는 약속'이 될 것입니다.

'유아·초등학생 입시 사교육 중단'과 함께 현실적으로 해결해야 할 또 하나의 문제가 있습니다. '사교육 시장 종사자'의 일자리 전환 문제입니다. 우리나라 사교육 종사자 인력이 몇 명이나 되는지는 정확한 통계를 잡기 어렵습니다. '사교육의 범위'를 엄격하게 확정하기 어렵기 때문입니다. 2023년 통계에 의하면 입시 및 보습학원 강사 수는 18만 명입니다. 가정 방문 교습 강사 수까지 합하면 20만 명 정도로 추정합니다. 공교육 교원이 50만 명 정도임을 고려해 볼 때 결코 적지 않은 규모입니다. 이 중 유아·초등학생 대상 사교육 종사자는 10만 명 정도로 보입니다. 이 중에서 예체능 및 취미·교양 사교육을 제외한 입시 사교육 시장 종사자를 정확하게 추정하기는 더욱 어렵습니다만 대략 6~7만 명 정도로 볼 수 있겠습니다.

만약 유아·초등학생 입시 사교육이 중단된다면 사교육 종사자를 '공교육 혹은 돌봄 영역 일자리'로 흡수하는 정책이 필요합니다. 이 준비를 약 10년 동안 꾸준히 해야 합니다.

기존 사교육 종사자 중에는 교원자격증을 소지한 경우도 있을 것입니다. 이들 규모만큼 교사 정원을 확충하고 임용 경쟁시험을 거쳐 공교육 교사로 채용할 수도 있습니다. 만약 이들 규모만큼 교사 정원을 확충하기 어렵다면 공교육 분야에 다양한 일자리를 창출해야 합니다.

공교육 분야의 일자리 중 가장 대표적인 것이 협력교사일 것입니다. 협력교사를 활용해 '1수업 2교사제'를 운영할 수 있습니다. 이는 한 교실에 두 명의 교사를 투입하여, 담임교사가 수업을 진행하는 가운데 협력교사가 기초학력이 부족한 학생, 배움에 어려움을 겪는 학생을 개별적으로 지원하는 제도입니다. 이는 학령인구 급감 시대에 학생 개별 맞춤형 교육이라는 취지와도 매우 어울리는 정책입니다. 지금은 시도교육청이나 학교 차원에서 시간강사를 활용해 1수업 2교사제를 운영하고 있습니다. 협력교사의 채용 규모가 적고 그 처우도 열악합니다. 향후에는 정규 교원에 준하는 처우 개선을 통해 1수업 2교사제를 활성화해야 합니다.

2023년 기준 전국의 초등학교 학급수는 모두 12만 5천 개입니다. 현재 초등학생 대상 입시 사교육 종사자를 7~8만 명으로 추정한다면, 사교육 종사자를 모두 초등학교 협력교사로 투입하는 것이 가능합니다. 물론 사교육 종사를 모두 협력교사로 투입한다는 것은 매우 기계적인 발상이지만, 이처럼 새로운 상상력을 발휘해 보는 것도 의미가 있습니다.

이 밖에도 공교육과 돌봄 분야에 새로운 일자리는 얼마든지 창출할 수 있습니다. 교육 콘텐츠 개발, 학생 맞춤형 지원, 기초학력 지원, 사회정서 지원, 사회적 돌봄 시스템 운영에 필요한 인력 등이 그러합니다. 이러한 분야의 일자리는 비단 사교육 시장 종사자의 일자리 문제 해결 차원에서만이 아니라, 우리 사회가 반드시 확충해야 할 공공 일자리입니다. 다만 사교육 종사자가 자신들의 경험과 능력을 잘 발휘할 수 있는 분야입니다. 그리고 향후 '돌봄 사회' 구축에 꼭 필요한 일자리이기도 합니다.

10년의 준비,
2035년 사교육 해방을 약속합시다

사교육 해방, 가능할까요? 가능합니다. "인류는 언제나 해결 가능한 과제만을 제기해 왔다" 칼 마르크스, 『정치경제학 비판을 위하여』라는 말이 있습니다. 어떤 과제가 새롭게 제기되었다는 것은 그 과제를 해결할 물적 토대가 이미 성숙했다는 의미입니다. 물론 이를 남들보다 먼저 예리하게 받아들이는 선구자적 인식과 이에 따른 대중적 실천이 있어야 합니다.

모든 변화에는 세 가지 조건이 필요합니다. '객관적 조건의 형성', '주관적 인식의 변화', '구체적인 로드맵'입니다. 사교육 해방이라는 과제를 해결해야만 하는 조건, 해결하지 않으면 안 되는 조건은 이미 형성되었습니다. 저출생 현상에 따른 학령인구 감소입니다. [그림 20]과 [그림 21]은 대학 입학 정원보다 학령인구가 줄어들고 있는 현상을 명확히 보여줍니다.

저출생은 모든 국민이 실감하고 있는 현실입니다. 통계청의 자료에 의하면 연간 출생아 수는 1995년 71만 6천 명, 2000년 64만 명, 2005년 43만 9천 명, 2010년 47만 명, 2015년 43만 8천 명, 2020년

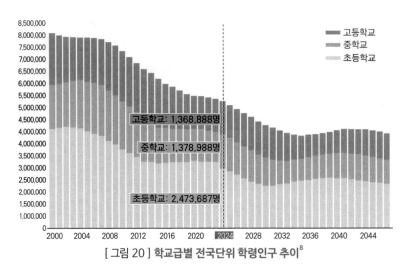

[그림 20] 학교급별 전국단위 학령인구 추이[8]

*2024년 기준: 초등학교 2,473,687, 중학교 1,378,988, 고등학교 1,368,888명
*2035년 기준: 초등학교 1,998,902, 중학교 866,069, 고등학교 958,084명

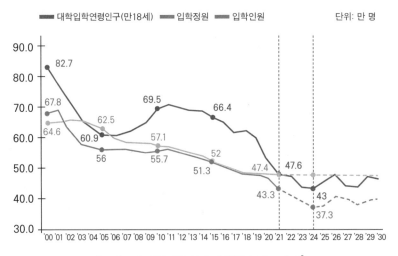

[그림 21] 대학 입학 정원 및 학생 수 감소 추이[9]

----
7. 청소년정책분석평가센터(https://www.ypec.re.kr)에서 추출.
8. 교육부, 2021.

27만 2천 명, 2023년 23만 2천 명으로 매년 최저치를 경신하고 있습니다.

이에 따라 대학 입학 정원도 매년 줄어들고 있습니다. 2005년 62만 6천 명, 2010년 57만 3천 명, 2015년 53만 명, 2021년 47만 4천 명, 2024년 44만 8천 명입니다. 〈표 36〉에 제시되어 있듯, 2023년 출생아가 23만 2천 명에 대학 진학률을 약 80%로 잡는다면, 향후 대학 입학 정원의 절반도 채우기 어렵다는 결론에 도달하게 됩니다.대학교육연구소, 2024

〈 표 36 〉 2024년 대학 입학 정원 대비 학령 인구 비율

구분		2024년 입학 정원 (A)	2032년		2035년		2044년	
			대학입학 연령인구 (B)	과부족 (B-A)	대학입학 연령인구 (B)	과부족 (B-A)	대학입학 연령인구 (B)	과부족 (B-A)
전체		444,158	434,666	-13,492	386,730	-61,428	220,779	-227,379
권역	수도권	181,077	219,832	38,755	198,280	17,203	116,334	-64,743
	충청	77,644	51,049	-26,595	45,764	-31,880	27,507	-50,137
	전라	52,474	41,500	-10,974	35,594	-16,880	20,105	-32,369
	부울경	58,643	64,049	5,406	55,466	-3,177	28,015	-30,628
	대경	55,546	40,195	-15,351	35,344	-20,202	18,922	-36,624
	강원	17,925	11,436	-6,489	10,329	-7,596	6,483	-11,442
	제주	4,849	6,605	1,756	5,953	1,104	3,413	-4,436

이러한 현실은 이제 더 이상 무모한 입시 경쟁이 바람직하지도, 지속 가능하지도 않다는 사실을 여실히 보여줍니다. 20만 명의 한 명, 한 명 모두가 소중한 미래사회의 구성원입니다. 이들을 경쟁시켜

누군가는 탈락시킨다는 것은 이제 사회적 낭비입니다. '한 명도 포기하지 않는 책임교육'은 바람직한 교육철학일 뿐만 아니라 절박한 현실적 과제입니다. 입시 경쟁을 해소하고, 사교육 부담을 경감하는 것이야말로 '최고의 저출생 대책'입니다. 아니, 저출생 대책을 세우기 이전에 이미 태어난 아이들만이라도 소중하게 돌봐야 합니다. 이제 "적어도 유아·초등학생만큼은 입시 사교육에서 해방시키자"라는 약속을 사회적으로 할 수 있지 않을까요?

학령인구 감소에 따라 지방대 소멸 위기가 더욱 커지고 있습니다. 그런데 이 위기를 '지방대 통폐합'과 같은 방식으로만 해결할 수는 없습니다. 오히려 지방대의 교육 여건과 지방의 정주 여건을 개선하여 청년들이 지방에 머무를 수 있도록 해야 합니다. 나아가 앞에서 언급했던 '서울대 10개 만들기', '지방 혁신대학 육성'과 같은 정책을 통해 '대학 상향평준화'를 만들어야 합니다. 좋은 대학을 많이 만드는 것이 '지방 소멸 위기 대응 정책'이자 '사교육 수요 해소' 정책이기도 합니다.

이미 진보정당에서는 오래전부터 '대학평준화' 방안을 주장해 왔습니다. 2004년 총선 당시 민주노동당의 '국공립대 통합네트워크', 2022년 대선 당시 정의당의 '서울대 10개 만들기' 정책이 그러합니다. 최근 2024년 총선에서는 더불어민주당도 '서울대 10개 만들기' 정책을 반영했습니다. 정치권이 시대적 과제에 응답하기 시작했습니다. 이제 구체적인 로드맵을 제시하고 이에 대한 국민적 합의를 도출해야 할 때입니다.

이 책에서는 사교육 문제의 근본적인 해법을 크게 '사교육 수요 해소', '사교육 대체', '사교육 공급 조절' 세 차원에서 제시했습니다. 이 세 가지 차원의 과제는 선후 가릴 것 없이 동시에 추진해야 합니다. 그러나 막연한 계획만으로는 부족합니다. 구체적인 로드맵이 있어야 합니다.

만약 2025년에 대선이 이루어진다면, 대선 공약으로 '유아·초등학생 입시 사교육 중단 국민투표'가 제기되기를 바랍니다. 그리고 새 정부에서 국민적 논의가 충분히 진행되고, 2027년 정도에 국민투표가 실시되기를 기대합니다.

그래서 2028년에 태어난 아이가 초등학교에 입학하는 시기인 2035년부터 '유아·초등학생 입시 사교육 중단'이 실현되기를 바랍니다. 그리고 이를 현실화하기 위한 토대를 구축해야 합니다. 향후 10년 동안 '서울대 10개 만들기', '학력·학벌 차별 금지', '입시 제도 개선', '사회적 돌봄 시스템 구축', '공교육 혁신' 등을 동시에 진행해야 합니다.

'사교육 해방'은 그동안 감히 꿔보지 못했던 원대한 꿈입니다. 하지만 '영원히 오지 않을 미래'는 아닙니다. 어쩌면 '아직 오지 않았으나, 이미 온 미래'일지도 모릅니다. 인류의 역사는 '오지 않을 것 같은 미래를 하나하나 현실로 만들어 온 역사'이기 때문입니다. 바라는 미래가 있다면 그 미래를 마음에 품고 구체적인 약속을 정해야 합니다. 사교육 해방 국민투표, 우리가 꼭 해야 할 약속입니다.

사교육 수요 해소	사교육 공급 조절	사교육 대체
	• 학원 선행학습 금지 • 학원 휴일 휴무제	
	⇩	

• 좋은 일자리 창출 정책, 임금 격차 해소 노동 정책
• 학력·학벌 차별 금지
• 서울대 10개 만들기, 지방 혁신대학 육성 등 대학 상향평준화 기반 조성
• 입시 제도 개선
• 고교평준화 완성
• 공교육 혁신
	2027년
	'유아·초등학생
	입시 사교육 중단'
	국민투표 실시
		• 초등 돌봄교실 정책 개선
		• 사회적 돌봄 시스템 확충
		  ‒ '돌봄 사회' 비전 마련
		  ‒ 전 생애적 돌봄 지원 시스템 구축
		  ‒ 공공 돌봄 인력 확충

	⇩	
	유아·초등 입시 사교육 종사자 일자리 전환 등 경과조치 기간 8년	
	⇩	
	2035년부터 시행 (2028년생부터 적용)	

[그림 22] '사교육 해방 국민투표' 로드맵

참고 문헌

교육과학기술부(2009). 공교육 경쟁력 향상을 통한 사교육비 경감대책.

교육과학기술부(2011). 공교육 강화-사교육 경감 선순환 방안.

교육부(2014). 사교육 경감 및 공교육 정상화 대책.

교육부(2021). 학령인구 감소 및 미래사회 변화에 대응한 대학의 체계적 관리 및 혁신 지원 전략.

교육부(2023). 사교육 경감 대책.

교육부(2024a). 2023년 초중고사교육비조사 결과 주요 특징.

교육부(2024b). 2024년도 예산 주요사업비 설명자료.

교육부(2024c). 2024년 주요정책 추진계획.

교육의봄(2021). 채용이 바뀐다 교육이 바뀐다. 서울: 우리학교.

교육인적자원부(2004). 공교육 정상화를 위한 사교육비 경감 대책.

권기석·양민철·방극렬·권민지(2022). 매일 같은 밥을 먹는 사람들. 파주: 북콤마.

권진수(2016). 우리나라 사교육 정책의 경로진화 연구. 단국대학교 박사학위논문.

김성식(2022). 코로나19 이후 사교육과 방과후학교 참여 양상의 변화 분석: 방과후학교의 사교육 경감 효과를 중심으로. 방과후학교연구, 9(1), 75-102.

김성식·김준엽·황지은(2020). 고교체제 발전을 위한 빅데이터 분석 연구. 교육부 연구보고서.

김종영(2021). 서울대 10개 만들기. 서울: 살림터.

녹색정의당(2024). 기후를 살리다 사람을 돌보다. 제22대 국회의원선거 녹색정의당 정책공약집.

대학교육연구소(2024). 윤석열 정부 지방대학 정책 진단. 2024년 국정감사 정책자료집.

대한민국정부(2023). 2024년도 성과계획서(교육부).

문호진·단요(2024). 수능 해킹. 서울: 창비.

민주화를위한전국교수협의회 엮음(2015). 입시·사교육 없는 대학 체제. 파주: 한울.

박채영(2018). 사교육 동향과 정책의 일관성 및 현실성 분석: 부산광역시 초등학교를 중심으로, 학습자중심교과교육연구, 18(21). 505-527.

백순근·이솔비·장지현·양현경(2019). 맞벌이 가정 자녀의 초등돌봄교실 참여에 다른 사교육 시간과 비용 및 일-양육 양립에 대한 인식 차이. 육아정책연구, 12(1), 55-74.

사교육걱정없는세상(2018). 새로운 대학체제 '대학입학보장제'를 제안한다. 사교육걱정없는세상 대학체제 토론회 자료집.

성낙일·홍성우(2009). 우리나라 사교육비 결정요인 및 경감대책에 대한 실증분석. 응용경제, 10(3). 183-212.

안선회(2009). 사교육비 경감정책 평가연구. 고려대학교 박사학위논문.

안온(2023). 일인칭 가난. 서울: 마티.

유재봉·조시정·이송하·정문선(2023). 한국 사교육의 실태와 사교육 정책. 서울: 학지사.

이덕난·유지연(2022). 초·중·고교 사교육비 변화 추이 및 향후 과제. NARS 현안분석, 2147, 국회입법조사처.

이순철·성열관(2010). 혁신학교. 서울: 살림터.

이형빈(2023). '돌봄의 교육'을 위한 시론: 교사-학생 관계, 학교문화, 교육과정으로서의 돌봄. 교육비평, 52. 103-136.

임재홍 외(2015). 초중등교육 정상화를 위한 대학체제 개편방안 연구. 서울특별시교육연구정보원 교육정책연구소.

저출산고령사회위원회(2022). 인구구조 변화와 대응 방안.

전학선(2023). 국민투표 시행을 위한 국민투표제도 개정 방안. 외법논집, 48(2). 1-21.

정동욱·박현정·하여진·박민호·이호준·한유경(2012). EBS 교육 프로그램의 사교육 경감 효과 분석. 교육행정학연구, 30(3). 21-42.

정설미·문희원·정동욱(2021). 돌봄과 교육의 혼합체로서 초등돌봄교실의 효과와 쟁점 연구. 교육행정학연구, 39(5). 85-114.

정진상(2004). 국립대 통합네트워크: 입시 지옥과 학벌사회를 넘어. 서울: 책세상.

최상근(2003). 사교육 문제에 대한 대책-공교육 교육력 강화를 중심으로. 한국교육개발원.

최승진(2017). 수능연계가 EBS 방송시청 및 사교육비 경감에 미치는 영향. 교육사회학연구, 27(3). 157-183.

최필선·민인식(2015). 부모의 교육과 소득수준이 세대 간 이동성과 기회불균등에 미치는 영향. 사회과학연구, 22(3). 31-56.

통계청(2024a). 2023년 초중고사교육비조사 결과. 2024년 3월 14일 보도자료.

통계청(2024b). 2023년 4/4분기 가계동향조사 결과. 2024년 2월 29일 보도자료.

통계청·교육부(2023). 초중고사교육비조사 통계정보보고서. 2023년 3월 1일 작성 자료.

한국개발연구원(2023). OECD 연간근로시간 비교분석과 시사점. KDI FOCUS 128호.

한국개발연구원(2024). 더 많은 대기업 일자리가 필요하다. KDI FOCUS 130호.

한국교육개발원(2023). 한국교육개발원 교육여론조사(KEDI POLL 2023). 연구보고 RR 2023-15.

한상만·조순옥·이희수(2011). EBS 수능강의의 사교육비 경감효과 인식 분석. 한국교육문제연구, 29(1). 171-191.

Graeber, D. (2018). Bullshit jobs: A theory. New York, NY: Simon and Schuster. 김병화 역(2021). 불쉿 잡. 서울: 민음사.

Kittay, E. F. (1998). Love's labor: Essays on women, equality and dependency. Routledge. 김희강, 나상원 역(2016). 돌봄: 사랑의 노동. 파주: 박영사.

Noddings, N. (1992). The challenge to care in schools. Teachers College Press.

Rawls, J. (1971). A theory of justice. Harvard university press. 황경식 역(2003). 정의론. 서울: 이학사.

Sandel, M. (2020). The Tyranny of Merit. Amerika Serikat: Allen Lane. 함규진 역(2020). 공정하다는 착각. 서울: 와이즈베리.

Seth, M. (2002). Education fever: society, politics and the pursuit of schooling in South Korea. Hawaii University Press.

Tronto, J. C. (2015). Who cares?: how to reshape a democratic politics. Cornell University Press. 김희강, 나상원 역(2021). 돌봄 민주주의. 파주: 박영사.

부록

＊독자의 이해를 돕기 위해 2000년 당시 헌법재판소의 과외 금지 위헌 결정 자료 전체를 수록합니다.

학원의설립운영에관한법률 제22조 제1항 제1호 등 위헌제청

[98헌가16, 2000. 4. 27., 전원재판부]

[판시사항]

1. 부모의 자녀교육권
2. 교육에 대한 국가의 책임
3. 부모의 자녀교육권과 국가의 교육책임과의 관계
4. 법 제3조에 의하여 제한되는 기본권
5. 기본권 제한의 한계로서의 비례의 원칙
6. 입법목적의 정당성과 수단의 적합성
7. 수단의 최소침해성
8. 법익의 균형성

[결정 요지]

1. 자녀의 양육과 교육은 일차적으로 부모의 천부적인 권리인 동시에 부모에게 부과된 의무이기도 하다. '부모의 자녀에 대한 교육권'은 비록 헌법에 명문으로 규정되어 있지는 아니하지만, 이는 모든 인간이 누리는 불가침의 인권으로서 혼인과 가족생활을 보장하는 헌법 제36조 제1항, 행복추구권을 보장하는 헌법 제10조 및 "국민의 자유와 권리는 헌법에 열거되지 아니한 이유로 경시되지 아니한다"고 규정하는 헌법 제37조 제1항에서 나오는 중요한 기본권이다. 부모는 자녀의 교육에 관하여 전반적인 계획을 세우고 자신의 인생관·사회관·교육관에 따라 자녀의 교육을 자유롭게 형성할 권리를 가지며, 부모의 교육권은 다른 교육의 주체와의 관계에서 원칙적인 우위를 가진다.

2. 헌법 제31조 제1항은 "모든 국민은 능력에 따라 균등하게 교육을 받을 권리를 가진다"고 규정하여 국민의 교육을 받을 권리를 보장하고 있다. '교육을 받을 권리'란, 모든 국민에게 저마다의 능력에 따른 교육이 가능하도록 그에 필요한 설비와 제도를 마련해야 할 국가의 과제와 아울러 이를 넘어 사회적·경제적 약자도 능력에 따른 실질적 평등교육을 받을 수 있도록 적극적인 정책을 실현해야 할 국가의 의무를 뜻한다. 특히 같은 조 제6항은 "학교교육 및 평생교육을 포함한 교육제도와 그 운영, 교육재정 및 교원의 지위에 관한 기본적인 사항은 법률로 정한다"고 함으로써 학교교육에 관한 국가의 권한과 책임을 규정하고 있다. 위 조항은 국가에게 학교제도를 통한 교육을 시행하도록 위임하였고, 이로써 국가는 학교제도에 관한 포괄적인 규율권한과 자녀에 대한 학교교육의 책임을 부여받았다.

3. 자녀의 양육과 교육에 있어서 부모의 교육권은 교육의 모든 영역에서 존중되어야 하며, 다만, 학교교육에 관한 한, 국가는 헌법 제31조에 의하여 부모의 교육권으로부터 원칙적으로 독립된 독자적인 교육권한을 부여받음으로써 부모의 교육권과 함께 자녀의 교육을 담당하지만, 학교 밖의 교육영역에서는 원칙적으로 부모의 교육권이 우위를 차지한다.

4. 법 제3조에 의하여 제한되는 기본권은, 배우고자 하는 아동과 청소년의 인격의 자유로운 발현권, 자녀를 가르치고자 하는 부모의 교육권, 과외교습을 하고자 하는 개인의 직업선택의 자유 및 행복추구권이다.

5. 과외교습을 금지하는 법 제3조에 의하여 제기되는 헌법적 문제는 교육의 영역에서의 자녀의 인격발현권·부모의 교육권과 국가의 교육책임의 경계설정에 관한 문제이고, 이로써 국가가 사적인 교육영역에서 자녀의 인격발현권·부모의 자녀교육권을 어느 정도로 제한할 수 있는가에 관한 것이다. 학교교육에 관한 한, 국가는 교육제도의 형성에 관한 폭넓은 권한을 가지고 있지만, 과외교습과 같은 사적으로 이루어지는 교육을 제한하는 경우에는 특히 자녀인격의 자유로운 발현권과 부모의 교육권을 존중해야 한다는 것에 국가에 의한 규율의 한계가 있으므로, 법치국가적 요청인 비례

의 원칙을 준수하여야 한다.

6. 가. 사교육의 영역에 관한 한, 우리 사회가 불행하게도 이미 자정능력이나 자기조절능력을 현저히 상실했고, 이로 말미암아 국가가 부득이 개입하지 않을 수 없는 실정이므로, 위와 같이 사회가 자율성을 상실한 예외적인 상황에서는 고액과외교습을 방지하여 사교육에서의 과열경쟁으로 인한 학부모의 경제적 부담을 덜어주고 나아가 국민이 되도록 균등한 정도의 사교육을 받도록 하려는 법 제3조의 입법목적은 입법자가 '잠정적으로' 추구할 수 있는 정당한 공익이라고 하겠다.

나. 수단의 적합성의 관점에서 보더라도 법 제3조가 학원·교습소·대학(원)생에 의한 과외교습을 허용하면서 그밖에 고액과외교습의 가능성이 있는 개인적인 과외교습을 광범위하게 금지하는 규제수단을 택하였고, 이러한 수단이 위 입법목적의 달성에 어느 정도 기여한다는 점은 의문의 여지가 없다. 따라서 수단으로서의 적합성도 인정된다 하겠다.

7. 법 제3조는 원칙적으로 허용되고 기본권적으로 보장되는 행위에 대하여 원칙적으로 금지하고 예외적으로 허용하는 방식의 '원칙과 예외'가 전도된 규율형식을 취한 데다가, 그 내용상으로도 규제의 편의성만을 강조하여 입법목적달성의 측면에서 보더라도 금지범위에 포함시킬 불가피성이 없는 행위의 유형을 광범위하게 포함시키고 있다는 점에서, 입법자가 선택한 규제수단은 입법목적의 달성을 위한 최소한의 불가피한 수단이라고 볼 수 없다.

8. 법 제3조와 같은 형태의 사교육에 대한 규율은, 사적인 교육의 영역에서 부모와 자녀의 기본권에 대한 중대한 침해라는 개인적인 차원을 넘어서 국가를 문화적으로 빈곤하게 만들며, 국가 간의 경쟁에서 살아남기 힘든 오늘날의 무한경쟁시대에서 문화의 빈곤은 궁극적으로는 사회적·경제적인 후진성으로 이어질 수밖에 없다. 따라서 법 제3조가 실현하려는 입법목적의 실현효과에 대하여 의문의 여지가 있고, 반면에 법 제3조에 의하여 발생하는 기본권제한의 효과 및 문화국가실현에 대한 불리한 효과가 현저

하므로, 법 제3조는 제한을 통하여 얻는 공익적 성과와 제한이 초래하는 효과가 합리적인 비례관계를 현저하게 일탈하여 법익의 균형성을 갖추지 못하고 있다.

재판관 한대현의 반대의견

이 사건 법률조항이 국민의 기본권을 과도하게 침해하는 위헌적인 규정이라는 점에서는 다수의견과 견해를 같이 하나, 우리 현실에 비추어 볼 때 아직까지는 과외교습을 전면 허용할 것이 아니고 일정 부분 규제할 필요가 있다. 따라서 이 사건 법률조항에 대하여 바로 위헌선언을 할 것이 아니라 헌법불합치결정을 함으로써 입법자로 하여금 국민의 기본권을 가능한 한 적게 침해하면서도 과외교습을 둘러싼 폐단을 제거할 수 있는 새로운 수단을 마련하도록 하는 것이 타당하다.

재판관 정경식의 반대의견

이 사건 법률조항의 입법목적은 정당하고, 단속의 필요성도 인정되나, 이 법률조항의 위헌성은 과외교습의 규제방식이 기본권제한입법의 체계와 방식을 제대로 갖추고 있지 못한 데에 있는 것이며, 과외교습의 폐단이 여전히 극심하여 이를 규제하여야 할 필요성과 당위성이 인정되는 현재 상황에서 이 사건 법률조항의 효력을 소멸시켜 과외교습을 전면적으로 허용하는 것이 곧 합헌적 상태를 실현하는 것이라 볼 수 없다. 그러므로 단순위헌결정을 하여 당장 그 효력을 상실시킬 것이 아니라, 입법자가 광범위한 국민적 합의를 거쳐 합리적인 범위에서 과외교습을 규제할 수 있도록 하고 과외교습이 전혀 규제되지 않는 상황을 피하기 위하여 새로운 입법이 이루어질 때까지는 이 사건 법률조항을 잠정적으로 적용하도록 하는 헌법불합치결정을 하는 것이 바람직하다.

재판관 이영모의 반대의견

과외교습은 학교교육에 종속된 보충교육으로서 학교교육의 공공성을 침해하는 경우 국가는 학교교육의 정상화를 위하여 재량적으로 이를 규제할 수 있고, 그 규제입법의 위헌심사기준은 입법형성의 합리성이다.

다수의견이 이를 금지함으로써 비례성원칙에 반한다고 지적하고 있는 친척이나 이웃집 가정주부의 교습, 뛰어난 예술인의 개인과외교습 등은 이를 허용할 경우 교습행위의 은밀성으로 인하여 입법목적 달성에 어려움이 있고, 그러한 개인교습이 학교교육의 공공성을 해하지 않는다는 보장도 없다. 과외교습 금지로 인한 공익을 고려할 때 이들이 개인과외교습을 못 함으로써 불이익을 받는다 하더라도 법익 간에 균형을 잃는 것도 아니다. 초등학생의 학교 교과목에 대한 과외교습 금지는 그것이 초등학생에게 신체적·정서적·교육적으로 바람직하지 않은 영향을 미칠 수 있기 때문이다.

결국, 이 사건 법률조항은 국가와 학부모의 공동과제인 자녀의 학교교육과 학부모가 결정하는 사교육의 한 부분인 과외교습과의 조화를 꾀하기 위한 입법으로서 합리성을 벗어난 것으로 인정되지 아니한다.

이 사건 법률조항이 원칙적인 금지와 예외적인 허용이라는 규율형식을 취하고 있으나, 실질적으로 이 법에서 허용되는 과외교습은 학습이 부진한 학생들로 하여금 이를 보충하는 데 모자람이 없는 한편, 사회적 폐해의 소지가 현저하고 부작용이 보다 높은 개인의 과외교습에 한하여 금지되고 있을 뿐이다.

따라서, 이 사건 법률조항은 입법목적의 정당성 및 수단의 합리성을 갖춘 입법으로서 과외교습자와 학부모, 학습자의 기본권의 본질적인 내용을 침해하는 것이 아니므로 합헌이다.

[전문]

[당사자]제청법원 서울지방법원 (98헌가16)
당해사건 서울지방법원 98고단7799 학원의설립·운영에관한법률 위반
청구인 (98헌마429) 김○진 외 4인
청구인들 대리인 변호사 정기승 외 1인

[주문]학원의설립·운영에관한법률 제3조, 제22조 제1항 제1호(각 1995. 8. 4. 법률 제4964호로 전문개정된 이후의 것)는 헌법에 위반된다.

[이유]

1. 사건의 개요와 심판의 대상

가. 사건의 개요

(1) 98헌가16 사건

청구외 이○선은 서울지방법원에 학원의설립·운영에관한법률 위반으로 공소제기되었는데(98고단7799), 그 공소사실의 요지는 '피고인은 "○○교육"의 대표로서, 1995. 12. 초순경부터 1997. 10. 16.경까지 사이에 피씨(PC) 통신업체인 천리안, 미래텔에 개설한 "○○방"을 통하여 회원으로 가입한 2,415명으로부터 약 374,000,000원을 받고 수천 회에 걸쳐 문제를 내고 질의·응답하는 방식으로 과외교습을 하고, 1997. 7. 초순경부터 같은 해 10.경까지 사이에 공소외 박○만 등 지도교사로 하여금 교습비를 내고 가입한 회원의 집을 방문지도하게 하는 방식으로 과외교습을 함으로써 위 법률 제22조 제1항 제1호, 제3조에 위반하였다'는 것이다.

위 법원은 그 소송계속 중 1998. 11. 10. 위 이○선에게 적용될 학원의설립·운영에관한법률 제22조 제1항 제1호, 제3조에 헌법위반의 의심이 있다고 하여 직권으로 위헌여부의 심판을 제청하였다.

(2) 98헌마429 사건

청구인들은 전문음악인들로서 그중 청구인 김○진은 작곡 전공, ○○대학교 음악대학 명예교수 겸 사단법인 한국음악협회 이사장이고, 청구인 신○정은 피아노연주 전공, ○○대학교 음악대학장이고, 청구인 박○길은 성악 전공, ○○대학교 음악대학 교수 겸 국립오페라단 단장이고, 청구인 이○영은 첼로연주 전공, ○○대학교 음악교수 겸 실내악단 비하우스 대표이고, 청구인 김○은 바이올린연주 전공, ○○대학교 음악대학교수 겸 실내악단 바로크합주단 대표이다.

청구인들은 음악에 재능이 있는 어린이들에 대한 과외교습을 금지하는 학원의설립·운영에관한법률 제3조와 과외교습에 대한 처벌을 규정한 위 법률 제22조 제1항 제1호가 청구인들의 기본권을 침해한다고 주장하면서 이 사건 헌법소원심판을 청구하였다.

나. 심판의 대상

그러므로 이 사건 심판의 대상은 학원의설립·운영에관한법률 제3조, 제22조 제1항 제1호(각 1995. 8. 4. 법률 제4964호로 전문개정된 이후의 것. 이하 위 법률을 '법'이라고 하고, 이들 조항을 '이 사건 법률조항'이라 한다)가 헌법에 위반되는지 여부이고, 이 사건 법률조항 및 관련규정들의 내용은 다음과 같다.

법 제3조(과외교습) 누구든지 과외교습을 하여서는 아니 된다. 다만, 다음 각호의 1에 해당하는 경우에는 그러하지 아니하다.
1. 학원 또는 교습소에서 기술·예능 또는 대통령령이 정하는 과목에 관한 지식을 교습하는 경우
2. 학원에서 고등학교·대학 또는 이에 준하는 학교에의 입학이나 이를 위한 학력인정에 관한 검정을 받을 목적으로 학습하는 수험준비생에게 교습하는 경우
3. 대학·교육대학·사범대학·전문대학·방송통신대학·개방대학·기술대학 또는 개별 법률에 의하여 설립된 대학 및 이에 준하는 학교에 재적 중인 학생(대학원생을 포함한다)이 교습하는 경우

※ 1997. 1. 13. 법률 제5272호로 제3호에 "기술대학"이 삽입되었고, 1999. 1. 18. 법률 제5634호로 제2호 후단에 규정되어 있던 "이 경우 중학교·고등학교 및 이에 준하는 학교의 재학생에 대하여는 교육부 장관이 정하는 기간에 한한다"가 삭제되었다.
위 각 개정은 조항의 내용에 실질적으로 별 변동을 초래하지 않으므로 심판의 대상은 1999. 1. 18. 개정 이후 현행법까지 모두 포함하는 것으로 봄이 상당하다. 따라서, 심판의 대상을 1995. 8. 4. 법률 제4964호로 전문개정된 이후의 법률로 한다.

법 제22조(벌칙) ① 다음 각호의 1에 해당하는 자는 1년 이하의 징역 또는 300만 원 이하의 벌금에 처한다.
1. 제3조의 규정에 위반하여 과외교습을 한 자

2. 3. 생략

② 생략

법 제2조(정의) 이 법에서 사용하는 용어의 정의는 다음과 같다.

1. "학원"이라 함은 사인이 대통령령이 정하는 수 이상의 학습자에게 30일 이상의 교습과정(교습과정의 반복으로 교습일수가 30일 이상이 되는 경우를 포함한다. 이하 같다)에 따라 지식·기술(기능을 포함한다. 이하 같다)·예능을 교습하거나, 30일 이상 학습장소로 제공되는 시설로서 다음 각목의 1에 해당하지 아니하는 시설을 말한다.

가. 교육법 기타 법령에 의한 학교

나. 도서관 및 박물관

다. 사업장 등의 시설로서 소속직원의 연수를 위한 시설

라. 사회교육법 제21조의 규정에 의하여 설치된 사회교육시설

마. 사회교육법 제26조의 규정에 의하여 학교에 부설한 시설

바. 근로자직업훈련촉진법에 의한 직업능력개발훈련시설 기타 사회교육에 관한 다른 법률에 의하여 설치된 시설

2. "교습소"라 함은 제3조 제1호의 규정에 의한 과외교습을 하는 시설로서 학원이 아닌 시설을 말한다.

3. "과외교습"이라 함은 초등학교·중학교·고등학교 또는 이에 준하는 학교의 학생이나 학교입학 또는 학력인정에 관한 검정을 위한 수험준비생에게 지식·기술·예능을 교습하는 행위를 말한다. 다만, 다음 각목의 1에 해당하는 행위를 제외한다.

가. 제1호 각목의 규정에 의한 시설에서 그 설치목적에 따라 행하는 교습행위

나. 동일호적 내의 친족이 하는 교습행위

다. 대통령령이 정하는 봉사활동에 속하는 교습행위

4. "학습자"라 함은 학원 또는 교습소에서 학습을 받거나 30일 이상 학습장소로 제공되는 시설을 이용하는 자를 말한다.

학원의설립·운영에관한법률시행령 제2조(정의 등) ① 생략

② 법 제2조 제1호에서 "대통령령이 정하는 수 이상"이라 함은 같은 시간에 교습을 받거나 학습장소로 이용할 수 있는 인원이 10인(자동차운전에 관한 내용을 교습하는 학원의 실기·실습의 경우에는 2인) 이상인 경우를 말한다.

위 시행령 제3조(과외교습에 해당하지 아니하는 교습행위 등) ① 생략

② 법 제3조 제1호에서 "대통령령이 정하는 과목"이라 함은 초등학교·중학교 및 고등학교의 모든 교육과정에 포함되어 있지 아니한 교과를 말한다.

2. 위헌제청이유와 청구인들의 주장 및 관계기관의 의견

가. 위헌제청이유

이 사건 법률조항은 학문과 예술의 자유(헌법 제22조 제1항), 교육을 받을 권리(제31조 제1항), 직업선택의 자유(제15조), 행복추구권(제10조) 등을 제한하면서, 현직교사의 과외교습 금지와 같이 병리현상이 예상되는 경우에 한하여 예외적으로 기본권을 제한하는 방법을 선택하지 아니하고, 이와는 반대로 원칙적으로 모든 과외교습행위를 금지하여 그에 위반된 경우 형사처벌을 하도록 하고, 예외적으로 일정한 요건에 해당하는 과외교습행위만을 적법한 것으로 취급하였다. 그 결과 비난할 여지가 없거나 바람직한 과외교습행위까지도 예외적 요건에 해당하지 않는 한 모두 범죄행위로 되었는데, 이는 헌법 제37조 제2항이 규정한 과잉금지의 원칙에 위반되고, 나아가 위 헌법상 기본권의 본질적 내용을 침해하였다.

국가는 공적 부문에서만 아니라 사적 부문에서도 가르치고 배우는 것을 장려하고 보호해야 할 것인데, 이 사건 법률조항이 사적 부문의 가르치고 배우는 행위를 원칙적으로 금지하는 것은 국가를 사교육에 대한 보호자가 아닌 압제자로 작용하게 한다. 과외교습에 따른 일부 사회병리현상을 해결하기 위하여 사교육의 영역을 원칙적으로 포기하는 것은 무한경쟁의 시대를 살고 있는 국민의 능력계발에 커다란 장애가 되고, 문화국가의 이념에 배치되며, 자유민주국가에서는 도저히 받아들일 수 없는 철학에 기초하고 있다. 이는 "자율과 조화를 바탕으로 자유민주적 기본질서를 더욱 확고히 하여 정치·경제·사회·문화의 모든 영역에 있어서 각인의 기회를 균

등히 하고, 능력을 최고도로 발휘하게" 하여야 한다는 헌법 전문의 정신에
도 위반된다.

나. 청구인들의 주장

(1) 적법요건에 대하여

청구인들은 1998. 10.에 들어와서 학생들의 레슨 요청을 받아 지도해 주
려다가 이 사건 법률조항으로 인하여 합법적으로 교습을 해 줄 수 없다는
사실을 알게 되어 이 사건 헌법소원심판청구를 하게 된 것이므로 적법요건
을 갖추었으며 청구기간이 도과되지 않았다.

(2) 본안에 대하여

(가) 이 사건 법률조항은 헌법 제37조 제2항에 위반하여 청구인들의 행
복추구권(헌법 제10조), 학문과 예술의 자유(제22조 제1항)를 침해하고, 교
육을 받을 권리(제31조 제1항)에 관한 헌법규정과 제23조의 재산권 행사
의 공공복리적합성에도 위배된다.

(나) 스스로의 시간, 자금, 노력으로 지식과 아이디어를 얻겠다는 노력
을 불법시하는 것은 타당하지 않으며, 학교교육 외에 사교육에 의하여 수
월성을 추구하는 것을 금지하는 것은 헌법 제10조의 행복추구권 보장규정
에 위배된다.

이 사건 법률조항에 의한 정규교육 외 사교육의 원칙적 금지는 우리나
라를 오늘날의 세계적 지식과 문화의 경쟁에서 낙후되게 할 것이며, 학습
의 장소를 굳이 법이 정하는 학원, 교습소의 영업장소로 제한하여야 할 합
리적 이유를 찾을 수 없다. 학습의 장소와 자격 등을 국가가 규제함으로써
국민의 지식, 예술의 발현을 통제, 관리하는 것은 헌법정신에 반한다.

(다) 이 사건 법률조항을 그대로 두는 한 우리나라에서는 도제교육이
불가능하여 우수한 연주가를 배출할 수 없고, 전문음악가가 되기 위해서
는 외국으로 나갈 수 밖에 없다.

(라) 어린이에게 교육투자를 많이 한다고 하여 그 어린이가 남보다 뛰어
나게 된다는 논리는 입증되지 않았으며 설령 그로 인한 불공평이 있다 하
더라도 그 불공평을 학교, 학원, 교습소 이외의 배움 자체를 금지하는 방법
으로 해소하는 것은 타당하지 않다. 또 일부 고액과외의 폐단이 있다고 하

여 국민의 가정경제가 파탄된다고 보거나, 청소년들의 정상적 성장이 저해
된다고 일반화하는 것은 타당하지 않으며, 국가가 가격통제의 방법으로 레
슨을 금지하고 학교, 학원, 교습소를 규격화하는 것은 정당화될 수 없다.

(마) 입시부정, 교수 등의 본업에의 불충실, 남의 궁박을 이용하는 부당
이득자, 탈세 등의 행위에 대하여는 입시제도를 개선하고, 엄격한 처벌과
제재에 의한 법의 지배를 확립함으로써 대처할 것이지 이러한 폐단을 막기
위하여 수월성의 추구와 가르치고 배우는 자유를 희생시키는 것은 본말이
전도된 것이다.

(바) 부모가 어린 자녀를 교육시키고 스승이 이를 가르치는 자유는 다
른 사람의 자유나 권리와 충돌하지 않는 가장 평화로운 자유이다. 세계적
으로 유례를 볼 수 없는 배우고 가르치는 자유, 예술을 키우는 자유를 공
격하는 악평등주의의 이 사건 법률조항은 위헌이다.

다. 교육부 장관의 의견
(1) 적법요건에 대하여
(가) 청구기간

법은 사설강습소에관한법률이 1995. 8. 4. 법률 제4964호로 전문개정된
것이다. 이 사건 헌법소원은 법 시행일로부터 헌법재판소법 제69조 제1항
의 심판청구기간이 도과한 뒤에 심판청구한 것이다.

(나) 직접성, 자기관련성 등

이 사건 법률조항으로 인하여 청구인들이 직접, 현재, 자기의 기본권을
침해받고 있다고 할 수 없다.

청구인들은 불특정한 영재아의 기본권침해 가능성을 주장하나, 이 부분
은 기본권 침해의 자기관련성이 없다.

또, 청구인들은 현직 대학교수 또는 명예교수로서 국가공무원법 제64조
의 영리업무 및 겸직금지조항 및 사립학교법 제55조의 준용규정에 의하여
학원이나 교습소의 설립·운영 또는 기타 영리를 위한 행위 등에의 종사에
제한을 받고 있으므로 위 규정들에 대한 위헌제청신청 또는 헌법소원을
먼저 거쳤어야 한다. 그와 같은 절차를 거치지 않고 바로 이 사건 법률조항
에 대하여 한 이 사건 헌법소원은 부적법하다.

(2) 본안에 대하여

(가) 우리 헌법에서는 학교교육과 재가교육 중 양자택일할 권리가 인정되지 않는다고 볼 것이므로 재가교육의 일종인 과외교습을 받을 권리는 인정되지 아니한다.

또 과외교습을 교육을 받을 권리에 포함된다고 하여 이를 허용할 경우 부모의 경제상태에 따라 교육의 기회에 차별이 생길 것이므로 헌법 제31조 제1항의 "능력에 따라 균등하게 교육을 받을 권리"를 보장할 수 없게 된다.

(나) 과외는 그 효과가 별로 없는 반면 많은 폐해를 야기한다. 과외의 폐단으로서는 학생들이 자주적 학습태도를 결여하고 의존적 성격을 형성하게 된다는 점, 과도한 과외수업으로 인하여 건전한 신체적, 정서적 성장을 기대할 수 없게 되고, 경쟁의식으로 인하여 협동심, 공동체의식을 기를 수 없게 되는 점, 학교에서는 교사와 학생 모두가 학교교육을 소홀히 하여 학교교육이 황폐화되게 된다는 점, 가정에서는 특히 저소득층의 가정경제에 피해를 주고 사회구성원 간에 위화감을 조성한다는 점, 음악교습의 경우 입시부정이 있는 점 등이 있다. 이 사건 법률조항은 이러한 폐단의 해소, 학교교육의 정상적 발전, 건전한 법질서의 확립을 위하여 마련된 것으로서 헌법 제37조 제2항의 국가안전보장, 질서유지, 공공복리를 위하여 필요한 자유의 제한에 해당한다.

(다) 법에서 제한하는 과외교습은 고액의 개연성이 강하고 사회문제를 일으킬 소지가 큰 일반인(현직교사, 학원강사 등)에 의한 것에 한정되고, 학교에서의 보충수업, 친족에 의한 과외교습, 대학생이나 대학원생의 과외교습, 학원수강, 교습소에서의 예능교습 등은 허용되는 것이므로 기본권을 지나치게 제한하였다고 할 수 없고, 가정주부 등의 과외교습을 허용할 경우 과외의 은밀성과 부모의 이기심으로 인하여 학원강사 등의 불법과외 성행을 방지하기 어렵게 된다. 또 과외금지로 인한 공익을 고려할 때 과외금지로 인하여 과외를 하지 못하는 가정주부 등이 불이익을 받는다 하더라도 법익의 균형성을 잃지 않는 것이다. 결국 법에 의한 과외금지는 규제의 합리성을 가지고 있고 과잉금지원칙에 어긋나지 아니한다.

(라) 고액과외는 사회질서유지 및 공익에 유해한 것이고, 교육받을 권리에 있어서의 기회균등원칙에 위배되는 것이므로 과외교습금지는 "모든 사

회적 폐습과 불의를 타파"할 것을 규정한 헌법전문의 내용에 부합하는 것이다.

(마) 과외교육은 주입식교육으로서 학생들의 문제해결능력, 사고력, 창의력발달을 오히려 저해하는 경향이 있으므로 과외교습금지가 사교육에 대한 압제나 국제화 시대의 국민능력개발에 장애가 된다거나 문화국가이념에 배치된다고 할 수 없다.

라. 법무부 장관의 의견
대체로 교육부 장관의 의견과 같다.

3. 판단

가. 적법요건에 관한 판단(98헌마429)법령에 대한 헌법소원은 그 법령이 시행된 사실을 안 날로부터 60일 이내에, 법령이 시행된 날로부터 180일 이내에 청구하여야 하나(헌법재판소법 제69조 제1항, 제68조 제1항), 법령이 시행된 뒤에 비로소 그 법령에 해당되는 사유가 발생하여 기본권의 침해를 받게 된 자는 그 사유가 발생하였음을 안 날로부터 60일 이내에, 그 사유가 발생한 날로부터 180일 이내에 헌법소원을 청구하여야 한다.

이 사건 법률조항은 1995. 8. 4. 법률 제4964호로 전문개정되어 1996. 1. 1.부터 시행되었고, 청구인들은 법 시행 당시 이미 전문음악인들이었던 것으로 인정되므로 "사유발생일"을 언제로 볼 것인가가 문제된다.

청구기간의 기산점을 판단함에 있어서, 일반인을 수범자로 하는 금지규정과 형벌규정을 둔 법이 시행되는 경우 법시행과 동시에 모든 사람에 대하여 바로 법률에 해당하는 사유가 발생하였다고 볼 것은 아니며, 심판청구인에 대한 구체적, 현실적인 침해사유가 있어야 비로소 법률에 해당하는 사유가 발생하였다고 할 것이다. 다만, 기본권 보장의 실효성을 높이기 위해서 구체적 기본권의 침해가 있기 전이라도 그 침해가 확실히 예상될 때는 미리 헌법소원을 청구할 수 있다고 본다. 즉, 현재성이 인정될 수 있다(헌재 1996. 3. 28. 93헌마198, 판례집8-1, 241, 250 참조).

이 사건 법률조항의 수범자는 일반인이며, 사실상 관련이 있는 직업군도

범위를 정하여 특정하기 곤란하다. 과거 청구인들과 같은 전문음악인들 중에는 과외교습을 하는 이들이 다수 있었음에 틀림없으나 이것이 직업의 성격상 당연한 것이라고 일반화할 수는 없다. 그러므로 청구인들이 법 시행 당시 혹은 그 후에 실제로 과외교습을 하였다는 자료가 없는 이상 법률에 해당하는 구체적, 현실적 사유발생은 아직 없었다고 할 것이므로 청구기간은 도과하지 않았다고 판단된다(헌재 1992. 11. 12. 89헌마88, 판례집 4, 739, 750 ; 1994. 6. 30. 91헌마162, 판례집 6-1, 672, 676 참조).

다만 청구인들의 헌법소원이 적법하기 위해서는 기본권침해의 법적관련성, 즉 자기관련성, 현재성, 직접성을 갖추어야 할 것이므로 이와 같은 법적관련성을 갖추었는지 본다.

청구인들은 예능의 과외교습을 받고자 하는 아동, 학생들을 가르치기를 희망하고 있고 과외교습을 할 수 있는 객관적 여건도 갖추고 있으나, 이를 금지하고 있는 이 사건 법률조항 때문에 과외교습을 자유롭게 할 수 있는 자유를 제한받고 있음을 인정할 수 있다. 한편, 이 사건 법률조항에서는 금지하는 과외교습을 행한 경우에 형벌을 부과하도록 규정하고 있으므로 별도의 집행행위를 기다릴 것 없이 법률에 의하여 바로 과외교습을 하지 않을 의무를 직접 부담하고 있다. 청구인들 중 일부는 대학교수로서 국가공무원법 제64조의 영리업무 및 겸직금지조항 및 사립학교법 제55조의 준용규정에 의하여 과외교습을 자유로이 할 수 없는 제한을 받고 있기는 하지만 이 사건 법률조항에 의한 제한도 중첩적으로 받고 있으므로 위 조항들은 이 사건 법률조항에 관한 청구인들의 법적관련성에 영향을 미치지 않는다.

그렇다면, 기본권침해의 자기관련성, 현재성, 직접성은 모두 갖추어졌다 할 것이므로, 이 사건 심판청구는 적법하다.

나. 본안에 관한 판단
(1) 헌법의 교육이념
(가) 부모의 자녀교육권
헌법 제36조 제1항은 "혼인과 가족생활은 개인의 존엄과 양성의 평등을 기초로 성립되고 유지되어야 하며, 국가는 이를 보장한다"고 하여 혼인 및 그에 기초하여 성립된 부모와 자녀의 생활공동체인 가족생활이 국가의 특별한 보호를 받는다는 것을 규정하고 있다. 이 헌법규정은 소극적으로는 국가권력의 부당한 침해에 대한 개인의 주관적 방어권으로서 국가권력이 혼인과 가정이란 사적인 영역을 침해하는 것을 금지하면서, 적극적으로는 혼인과 가정을 제3자 등으로부터 보호해야 할 뿐이 아니라 개인의 존엄과 양성의 평등을 바탕으로 성립되고 유지되는 혼인·가족제도를 실현해야 할 국가의 과제를 부과하고 있다.

혼인과 가족의 보호는 헌법이 지향하는 자유민주적 문화국가의 필수적인 전제조건이다. 개별성·고유성·다양성으로 표현되는 문화는 사회의 자율영역을 바탕으로 하고, 사회의 자율영역은 무엇보다도 바로 가정으로부터 출발하기 때문이다. 헌법은 가족제도를 특별히 보장함으로써, 양심의 자유, 종교의 자유, 언론의 자유, 학문과 예술의 자유와 같이 문화국가의 성립을 위하여 불가결한 기본권의 보장과 함께, 견해와 사상의 다양성을 그 본질로 하는 문화국가를 실현하기 위한 필수적인 조건을 규정한 것이다. 따라서 헌법은 제36조 제1항에서 혼인과 가정생활을 보장함으로써 가족의 자율영역이 국가의 간섭에 의하여 획일화·평준화되고 이념화되는 것으로부터 보호하고자 하는 것이다.

그런데 가족생활을 구성하는 핵심적 내용 중의 하나가 바로 자녀의 양육과 교육이다. 자녀의 양육과 교육은 일차적으로 부모의 천부적인 권리인 동시에 부모에게 부과된 의무이기도 하다. 부모가 자녀의 교육에 관하여 스스로 자유롭고 독자적으로 결정할 수 있는 경우에만, 가족은 자유민주적 문화국가에서의 자녀의 양육 및 교육이란 과제를 이행할 수 있고, 문화국가가 요구하는 교육의 다양성을 보장할 수 있다.

'부모의 자녀에 대한 교육권'은 비록 헌법에 명문으로 규정되어 있지는 아니하지만, 이는 모든 인간이 국적과 관계없이 누리는 양도할 수 없는 불가침의 인권으로서 혼인과 가족생활을 보장하는 헌법 제36조 제1항, 행복추구권을 보장하는 헌법 제10조 및 "국민의 자유와 권리는 헌법에 열거되지 아니한 이유로 경시되지 아니한다"고 규정하는 헌법 제37조 제1항에서 나오는 중요한 기본권이다. 헌법재판소는 부모의 중등학교 선택권을 제한한 것과 관련하여 "부모는 아직 성숙하지 못하고 인격을 닦고 있는 초·중·

고등학생인 자녀를 교육시킬 교육권을 가지고 있으며, 그 교육권의 내용 중 하나로서 자녀를 교육시킬 학교선택권이 인정된다"고 판시한 바 있고(헌재 1995. 2. 23. 91헌마204, 판례집 7-1, 267, 274), 국정교과서 제도와 관련된 사건에서도 학교교육에서 교사의 가르치는 권리는 "자연법적으로는 학부모에게 속하는 자녀에 대한 교육권을 신탁받은 것이고, 실정법상으로는 공교육의 책임이 있는 국가의 위임에 의한 것이다"고 밝힘으로써(헌재 1992. 11. 12. 89헌마88, 판례집 4, 739, 756) 이미 몇 개의 결정을 통하여 부모의 자녀교육권을 인정하였다.

부모의 자녀교육권은 다른 기본권과는 달리, 기본권의 주체인 부모의 자기결정권이라는 의미에서 보장되는 자유가 아니라, 자녀의 보호와 인격 발현을 위하여 부여되는 기본권이다. 다시 말하면, 부모의 자녀교육권은 자녀의 행복이란 관점에서 보장되는 것이며, 자녀의 행복이 부모의 교육에 있어서 그 방향을 결정하는 지침이 된다.

부모는 자녀의 교육에 관하여 전반적인 계획을 세우고 자신의 인생관·사회관·교육관에 따라 자녀의 교육을 자유롭게 형성할 권리를 가지며, 부모의 교육권은 다른 교육의 주체와의 관계에서 원칙적인 우위를 가진다. 한편, 자녀의 교육에 관한 부모의 '권리와 의무'는 서로 불가분의 관계에 있고 자녀교육권의 본질을 결정하는 구성요소이기 때문에, 부모의 자녀교육권은 '자녀교육에 대한 부모의 책임'으로도 표현될 수 있다. 따라서 자녀교육권은 부모가 자녀교육에 대한 책임을 어떠한 방법으로 이행할 것인가에 관하여 자유롭게 결정할 수 있는 권리로서 교육의 목표와 수단에 관한 결정권을 뜻한다. 즉, 부모는 어떠한 방향으로 자녀의 인격이 형성되어야 하는가에 관한 목표를 정하고, 자녀의 개인적 성향·능력·정신적, 신체적 발달 상황 등을 고려하여 교육목적을 달성하기에 적합한 교육수단을 선택할 권리를 가진다. 부모의 이러한 일차적인 결정권은, 누구보다도 부모가 자녀의 이익을 가장 잘 보호할 수 있다는 사고에 기인하는 것이다.

(나) 교육에 대한 국가의 책임

그러나 부모는 헌법 제36조 제1항에 의하여 자녀교육에 대한 독점적인 권리를 부여받는 것은 아니다. 헌법 제31조 제1항은 "모든 국민은 능력에 따라 균등하게 교육을 받을 권리를 가진다"라고 규정하여 국민의 교육을 받을 권리를 보장하고 있다. 교육을 받을 권리는 국민이 인간으로서의 존엄과 가치를 가지며 행복을 추구하고(헌법 제10조) 인간다운 생활을 영위하는 데(헌법 제34조 제1항) 필수적인 전제이자 다른 기본권을 의미 있게 행사하기 위한 기초이고, 민주국가에서 교육을 통한 국민의 능력과 자질의 향상은 바로 그 나라의 번영과 발전의 토대가 되는 것이므로, 헌법이 교육을 국가의 중요한 과제로 규정하고 있는 것이다.

헌법은 제31조 제1항에서 '교육을 받을 권리'를 보장함으로써 국가로부터 교육에 필요한 시설의 제공을 요구할 수 있는 권리 및 각자의 능력에 따라 교육시설에 입학하여 배울 수 있는 권리를 국민의 기본권으로서 보장하면서, 한편, 국민 누구나 능력에 따라 균등한 교육을 받을 수 있게끔 노력해야 할 의무와 과제를 국가에게 부과하고 있는 것이다(헌재 1991. 2. 11. 90헌가27, 판례집3, 11, 18-19 ; 헌재 1992. 11. 12. 89헌마88, 판례집 4, 739, 750-752 참조). '교육을 받을 권리'란, 국민이 위 헌법규정을 근거로 하여 직접 특정한 교육제도나 학교시설을 요구할 수 있는 권리라기 보다는 모든 국민이 능력에 따라 균등하게 교육을 받을 수 있는 교육제도를 제공해야 할 국가의 의무를 규정한 것이다. 즉, '교육을 받을 권리'란, 모든 국민에게 저마다의 능력에 따른 교육이 가능하도록 그에 필요한 설비와 제도를 마련해야 할 국가의 과제와 아울러 이를 넘어 사회적·경제적 약자도 능력에 따른 실질적 평등교육을 받을 수 있도록 적극적인 정책을 실현해야 할 국가의 의무를 뜻한다.

이에 따라 국가는 다른 중요한 국가과제 및 국가재정이 허용하는 범위 내에서 민주시민이 갖추어야 할 최소한의 필수적인 교육과정을 의무교육으로서 국민 누구나가 혜택을 받을 수 있도록 제공해야 한다. 헌법 제31조 제2항 및 제3항은 이에 상응하여 국가가 제공하는 의무교육을 받게 해야 할 '부모의 의무' 및 '의무교육은 무상임'을 규정하고 있다. 특히 같은 조 제6항은 "학교교육 및 평생교육을 포함한 교육제도와 그 운영, 교육재정 및 교원의 지위에 관한 기본적인 사항은 법률로 정한다"고 함으로써 학교교육에 관한 국가의 권한과 책임을 규정하고 있다. 위 조항은 국가에게 학교제도를 통한 교육을 시행하도록 위임하였고, 이로써 국가는 학교제도에 관한 포괄적인 규율권한과 자녀에 대한 학교교육의 책임을 부여받았다. 따라서 국가는 헌법 제31조 제6항에 의하여 모든 학교제도의 조직, 계획, 운영, 감독에 관한 포괄적인 권한, 즉, 학교제도에 관한 전반적인 형성권과 규율권을 가지고 있다.

학교교육의 영역에서도 부모의 교육권이 국가의 교육권한에 의하여 완전히 배제되는 것은 아니다. 학교교육을 통한 국가의 교육권한은 부모의 교육권 및 학생의 인격의 자유로운 발현권, 자기결정권에 의하여 헌법적인 한계가 설정된다. 그러나 학교교육에 관한 한, 국가는 헌법 제31조에 의하여 부모의 교육권으로부터 원칙적으로 독립된 독자적인 교육권한을 부여받았고, 따라서 학교교육에 관한 광범위한 형성권을 가지고 있다. 그러므로 국가에 의한 의무교육의 도입이나 취학연령의 결정은 헌법적으로 하자가 없다(헌재 1994. 2. 24. 93헌마192, 판례집 6-1, 173 참조). 학교제도에 관한 국가의 규율권한과 부모의 교육권이 서로 충돌하는 경우, 어떠한 법익이 우선하는가의 문제는 구체적인 경우마다 법익형량을 통하여 판단해야 하는데, 자녀가 의무교육을 받아야 할지의 여부와 그의 취학연령을 부모가 자유롭게 결정할 수 없다는 것은 부모의 교육권에 대한 과도한 제한이 아니다. 마찬가지로 국가는 교육목표, 학습계획, 학습방법, 학교제도의 조직 등을 통하여 학교교육의 내용과 목표를 정할 수 있는 포괄적인 규율권한을 가지고 있다.

(다) 부모의 교육권과 국가의 교육책임과의 관계

위에서 본 바와 같이, 자녀의 교육은 헌법상 부모와 국가에게 공동으로 부과된 과제이므로 부모와 국가의 상호연관적인 협력관계를 필요로 한다. 자녀의 교육은 일차적으로 부모의 권리이자 의무이지만, 헌법은 부모 외에도 국가에게 자녀의 교육에 대한 과제와 의무가 있다는 것을 규정하고 있다. 국가의 교육권한 또는 교육책임은 무엇보다도 학교교육이라는 제도교육을 통하여 행사되고 이행된다. 자녀에 대한 교육의 책임과 결과는 궁극적으로 그 부모에게 귀속된다는 점에서, 국가는 제2차적인 교육의 주체로서 교육을 위한 기본조건을 형성하고 교육시설을 제공하는 기관일 뿐이다. 따라서 국가는 자녀의 전반적인 성장 과정을 모두 규율하려고 해서는 아니 되며, 재정적으로 가능한 범위 내에서 피교육자의 다양한 성향과 능력이 자유롭게 발현될 수 있는 학교제도를 마련하여야 한다.

따라서 자녀의 양육과 교육에 있어서 부모의 교육권은 교육의 모든 영역에서 존중되어야 하며, 다만, 학교교육의 범주 내에서는 국가의 교육권한이 헌법적으로 독자적인 지위를 부여받음으로써 부모의 교육권과 함께 자녀의 교육을 담당하지만, 학교 밖의 교육영역에서는 원칙적으로 부모의 교육권이 우위를 차지한다.

(라) 헌법 제31조와 사교육과의 관계

헌법은 자유권적 기본권의 보장을 통하여 개인이 자유를 행사함으로써 필연적으로 발생하는 사회 내에서의 개인 간의 불평등을 인정하면서, 다른 한편, 사회적 기본권의 보장을 통하여 되도록 국민 누구나가 자력으로 자신의 기본권을 행사할 수 있는 실질적인 조건을 형성해야 할 국가의 의무, 특히 헌법 제31조의 '교육을 받을 권리'의 보장을 통하여 교육영역에서의 기회균등을 이룩할 의무를 부과하고 있다. 따라서 헌법 제31조의 '능력에 따라 균등한 교육을 받을 권리'는 국가에 의한 교육제도의 정비·개선 외에도 의무교육의 도입 및 확대, 교육비의 보조나 학자금의 융자 등 교육영역에서의 사회적 급부의 확대와 같은 국가의 적극적인 활동을 통하여 사인 간의 출발 기회에서의 불평등을 완화해야 할 국가의 의무를 규정한 것이다. 그러나 위 조항은 교육의 모든 영역, 특히 학교교육 밖에서의 사적인 교육영역에까지 균등한 교육이 이루어지도록 개인이 별도로 교육을 시키거나 받는 행위를 국가가 금지하거나 제한할 수 있는 근거를 부여하는 수권 규범이 아니다. 오히려 국가는 헌법이 지향하는 문화국가이념에 비추어, 학교교육과 같은 제도교육 외에 사적인 교육의 영역에서도 사인의 교육을 지원하고 장려해야 할 의무가 있는 것이다. 경제력의 차이 등으로 말미암아 교육의 기회에 있어서 사인 간에 불평등이 존재한다면, 국가는 원칙적으로 의무교육의 확대 등 적극적인 급부 활동을 통하여 사인 간의 교육기회의 불평등을 해소할 수 있을 뿐, 과외교습의 금지나 제한의 형태로 개인의 기본권행사인 사교육을 억제함으로써 교육에서의 평등을 실현할 수는 없는 것이다.

(2) 이 사건 법률조항의 내용

(가) 이 사건 심판 대상인 법 제3조는 몇 가지의 예외적인 경우를 제외

하고는 과외교습을 원칙적으로 금지하는 내용의 조항이고, 법 제22조 제1항 제1호는 법 제3조에 위반하여 과외교습을 한 자를 형사처벌한다는 내용의 형벌조항이다.

법 제3조에서 금지하는 '과외교습'이란, "초·중·고등학교 재학생과 학교입학 또는 학력인정의 검정을 위한 수험준비생(이하 '초·중·고등학생 등'이라 한다)에게 지식·기술·예능을 교습하는 행위"(법 제2조 제3호 본문)를 말한다.

그런데 초·중·고등학생 등을 대상으로 하는 과외교습 행위라 하더라도 학교, 도서관, 박물관, 사업체의 직원연수시설, 사회교육시설, 학교부설시설, 기타의 사회교육시설에서 설치목적에 따라 행하는 교습행위, 동일 호적 내의 친족이 하는 교습행위, 대통령령이 정하는 봉사활동에 속하는 교습행위는 '과외교습'의 개념에서 제외된다(법 제2조 제3호 단서). 또한 초·중·고등학생 등을 대상으로 하는 교습행위라고 정의하였으므로 미취학아동에게 국어, 영어, 예능 등을 교습하는 행위는 과외교습 개념에서 제외된다. 그러나 교습하는 내용 또는 분야에 대해서는 학교교과목으로 한정하거나 특정 분야들을 명시함이 없이 "지식·기술·예능"을 교습하는 행위라고 하였으므로, 교습내용 또는 분야는 한정되지 않는다.

(나) 법 제3조는 학습자가 초·중·고등학생 등인 경우에 한하여 학교교육 밖에서 가르치고 배우는 행위를 원칙적으로 금지한 다음, 그에 대한 예외로서 몇 가지 유형을 특정하여 허용하고 있는데, 법 제3조의 구체적인 규율내용을 살펴보면 다음과 같다.

첫째, 초·중·고등학생 등에게 학원과 교습소에서 기술, 예능, 대통령령이 정하는 과목을 교습하는 행위는 허용된다(법 제3조 제1호). 여기서 "대통령령이 정하는 과목"이라 함은 초등학교·중학교 및 고등학교의 모든 교육과정에 포함되어 있지 아니한 교과를 말한다. 이에 따라 법 제3조 제3호에 의하여 허용되는 대학(원)생의 과외교습을 제외하면, 기술, 예능, 학교교과목 이외의 지식에 대한 개인교습이 금지됨으로써, 일반인은 학원이나 교습소를 설립·운영하지 않고서는 초·중·고등학생 등을 대상으로 지식·기술·예능을 무료로도 가르칠 수 있는 길이 없다.

둘째, 학원에서 중·고등학생 등에게 교과목을 교습하는 행위는 허용된다(법 제3조 제2호). 이에 따라 법 제3조 제3호가 허용하는 대학(원)생의 개인교습을 제외하면, 중·고등학교 학생들에 대한 교과목의 학원 외에서의 개인교습이 금지되며, 초등학교 학생들에 대하여는 교과목의 학원 외에서는 물론 학원에서의 개인교습까지 모두 금지된다. 그러므로 예컨대 초등학교 3학년부터 교과목으로 채택된 영어를 대학(원)생 이외의 사람이 해당 학년 초등학생에게 가르치는 행위, 보충학습학원·속셈학원·웅변학원 등에서 초등학생에게 국어, 수학 등의 교과목을 교습하는 것 등은 모두 적법하지 않다. 또한 초·중·고등학생 등을 대상으로 학습지나 학습용 테이프를 판매한 뒤의 방문학습지도나, 전화, 팩스, 컴퓨터통신에 의한 교습도 금지된 교습의 범위에 들어간다.

셋째, 대학 등에 재적 중인 대학생과 대학원생이 과외교습을 하는 것은 허용된다(법 제3조 제3호). 이 경우 교습과목에 대하여는 아무런 제한을 두고 있지 않으므로, 대학생과 대학원생은 초·중·고등학생 등에게 교과목·비교과목·기술·예능을 아무런 제한 없이 가르칠 수 있는 것으로 해석된다.

결국 대학(원)생을 제외한 개인은 학원이나 교습소의 설립을 통해서만 과외교습을 할 수 있고, 배우고자 하는 학생은 학원, 교습소에 가거나 대학(원)생을 통해서만 과외교습을 받을 수 있다는 것이 법 제3조의 핵심적인 규율 내용이다.

(3) 이 사건 법률조항의 위헌여부

(가) 법 제3조에 의하여 제한되는 기본권

1) 헌법재판소는 헌법 제107조 제1항, 제111조 제1항 제1호에 의한 위헌법률심판절차에 있어서 규범의 위헌성을 제청법원이나 제청신청인이 주장하는 법적 관점에서만이 아니라, 심판대상규범의 모든 법적 효과를 고려하여 모든 헌법적인 관점에서 심사한다. 법원의 위헌제청을 통하여 제한되는 것은 심판의 대상일 뿐, 위헌심사의 기준이 아니다(헌재 1996. 12. 26. 96헌가18, 판례집 8-2, 680, 690). 마찬가지로 헌법소원심판의 청구가 적법하기 위해서는 청구인에 대한 기본권의 침해 가능성이 존재해야 하지만, 일단 헌법소원이 적법하게 제기된 경우에는 헌법재판소는 본안판단을 함에

있어서 모든 헌법규범을 심사기준으로 삼음으로써 청구인이 주장한 기본권의 침해여부에 관한 심사에 한정하지 아니하고 모든 헌법적 관점에서 심판대상의 위헌성을 심사한다(헌재 1997. 12. 24. 96헌마172등, 판례집 9-2, 842, 862).

2) 법 제3조는 대학(원)생을 제외한 일반인이 과외교습을 직업으로 선택하고자 하는 경우에는 학원이나 교습소를 설립하여야 하는 제한을 가하고 있다. 따라서 법 제3조는 개인이 국가의 간섭을 받지 아니하고 원하는 직업을 자유롭게 선택할 수 있는 권리를 보장하는 기본권인 직업선택의 자유(헌법 제15조)를 제한하는 규정이다.

한편, 법 제3조는 학원이나 교습소가 아닌 장소에서 교습비의 유무상 여부 또는 그 액수의 다과를 불문하고 가르치는 행위를 금지하고 있다. 직업의 자유에 의하여 헌법상 보호되는 생활영역인 '직업'은 그 개념상 '어느 정도 지속적인 소득 활동'을 그 요건으로 하므로, 무상 또는 일회적·일시적으로 가르치는 행위는 헌법 제15조의 직업의 자유에 의하여 보호되는 생활영역이 아니다. 이러한 성격과 형태의 가르치는 행위는 일반적 행동의 자유에 속하는 것으로서 헌법 제10조의 행복추구권에 의하여 보호된다.

3) 법 제3조는 비록 직접적으로는 과외교습을 하려는 교습자에게만 과외교습을 금지하고 있지만, 그 결과 실질적으로는 학습자의 위치에 있는 초·중·고등학생 등이 학교교육 밖에서 자유로이 배우는 행위를 제한함으로써 배우고자 하는 아동과 청소년의 행복추구권을 제한하고 있다. 행복추구권은 일반적인 행동의 자유와 인격의 자유로운 발현권을 포함하는데, 과외교습금지에 의하여 학생의 '인격의 자유로운 발현권'이 제한된다. 학습자로서의 아동과 청소년은 되도록 국가의 방해를 받지 아니하고 자신의 인격, 특히 성향이나 능력을 자유롭게 발현할 수 있는 권리가 있다.

아동과 청소년은 인격의 발전을 위하여 어느 정도 부모와 학교의 교사 등 타인에 의한 결정을 필요로 하는 아직 성숙하지 못한 인격체이지만, 부모와 국가에 의한 교육의 단순한 대상이 아닌 독자적인 인격체이며, 그의 인격권은 성인과 마찬가지로 인간의 존엄성 및 행복추구권을 보장하는 헌법 제10조에 의하여 보호된다. 따라서 헌법은 국가의 교육권한과 부모의 교육권의 범주 내에서 아동에게도 자신의 교육에 관하여 스스로 결정할 권리, 즉 자유롭게 교육을 받을 권리를 부여한다. 이에 따라 아동은 학교교육 외에 별도로 과외교습을 받아야 할지의 여부와 누구로부터 어떠한 형태로 과외교습을 받을 것인가 하는 방법에 관하여 국가의 간섭을 받지 아니하고 자유롭게 결정할 권리를 가진다.

4) 법 제3조에 의하여 제한되는 중요한 기본권은 부모의 자녀에 대한 교육권이다. 부모는 자녀의 교육과 관련하여 무엇이 자녀의 인격발전을 위하여 중요하고 필요한가를 결정할 수 있는 자율영역이 주어져야 함은 앞에서 본 바와 같고, 부모의 자녀에 대한 이러한 교육권은 천부적인 권리로서 헌법 제36조 제1항, 제10조, 제37조 제1항에서 파생하는 기본권이다. 따라서 과외교습금지를 규정한 법 제3조는 자녀교육에 대한 결정권인 부모의 교육권을 제한하는 규정이다.

5) 그러므로 법 제3조에 의하여 제한되는 기본권은, 배우고자 하는 아동과 청소년의 인격의 자유로운 발현권, 자녀를 가르치고자 하는 부모의 교육권, 과외교습을 하고자 하는 개인의 직업선택의 자유 및 행복추구권이다.

(나) 법 제3조의 위헌성

1) 법 제3조의 입법배경 및 입법목적

가) 우리나라에서 학력은 개인의 사회적·경제적 지위를 결정하는 데 결정적인 영향을 미쳐 왔고, 국민의 자녀에 대한 높은 교육열은 자녀의 교육을 위하여 부모가 할 수 있는 모든 노력과 투자를 다해야 한다는 정서를 형성하였다. 한편, 국가의 수시로 바뀌는 교육정책과 불충분한 교육투자로 말미암아 학교교육의 질과 여건이 국민의 기대수준에 미치지 못함에 따라 이를 사적으로 해결하려는 사교육에의 관심과 열기를 유발하게 되었고, 소득수준의 향상과 더불어 한정된 고등교육의 기회를 얻기 위한 경쟁은 날이 갈수록 치열해져서 대학입시를 둘러싼 과외교습경쟁이 과도한 지경에 이르렀던 것이 과외교습금지가 최초로 법제화된 1981년 당시의 상황이었다.

이러한 사회적 배경에서 사설강습소에관한법률(1981. 4. 13. 법률 제 3433호로 개정된 것)이 1981. 4. 13. 개정·시행됨으로써 과외교습은 거의 전면적으로 금지되었다. 이때부터 과외교습은 겉으로는 줄어들었으나 불법

과외교습이 적지 아니 행하여졌고, 1989. 6. 16. 시행된 학원의설립·운영에 관한법률(1989. 6. 16. 법률 제4133호로 개정된 것이고, 이때 위 법률의 명 칭이 변경됨)에 의하여 초·중·고등학생 등의 학원과외교습과 대학(원)생 과외교습이 허용되면서 다시 증가하게 되어 1995. 8. 4. 같은 법률이 전문 개정되면서 생긴 법 제3조가 입법될 당시의 제반 여건은 1981년 이전의 상황과 별로 차이가 없었던 것으로 보인다.

이른바 학력제일주의의 사회구조, 한정된 고등교육의 기회, 학교에서 양 질의 교육을 제공받기 어려운 상황에서, 사교육의 차이는 곧 입시경쟁에서 의 경쟁 능력의 차이를 의미하는 것이므로 사교육 경쟁에서 뒤지는 자는 고등교육의 기회에 참여함에 있어서 불이익을 받게되어 장기적으로는 사회 적·경제적 지위의 상대적 약화로 연결될 수 있는 것이었다.

과외교습의 과열경쟁은 학부모의 경제적 부담 외에도 여러 가지 부정적 인 부작용을 초래하였는바, 즉, 학생의 측면에서 창의성과 자기주도적인 학 습능력의 결여, 학교교육 밖에서의 경쟁의 과열화로 인한 학교교육의 부실 화 또는 황폐화, 경제적인 이유로 과외교습을 할 수 없는 부모와 자녀의 경 우 교육경쟁에서의 불리함과 상대적 박탈감 등과 아울러 낭비적인 인적, 물적 투자가 국민경제의 관점에서도 바람직하지 않다는 점 등이다.

나) 이러한 과열과외교습을 해소하는 근본적이고 바람직한 방법은, 학력 제일주의의 사회적 구조를 개선하여 능력이 중시되는 사회를 만들고, 많은 재정투자를 통하여 학교교육의 환경을 개선하여 교육의 질을 높이며, 고등 교육기관을 균형 있게 발전시킴과 아울러 평생교육제도를 확충하고, 특히 대학입학제도를 개선하여 과외교습 수요를 감소시키는 것이라 할 것이다. 그러나 교육에 관련된 이러한 문제는 모든 사회현상과 서로 밀접하게 연관 되어 있는 것이므로 짧은 시간 안에 개선되기를 기대하기는 어려운 것이다. 이미 오래전부터 대학입시를 둘러싼 사교육의 과열경쟁이 사회의 병리적 현상으로 되었고, 학부모 또한 이러한 병리적 현상을 스스로 인식하면서도 이를 배척하거나 극복하려고 하기보다는 오히려 자기자녀의 이익만을 위하 여 이에 편승함으로써 사회적 병리현상이 심화되는 데 기여하는 주역이자 동시에 이로 인한 희생자가 되었다.

이러한 사회적 배경에서 볼 때, 법 제3조에서 과외교습을 원칙적으로 금지한 것은 당장의 현실적인 폐해가 너무 커서 이를 장기간 방치하기 어려운 상황에서 입학시험과 관련하여 발생하는 과열된 사교육경쟁을 방지하고 이로써 학교교육을 정상화하고, 다수 국민의 경제적 부담을 완화시키기 위하여 부득이하게 채택된 수단이라고 할 것이다.

그렇다면 법 제3조의 입법의 사회적 배경과 앞에서 본 규율내용에 비추어 볼 때, 그 입법목적은 고액과외교습을 봉쇄하여 과외교습경쟁에서의 과열을 방지함으로써 학교교육을 정상화하고, 비정상적인 과외교습경쟁이 초래하는 사교육 기회의 차별을 최소화하며, 학부모의 경제적 부담을 덜어주고, 나아가 국가적으로도 비정상적인 교육투자로 인한 인적, 물적 낭비를 줄이자는 데 있다고 할 것이다.

2) 기본권제한의 한계로서의 비례의 원칙

과외교습을 금지하는 법 제3조의 위헌성 여부에 관한 판단은 법 제3조가 달성하려는 입법목적에 의하여 부모의 자녀교육권 및 자녀의 인격발현권에 대한 제한이 정당화될 수 있는가에 달려 있다. 즉, 법 제3조에 의하여 제기되는 헌법적 문제는 교육의 영역에서의 자녀의 인격발현권·부모의 교육권과 국가의 교육책임의 경계 설정에 관한 문제이고, 이로써 국가가 사적인 교육영역에서 자녀의 인격발현권·부모의 자녀교육권을 어느 정도로 제한할 수 있는가에 관한 것이다. 이러한 측면에서 본다면, 과외교습을 직업으로서 자유롭게 선택할 수 있는 자유에 대한 제한은 오히려 부차적인 문제이다.

학교교육에 관한 한, 국가는 교육제도의 형성에 관한 폭넓은 권한을 가지고 있지만, 학교교육 밖의 사적인 교육영역에서는 국가의 규율권한에는 한계가 있다. 국가는 개인의 기본권을 보장해야 하므로 국가가 과외교습과 같은 사적으로 이루어지는 교육을 제한하는 경우에는 특히 자녀인격의 자유로운 발현권과 부모의 교육권을 존중해야 한다는 것이 그것이다. 즉, 부모에게는 제도교육이 충족시키지 못하는 자녀교육의 영역에서 부모의 특별한 소망이 실현될 수 있는 기회가 열려있어야 하며, 자녀에게는 국가의 간섭을 받음이 없이 사교육을 통하여 자신의 다양한 능력, 성향을 발전시킬 수 있는 기회가 보장되어야 한다.

그러나 부모의 교육권, 자녀의 인격발현권, 과외교습을 하고자 하는 자의 직업의 자유가 절대적 기본권이 아니므로 당연히 다른 기본권과 마찬가지로 헌법 제37조 제2항에 의한 제한을 받을 수 있다. 다만, 기본권을 제한하는 경우에는 법치국가적 요청인 비례의 원칙을 준수하여야 한다.

3) 입법목적의 정당성과 수단의 적합성

가) 입법자가 헌법적으로 허용되는 정당한 목적을 추구하는 경우에만, 법 제3조에 의한 기본권의 제한은 허용될 수 있다. 법 제3조를 통하여 달성하고자 하는 입법목적이자 국민의 기본권에 대한 제한을 정당화하는 공익은, 위에서 확인한 바와 같이 지나친 고액과외교습을 봉쇄하여 과외교습 경쟁의 과열을 방지함으로써 학교교육을 정상화하고, 비정상적인 과외교습 경쟁으로 인한 학부모의 경제적 부담을 덜어주며, 국가적으로도 비합리적인 교육투자로 인한 인적, 물적 낭비를 줄이자는 것이다.

그런데 헌법은 재산권과 직업의 자유 등 기본권을 보장함으로써 개인이 경제적 자유를 행사한 결과 각자의 능력에 따라 경제적으로 어느 정도 불평등한 삶을 살 수밖에 없다는 것을 당연한 전제로 하고 있고, 헌법이 부모의 자녀에 대한 교육권 및 재산의 자유로운 사용과 처분을 보장하는 재산권 조항을 통하여 부모가 자신의 인생관·교육관과 경제적 능력에 따라 자녀의 교육을 위하여 서로 다른 정도의 금전적 부담을 하는 것을 당연히 보장하고 있다는 점에 비추어, 고액과외교습을 방지하여 사교육에서의 과열경쟁으로 인한 학부모의 경제적 부담을 덜어주고 나아가 국민이 되도록 균등한 정도의 사교육을 받도록 하려는 법 제3조의 입법목적이 과연 헌법이 허용하는 정당한 공익이 될 수 있는가에 대하여 강한 의문이 제기된다.

나) 개인의 경제적인 능력에 따라 '고액'의 개념에 대한 이해가 서로 다를 수 있기 때문에 경제력이 있는 자에게는 이른바 '고액과외교습'은 '고액'이 아닐 수 있으나, 저소득층에게는 법 제3조가 허용하는 학원과외교습도 '고액'일 수 있다. 국민 스스로 선택한 인생관·사회관을 바탕으로 사회공동체 안에서 각자의 생활을 자신의 책임 아래 스스로 결정하고 형성하는 성숙한 민주시민이 우리 헌법의 인간상이라는 점에 비추어, 학부모 각자가 자신의 인생관·교육관 및 경제력에 따라 자녀의 사교육에 대하여 어느 정도 부담을 할 것인가를 스스로 결정하고 이에 대한 책임과 위험을 지게끔 하는 것이 헌법의 정신에 부합한다. 뿐만 아니라 모든 학생으로 하여금 교

과목, 비교과목, 예술, 기술 등을 망라하는 모든 영역에서 오직 학원과 교습소를 통해서만 사교육을 받도록 규율함으로써 결국 누구나가 거의 같은 수준과 내용의 사적인 교육을 받게 하는 것은, 창의와 개성, 최고도의 능력 발휘를 교육의 이념으로 삼고 국민 개개인의 개별성과 다양성을 지향하는 헌법상의 문화국가원리에도 위배되는 측면이 없지 아니하다.

그러나 이미 위에서 본 바와 같이 사교육의 영역에 관한 한, 우리 사회가 불행하게도 이미 자정능력이나 자기조절능력을 현저히 상실했고, 이로 말미암아 국가가 부득이 개입하지 않을 수 없는 실정이므로 위와 같이 사회가 자율성을 상실한 예외적인 상황에서는 법 제3조가 의도하는 입법목적도 입법자가 '잠정적으로' 추구할 수 있는 정당한 공익이라고 하겠다.

다) 수단의 적합성의 관점에서 보더라도 법 제3조가 학원·교습소·대학(원)생에 의한 과외교습을 허용하면서 그밖에 고액과외교습의 가능성이 있는 개인적인 과외교습을 광범위하게 금지하는 규제 수단을 택하였고, 이러한 수단이 위 입법목적의 달성에 어느 정도 기여한다는 점은 의문의 여지가 없다. 따라서 수단으로서의 적합성도 인정된다 하겠다.

4) 수단의 최소침해성과 법익의 균형성

가) 인류 역사의 발전과 문화는 앞세대의 정신적 활동의 산물이 후세대로 이어짐으로써 비로소 그 뿌리를 내릴 수 있는 것이므로 가르치고 배우는 행위는 역사 발전과 문화진보의 전제조건이다.

모든 개인은 배움을 통하여 저마다 타고난 소질을 계발하고 인격을 고양하며, 사회공동체에서 자립하여 생활할 수 있는 능력과 소양을 기른다. 그러므로 개인의 배울 자유와 권리는 국가공동체가 경제적·문화적으로 발전하기 위한 초석이며, 개인이 인간으로서의 존엄과 가치를 유지하면서 행복하고 인간다운 생활을 추구하기 위한 가장 중요한 기본권 중의 하나다. 이 배울 자유는 교습자·교습내용·교습장소·교습비용 등을 자유로이 결정할 수 있는 권리를 그 내용으로 한다.

특히, 사교육의 영역은 앞서 본 바와 같이 사회의 자율영역으로서, 자녀의 인격발현권·부모의 자녀교육권이 국가의 규율권한에 대하여 원칙적으로 우위를 차지한다. 사적으로 가르치고 배우는 행위 그 자체는 타인의 법익이나 공익을 침해하는 사회적으로 유해한 행위가 아니라 오히려 기본권적으로 보장된 행위이자 문화국가가 장려해야 할 행위이다. 다만, 기본권의 행사과정에서 사회적 위험이 발생하는 등 예외적인 경우에 한하여 국가가 개입하여 규율해야 할 필요가 있을 뿐인 것이다.

그러므로 입법자가 과외교습에 대한 규제를 하고자 하는 경우에는 비록 사회적으로 중대한 위험을 방지하기 위하여 과외교습을 제한하는 경우에도 입법목적을 실현하기에 적합한 여러 수단 중에서 되도록 국민의 기본권을 존중하고 최소로 침해하는 수단을 선택해야 하고, 그 규제의 형식은 '원칙적인 금지'가 아닌 '반사회성을 띈 예외적인 경우'에 한하여 이를 금지하는 것으로 하여야 할 것이다.

나) 법 제3조의 주된 입법목적은 비정상적인 과외교습경쟁을 부추기고 과열시키며 사회적 폐단의 주된 원인이 되는 지나친 고액과외교습을 억제하고자 하는 것이다. 지나친 고액과외교습을 억제하기 위해서는 국가가 과외교습에 대한 가격통제를 해야 할 필요가 있고, 법 제3조는 가격통제의 방법으로서 학원이나 교습소에서의 과외교습만을 허용함으로써 학원이나 교습소의 등록을 통한 가격통제의 방법을 선택하였다. 즉, 입법자는 등록된 학원이나 교습소에서 과외교습이 공개적·양성적으로 이루어지는 경우에는 교습비용에 대한 통제가 용이하기 때문에 이를 허용하고, 한편 대학(원)생의 경우에는 개인적으로 과외교습이 이루어진다 하더라도 고액과외교습의 개연성이 상대적으로 적다고 판단하여 과외교습을 허용하면서, 다른 한편, 개인교습의 경우에는 국가가 이를 파악하는 것이 어렵고 이에 따라 교습비용에 대한 가격통제가 어렵다고 판단하여 이를 전면적으로 금지한 것으로 보인다.

즉, 입법자는 지나친 고액과외교습을 방지하기 위하여 모든 과외교습에 대하여 '원칙적인 금지와 예외적인 허용'이라는 방식을 채택하였고, 이로써 개인의 과외교습을 전면 금지하였다. 그 결과 '고액과외교습의 방지'라는 입법목적의 달성과 아무런 관련이 없는 교습행위, 즉 고액과외교습의 위험성이 없는 교습행위까지도 광범위하게 금지당하게 되었다.

구체적인 예를 살펴보면, 첫째, 고액과외교습은 과열된 사교육경쟁의 산물이며, 과열경쟁은 치열한 입시경쟁에 그 원인이 있으므로 입시경쟁과 관계없는 사교육의 영역, 즉 학교교과목이 아닌 분야의 지식, 예능, 기술의 영역에서 자기계발이나 취미, 여가의 활용 등의 목적으로 이루어지는 개인교습을 금지시키는 것은 입법목적을 달성하기에 필요한 기본권제한의 범위를 넘는 제한이다.

둘째, 초등학생의 교과목 학원수강을 금지하는 것도 입법목적의 달성에 필요한 수단의 정도를 넘는 제한이다. 학원에서 이루어지는 과외교습이 법에 의하여 수강료의 통제를 받는 이상, 초등학생의 교과목 학원수강도 고액과외교습의 위험이 없기 때문이다.

셋째, 초·중·고등학생의 교과목 개인교습은 입시경쟁과 직접 또는 간접적으로 연관성이 있고 이에 따라 고액과외교습으로 변질될 개연성이 있기 때문에 비록 규율의 필요성이 있다고 하더라도, 일반인의 교과목 개인교습 중에는 친척이나 이웃집 가정주부가 저액의 비용을 받고 학생을 가르치는 행위, 특히 음악, 미술 등 예술의 분야에서 뛰어난 예술인이 적정한 교습비용을 받고 가르치는 행위, 컴퓨터통신을 통한 개인교습이나 학습지 등을 판매한 뒤 방문지도를 하는 행위 등과 같이 사회적 해악의 원인이 되지 않는 개인교습이 얼마든지 있을 수 있다.

다) 그럼에도 법 제3조는 과외교습이 그 성질에 비추어 반사회적인 것이 아닐 뿐만 아니라 기본권으로써 보장되는 행위이므로 이를 원칙적으로 허용하되 '반사회성을 띤 예외적인 경우'에 한하여 금지하도록 하여야 할 것임에도, 이를 '원칙적으로 금지하고 예외적으로 허용하는 방식'의 '원칙과 예외'가 전도된 규율형식을 취하고 있다. 뿐만 아니라 그 내용에 있어서도 규제의 편의성만을 강조하여 입법목적달성의 측면에서 보더라도 금지 범위에 포함시킬 불가피한 이유가 없는 행위의 유형까지 광범위하게 포함시키고 있다. 따라서 입법자가 선택한 규제수단인 법 제3조는 입법목적의 달성을 위한 최소한의 불가피한 수단이라고 볼 수 없다.

입법자가 이와 같이 '통제가 쉬운가' 하는 점만을 수단선택의 결정적인 기준으로 삼음으로써 학원과 교습소를 설립하지 않는 개인의 과외교습이 완전히 금지되었고, 그 결과 금지하는 행위의 범위가 넓어짐에 따라 국가가 법의 실효성을 유지하기 위하여 감시하고 적발해야 하는 불법과외교습의 범위 또한 확대되었다. 물론, 일반인에 의한 개인교습을 전면 금지하지 않으면 고액과외교습을 적발하기 위한 인력과 예산이 턱없이 부족한 상황에서 입법목적의 실효성을 거둘 수 없다는 주장이 있을 수 있다. 그러나 인력과 예산의 부족이 중요한 기본권의 무분별한 제한을 허용하는 정당한 이유가 될 수 없다. 뿐만 아니라 불법과외교습은 그 자체가 파악하기 어렵고, 법에 의하여 광범위하게 금지된 과외교습행위를 적발하기 위해서는 보다 많은 국가의 행정력이 투입되어야 한다는 것을 고려한다면, 법 제3조가 택한 입법수단은 입법목적을 달성하기 위하여 유일한 효율적인 수단이라고도 할 수 없는 것이다.

입법목적의 달성을 위하여 필요한 정도를 넘는 과도한 규제는, 뛰어난 예능인·기능인이나 친척 또는 이웃의 가정주부로부터 개인적으로 자유롭게 배울 수 있는 행위와 같이 인간의 가장 자연스러운 행위이자 국가에 의하여 가장 존중되어야 할 행위를 막는 결과를 가져왔고, 이는 법 제3조의 실효성을 현저히 감소시키고 국민들에 의하여 존중받지 못하는 법이 되게 한 중요한 요인이었다. 교육의 현장에 불법이 만연하다는 것은 교육적으로 해로운 것이다. 법이 국민에 의하여 지켜지지 않고, 국가에 의하여 집행이 되지 못하고 있다는 것은 바로 법이 현실적으로 규제할 수 없는 생활영역을 규제하려고 할 때 발생하는 대표적인 부정적 현상인 것이다.

라) 법익의 균형성의 관점에서 보더라도, 입법자가 법 제3조를 통하여 실현하려는 공익인 '고액과외교습의 방지'가 헌법적으로 허용되는 입법목적인가에 관하여 의문의 여지가 있다는 점에서 설사 오늘의 교육 현실과 같은 예외적인 상황을 인정하더라도 그 비중이 그다지 크다고 보기 어렵고, 기본권의 제한을 통하여 얻는 공익실현의 구체적인 효과, 즉, 고액과외교습의 억제효과도 불확실하다. 이에 반하여 법 제3조에 의하여 초래되는 기본권제한의 효과 및 헌법이 지향하는 문화국가의 실현을 저해하는 효과는 매우 크다. 법 제3조에 의하여 부모가 자녀를 자유롭게 가르칠 권리와 자녀의 자유롭게 배울 권리가 큰 제약을 받게 되어, 제도교육 밖의 사교육의 영역에서도 국가에 의하여 규율되는 학원교육 외에는 달리 선택의 여지가 없게 되었다. 그 결과 제도교육의 획일성을 보완하기 위하여 요청되는 '사교육의 다양성'과 각 자녀의 개성과 능력을 고려한 '사교육의 개별성'은 사실상 학교교육과 마찬가지로 집단적·획일적으로 이루어지는 학원교육에 의하여 상실되었다. 단지 일부 지나친 고액과외교습을 방지하기 위하여 모

든 학생으로 하여금 오로지 학원에서만 사적으로 배울 수 있도록 규율한다는 것은 어디에도 그 예를 찾아볼 수 없는 것일 뿐만 아니라 자기결정과 자기책임을 생활의 기본원칙으로 하는 헌법의 인간상이나 개성과 창의성, 다양성을 지향하는 문화국가원리에도 위반되는 것이다.

법 제3조와 같은 형태의 사교육에 대한 규율은, 사적인 교육의 영역에서 부모와 자녀의 기본권에 대한 중대한 침해라는 개인적인 차원을 넘어서 공동체를 문화적으로 빈곤하게 만들며, 국가 간의 경쟁에서 살아남기 힘든 오늘날의 무한경쟁시대에서 문화의 빈곤은 곧 사회적·경제적인 후진성으로 이어질 수밖에 없다. 따라서 법 제3조가 실현하려는 입법목적의 헌법적 중요성과 그 실현효과에 대하여 의문의 여지가 있고, 반면에 법 제3조에 의한 기본권제한의 효과가 중대하고 문화국가실현에 현저한 장애가 되므로, 결국 법 제3조는 그 제한을 통하여 얻는 공익적 성과와 제한이 초래하는 효과가 합리적인 비례관계를 현저하게 일탈하고 있다고 하겠다.

5) 소결론

그렇다면 법 제3조는 침해의 최소성과 법익의 균형성을 갖추지 못하여 비례의 원칙에 위반되어 국민의 기본권을 과도하게 침해하는 것이므로 비례의 원칙에 반하여 국민의 자녀교육권, 인격의 자유로운 발현권, 직업선택의 자유를 침해하는 위헌적인 규정이다.

법 제3조에 대하여 위헌결정을 하는 이유는 위에서 밝힌 바와 같이 고액과외교습을 금지하는 것 자체가 위헌이라는 것이 아니라, 고액과외교습을 억제하기 위한 방법의 선택이 잘못되어 고액과외교습의 위험성이 없는 과외교습까지도 광범위하게 금지함으로써 국민의 기본권을 과도하게 침해한다는 데 위헌성이 있다는 것이다. 따라서 법 제3조에 대하여 비록 위헌결정이 선고되었다 하더라도, 입법자는 반사회적인 과외교습에 한정하여 이를테면, 지나치게 고액인 과외교습, 또는 입시준비생을 대상으로 하는 대학교수 등 입시관련자의 과외교습, 학생부나 내신성적 등에 영향을 미칠 수 있는 위치에 있는 교사가 해당 학생을 대상으로 하는 과외교습 등과 같이, 입시의 공정성을 저해할 위험이 있는 등 중대한 사회적 폐단이 우려되는 경우에는 이를 규제할 수 있는 입법조치를 취할 수 있다.

(다) 법 제22조 제1항 제1호의 위헌성

법 제22조 제1항 제1호는 법 제3조를 위반한 경우 형벌에 처한다는 형벌조항이므로, 처벌의 전제가 되는 법 제3조가 헌법에 위반된다면 이에 따라 그 형벌규정인 법 제22조 제1항 제1호도 역시 위헌이 될 수밖에 없다. 따라서 법 제22조 제1항 제1호도 헌법에 반한다.

4. 결론

이 사건 법률조항은 모두 헌법에 위반된다고 할 것인바, 이에는 재판관 정경식, 재판관 이영모, 재판관 한대현의 반대의견이 있는 외에는 관여 재판관의 의견이 일치되었으며, 재판관 이영모의 반대의견에 대한 재판관 김용준, 재판관 김문희, 재판관 고중석, 재판관 신창언, 재판관 하경철의 의견이 있음을 덧붙이고, 주문과 같이 결정한다.

5. 재판관 한대현의 반대의견

나는 이 사건 법률조항이 비례의 원칙에 위반하여 국민의 기본권을 과도하게 제한하는 것으로서 위헌적 규정이라는 점에 대하여는 다수의견과 견해를 같이하나, 이 사건 법률조항에 대하여 당장 위헌선언을 하는 것은 오늘날의 우리 현실에 비추어 타당하지 않다고 보므로 다수의견의 결론에 반대한다.

다수의견이 적절히 설시한 바와 같이, 과열된 과외교습이 초래하는 여러 가지 폐단을 해소하는 근본적이고 바람직한 방안은, 학력제일주의의 사회구조를 개선하여 학벌보다는 능력이 중시되는 사회를 만들고, 많은 재정투자를 통하여 학교교육의 환경을 개선하고 교육의 질을 높이며, 고등교육기관을 균형 있게 발전시킴과 아울러 평생교육제도를 확충하며, 대학입학제도를 개선하여 과외교습 수요를 감소시키는 것이지, 과외교습을 금지하는 것이 그 근본적 해결책이 될 수는 없다.

그러나 과외교습금지조치가 최초로 법제화된 1981년이나 이 사건 법률조항이 입법화된 1995년과 비교하여 볼 때 오늘날의 우리 현실은 별로 나아진 것이 없다고 생각한다. 고용과 사회적 지위의 결정에 있어 여전히 학벌은 중시되고 있으며, 수도권의 몇몇 특정대학들을 중심으로 한 대학입시 경쟁은 여전히 치열하고, 수학능력시험과 내신성적 및 논술고사를 위한 다양한 과외교습이 새로이 등장하고 있는가 하면, 어린 학생들의 학습능력을 기르기 위한 조기 교육열은 높기만 하고, 학교교육의 여건과 질은 여전히 미흡하다.

그렇다면 오늘날의 우리 현실에 비추어 볼 때 아직까지는 과외교습을 전면 허용할 것은 아니고 일정부분 이를 규제할 필요가 있다 할 것이며, 그 규제수단의 선택을 구체적으로 어떻게 할 것인지에 관한 판단은 입법자의 몫이라 할 것이므로, 입법자는 과외교습자, 학습자, 교습내용, 교습장소, 교습료 등의 제요소에 따른 유형별 과외교습의 폐단과 그 정도를 면밀히 검토하고, 교육환경의 지금까지의 변화와 앞으로의 전망 등을 고려하여, 폐단의 원인이 되고 규제할 필요성이 분명한 유형의 과외교습만을 효과적으로 규제할 수 있는 정교한 입법수단을 마련하여 국민의 기본권을 가능한 한 적게 침해하면서도 과외교습을 둘러싼 폐단을 제거할 수 있도록 하여야 할 것이다.

따라서, 나는 이 사건 법률조항에 대하여 바로 위헌선언을 할 것이 아니라 헌법불합치의 선언을 하여 형식적으로는 계속 존속하게 한 다음, 입법자로 하여금 과외교습을 합헌적으로 규제할 수 있는 새로운 수단을 마련하도록 함이 옳다고 생각한다.

6. 재판관 정경식의 반대의견

나는 과외교습을 규제하는 것 자체는 정당하나, 다만 이 사건 법률조항에 의한 규제방식이 기본권제한입법의 체계와 방식을 제대로 갖추고 있지 못한 점에서 위헌성이 있다고 보므로 단순위헌결정을 하여 이 사건 법률조항의 효력을 상실시킬 것이 아니라 잠정적 적용을 명하는 헌법불합치결정을 선언하여야 한다고 생각한다.

가. 과외교습규제의 정당성 과외교습은 오늘날 우리 사회에 심각한 폐해를 야기하고 있으므로 이에 대처하기 위하여 과외교습을 규제하는 것은 그 자체 필요하고도 정당한 일이다.

먼저 교육적 측면에서 볼 때, 과외교습은 대개 단편적인 암기 위주의 지식을 주입하거나 상급학교 입학시험을 위한 문제풀이를 지도하는 것이다.

따라서, 학생들은 기계적 지식습득만을 강요받게 되고 창의력 있는 인간으로서의 지적 성숙을 이루지 못하여 스스로 공부하고 문제를 해결하는 능력을 기르지 못한다. 지나친 과외교습은 성장기의 학생들에게 정신적, 신체적으로 큰 부담을 줌으로써 특기와 적성을 계발할 기회를 박탈하고 정서적 안정과 건전한 신체 성장을 저해한다. 특히 학교교육의 측면에서 보면, 학생들이 학교교육을 무시하고 과외교습을 중시하는 경향이 커지게 되고 이에 따라 학교는 과외교습과 경쟁하기 위하여 교과과정을 수험 준비 위주로 변칙적으로 운영할 수밖에 없게 된다. 그 결과 많은 교사들이 교사로서의 역할에 갈등을 느낄 뿐만 아니라 수입이 높은 과외전문교사로 변신하는 현상이 발생하기도 한다.

경제적인 면에서 보면, 과외교습이 과열되면 과외교습비는 가계에 커다란 압박요인이 된다. 부유한 가정은 보다 질 좋은 과외수업을 받기 위하여 거액의 과외비를 투자하게 되고 서민층은 서민층대로 불안감에서 벗어나기 위하여 과외를 시키게 된다. 고액과외는 과목당 월 수십만 원에서부터 수백만 원에까지 이르며 대학입학시험이 임박한 때에는 월 천만 원대에 이르는 이른바 '찍기과외' 또는 '마무리과외'가 횡행하고 있음은 널리 알려져 있다. 이러한 상황에서 학무모들은 가계의 적자에도 불구하고 많은 비용을 투자할 수밖에 없고, 부업을 하여 과외비를 마련하거나 심지어 부정한 방법을 동원하여서라도 자녀에게 고액과외를 시키려는 유혹을 느끼게 된다.

과열고액과외의 문제는 사회적인 면에서도 심각하다. 저소득층의 자녀들은 학교교육의 부실화로 입은 피해와 함께 과외경쟁에서조차 뒤떨어짐으로써 사실상 상급학교 진학에서 균등한 기회를 부여받지 못하게 된다. 이는 종국적으로 사적인 교육투자를 통한 사회적 지위와 부의 세습으로 이어진다. 따라서, 과외를 시키거나 받지 못하는 사람들은 교육이 경제적 능력에 따라 좌우되며 사회의 경쟁구조가 정당하지 않다는 인식을 가지게 된다. 결국 과열고액과외는 계층간 위화감을 심화시켜 사회의 안정과 통합을 해치게 된다.

이러한 과외교습의 여러 폐해를 근본적으로 해소하기 위하여는 학교교육의 내실화, 고등교육의 기회 확대, 학생선발제도의 개선, 의식개혁 및 능력중심사회의 정착 등이 이루어져야 할 것이다. 그러나, 이러한 근본적인 해결책은 광범위한 국민적 합의과정을 거쳐 새롭게 정해 가야 할 장기적인 처방일 수밖에 없으므로, 현재의 실정에서 대증적(對症的)으로 과외교습의 폐단을 방지하기 위하여 직접적으로 과외교습을 규제할 필요성이 크다. 따라서 이 사건 법률조항의 입법목적의 정당성은 충분히 인정된다.

나. 이 사건 법률조항에 의한 규제방식의 위헌성이 사건 법률조항은 과외교습을 전면적으로 금지하고 예외적으로 선별허용하는 규제방식을 택하고 있는데, 이는 기본권제한입법의 요건을 갖추지 못한 것이다.

(1) 모든 기본권으로 보장되는 행위는 그 자체로서 사회적으로 유해한 행위는 아니며 단지 기본권의 행사 과정에서 타인의 법익이나 공익과의 충돌로 말미암아 그에 따른 제한이 필요할 뿐이다. 법률에 의하여 이를 제한한다 하여도 기본권으로 보장된 자유를 행사할 권리 자체를 제거해서는 안 되며 필요한 경우에 한하여 한정적으로 제한되어야 한다(헌재 1998. 5. 28. 96헌가5, 판례집 10-1, 541, 552 참조).

배우고 가르치는 행위 자체는 인간의 본원적 행위이자 사회 유지에 기본이 되는 요소로서 헌법 제10조에 규정된 행복추구권에서 파생되는 일반적 행동자유권에 의하여 기본권으로 보장되는 것이라 할 것이다. 교습행위 역시 본질적으로는 교육활동으로서 국민의 기본권으로 보호되어야 할 것이지, 그 자체로 유해한 행위라고 할 수 없다. 다만 교육적, 사회·경제적으로 폐단이 있을 경우 적절한 제한이 필요할 뿐이다.

물론, 교습행위에는 현직 교사나 대학교수에 의한 고액의 과외교습과 같이 사회적 폐해가 매우 심한 것부터 친족에 의한 자연스러운 교습행위와 같이 그 폐해가 그리 크지 아니한 것까지 다양한 유형이 존재하므로, 이들 교습행위 중 어떠한 것들을 규제할 것인지는 학교교육의 상황, 과외교습의 정도와 구체적 행태, 사회의 지적 수준과 문화적 풍토, 소득분배구조 등 여러 사회·경제적 여건들을 종합하여 입법자가 합리적으로 결정할 수 있으며 그 범위에서 입법자는 광범위한 입법형성권을 가진다고 보아야 한다.

그렇다 하더라도, 과외교습을 규제하는 법률은 폐해 방지를 위하여 필요한 경우에 한하여 한정적으로 이를 제한하여야 하는 것이지 전면적으로 금지하여 기본권으로 보장된 교습행위의 자유 자체를 제거하는 것까지 입법형성권의 범위 내에 있다고 할 수 없다.

(2) 이 사건 법률조항은 원칙적으로 과외교습을 금지하고 예외적으로 허용하는 규제방식을 취하고 있다. 이는 과외교습이 원칙적으로 사회적으로 바람직하지 아니한 것 또는 유해한 것이라는 판단에 기초한 것이라 할 것이나, 이러한 입법방식은 교습행위가 원칙적으로 자유롭게 보장되어야 할 국민의 기본권의 하나라는 점에 비추어 볼 때 헌법이 요구하는 기본권 제한입법의 체계와 방식에 부합하지 아니한다. 국민의 기본권은 공공복리, 사회질서 등을 위하여 제한될 수 있지만 그 경우에도 가능한 한 최소한의 제한에 그치는 입법방식을 취하여야 한다. 그러므로 과외교습을 규제하고자 한다면 사회적 폐해를 야기함으로써 규제의 필요성이 있는 개별적, 구체적 유형들을 선별하여 이를 규제·금지하는 입법방식을 택하여 그러한 유형에 해당하지 아니할 경우 국민들이 자유롭게 교습을 하거나 받을 수 있도록 허용하여야 한다. 그런데 이 사건 법률조항은 모든 과외교습을 전면적으로 금지한 다음 몇 가지 특정한 유형의 과외교습만을 허용하는 거꾸로 된 방식을 취하고 있는 것이다. 이러한 거꾸로 된 규제방식은 필연적으로 규제의 필요가 없는 과외교습까지 금지하는 결과를 초래할 수 있어 기본권제한입법에 요구되는 과잉금지원칙에 어긋나게 된다. 이러한 규제방식에 의하여 초래되는 불필요한 규제의 단적인 사례로는 예컨대 동일호적내에 있지 않은 가까운 친족이라도 무료로 교습을 할 수 없다는 점을 들 수 있을 것이다.

(3) 이 사건 법률조항이 과외교습을 전면적으로 금지하고 예외적으로 허용하는 것은 입법형식상 기본권제한의 체계와 방식에 부합하지 아니하는 것이고 이로 말미암아 규제의 필요 없는 과외교습까지 싸잡아 제한하게 되므로, 입법목적 달성에 필요한 정도를 넘어 과도하게 과외교습자의 직업선택의 자유와 학습자의 배울 자유를 침해하는 것이다.

따라서, 이 사건 법률조항은 헌법 제37조 제2항 소정의 과잉금지원칙에 위반된다 할 것이다.

다. 이 사건 법률조항의 위헌성제거 방안과 헌법불합치결정

(1) 내가 이 사건 법률조항을 헌법에 위반되는 것으로 보는 이유는 과외교습에 대한 규제의 정당성은 인정되나 이를 위하여 선택된 입법방식이 헌법상 과잉금지원칙에 부합하지 아니한다는 것이다. 이는 과외교습을 규제

할 수 없다는 것이 아니며 입법자는 헌법에 부합하는 방식으로 과외교습을 적절히 규제할 수 있다는 것을 의미한다.

과외교습의 폐단이 여전히 극심하여 이를 규제하여야 할 필요성과 당위성이 인정되는 현재의 상황에서 이 사건 법률조항의 효력을 소멸시켜 과외교습을 전면적으로 허용하는 것이 곧 합헌적 상태를 실현하는 것이라 볼 수 없다.

이 사건 법률조항에 내포된 위헌적 상태의 제거는 궁극적으로 입법자의 입법개선에 달려 있다고 보아야 할 것인바, 입법자는 교습행위 그 자체가 유해한 행위가 아니라 국민의 기본권의 하나로서 보장되는 것이라는 인식의 바탕 하에, 과외교습을 전면적으로 금지하고 예외적으로 허용한 이 사건 법률조항의 입법형식을, 원칙적으로 교습행위를 허용하되 사회적 폐단의 원인이 되고 규제할 필요성이 분명한 유형의 과외교습만을 선별하여 규제하는 방식으로 개정함으로써 합헌적 상태를 실현할 수 있다.

그러므로, 이 사건 법률조항에 대하여 단순위헌결정을 하여 당장 그 효력을 상실시킬 것이 아니라 헌법불합치결정을 하여 입법자가 광범위한 국민적 합의를 거쳐 합리적인 범위에서 과외교습을 규제할 수 있도록 하고, 과외교습이 전혀 규제되지 않는 상황을 피하기 위하여 비록 입법형식에 위헌성이 있다 하더라도 새로운 입법이 이루어질 때까지는 부득이 이 사건 법률조항을 잠정적으로 적용하도록 하는 것이 바람직하다.

7. 재판관 이영모의 반대의견

나는, 다수의견과는 달리 이 사건 법률조항은 헌법에 위반되지 아니한다고 생각하므로 그 이유를 개진해 두기로 한다.

가. 국가의 교육정책과 위헌심사기준

(1) 교육은 친권자가 그들의 자녀를 보호하고 교양할 권리의무의 일환에서 비롯된 것이므로, 인류역사와 그 기원을 같이하는 자연법상의 권리이다. 교육을 통하여 새로운 지식과 기능을 쌓는 것은 개인의 인격형성과 사회생활을 영위하기 위한 불가결한 수단에 해당한다. 민주국가의 국민이 국정을 이해하고 정치에 참여하는 데도 교육이 필요하므로, 현대 헌법은 교육을 받을 권리를 기본권으로 명문화하고 있다.

(가) 우리 헌법도 제31조에서 "모든 국민은 능력에 따라 균등하게 교육을 받을 권리를 가진다(제1항). 모든 국민은 그 보호하는 자녀에게 적어도 초등교육과 법률이 정하는 교육을 받게 할 의무를 진다(제2항)"고 규정하고 있다. 이 교육을 받을 권리는 모든 자유와 권리의 기초가 되는 기본권으로서 헌법의 이념인 민주·문화·사회복지국가를 실현하는 본질적 요소가 되는 권리이다. 헌법 제31조 제1항이 '능력에 따라 균등하게'라고 하여, 모든 국민은 정신적·육체적 능력 이외에 성별, 종교, 신념, 사회적 신분, 경제적 지위 등을 이유로 차별을 받지 아니하고(교육기본법 제4조), 경제적인 이유로 교육을 받기 곤란한 자를 위하여는 장학제도 및 학비보조제도를 수립·실시함으로써(같은 법 제28조 제1항) 실질적인 평등의 실현을 도모한 것도 이 권리의 중요성을 반영한 것이다.

따라서 국가에 의한 교육정책이 평등원칙에 부합하는지 여부는 헌법 제11조 제1항의 사유(성별, 종교, 사회적 신분)에 비추어 정책 판단의 문제라기보다 엄격심사를 하여야 한다(헌재 1997. 6. 26. 96헌마89, 판례집 9-1, 674, 683, 재판관 이영모의 보충 의견).

(나) 입법자는, 교육에 관한 국민의 권리·의무와 국가 및 지방자치단체의 책임을 정하고 교육제도와 그 운영에 관한 기본적 사항을 규정할 목적으로 1997. 12. 13. 법률 제5437호로 교육기본법을 제정하였다.

헌법 제31조 제1항, 제2항과 교육기본법 제1조에 의하면, 교육은 모든 국민의 권리이자 국가와 국민의 공동의무라고 규정하고 있으므로 교육을 받는 자는 물론 교육을 하는 자도 이 권리의 주체가 된다. 국민의 학습권과 교사의 수업(授業)의 자유는 다같이 보호되나 국민의 학습권의 보호가 우선하는 것이다(헌재 1992. 11. 12. 89헌마88, 판례집 4, 739, 756). 부모 등 보호자(이하 '학부모'라 한다)는 그 보호하는 자녀 또는 아동(이하 '자녀'라 한다)에 대하여 기초교육인 초등교육(6년)을 받게 할 의무가 있고, 국가 또는 지방자치단체는 그 비용을 부담하며 학교 및 사회교육시설을 설립·경영하고 지도·감독할 책임이 있다(헌법 제31조 제1항 내지 제3항, 교육기본법 제8조, 제11조, 제17조). 학습자의 기본적 인권은 존중되고 보호되므로, 교육내용·교육방법·교재 및 교육시설은 학습자의 인격을 존중하고 개성을 중시하여 학습자의 능력이 최대한으로 발휘될 수 있도록 강구되어야 한다.

학생은 학교의 규칙을 준수하여야 하며, 교원의 교육 연구 활동을 방해하거나 학내의 질서를 문란하게 하여서는 안 되는 의무를 부담한다(교육기본법 제12조).

(2) 교육은 홍익인간의 이념 아래 모든 국민으로 하여금 인격을 도야하고 자주적 생활능력과 민주시민으로서 필요한 자질을 갖추게 하여 인간다운 삶을 영위하게 하고 민주국가의 발전과 인류 공영의 이상을 실현하는 데 이바지하게 함을 목적으로 하며(교육기본법 제2조), 학교교육은 학생의 창의력 계발 및 인성의 함양을 포함한 전인적 교육을 중시하여 이루어져야 한다(같은 법 제9조 제3항) (이하 '학교교육의 목적'이라 한다).

자녀교육의 중요한 수단인 학교교육은 공공성을 가진 과제이므로(같은 법 제9조 제2항) 학교가 중심이 되어 조직적이고 체계적인 교육(초·중등교육법 제2조와 고등교육법 제2조에 규정된 교육은 '학교교육', 그 밖의 것은 '사교육'이라 한다. 이하 같다)을 시행하고 있다. 그런데 "언제, 어디서, 누가, 무엇을, 어떻게, 가르치고 배울 것인가"라는 자녀교육의 내용을 결정하는 문제는, 국가와 학부모의 공동과제이자 의무로서 상호협력관계에 있으므로 조화와 조정을 필요로 한다. 따라서 '학교교육의 목적'은 국가와 학부모의 공동책임인 자녀교육의 바탕이므로, 국가가 자녀교육에 개입할 때에는 이를 벗어나서는 안 되는 한계가 되고, 학부모가 그의 의무인 자녀교육의 내용을 결정할 때에는 준수하여야 할 제한이 되는 것이다.

(가) 헌법재판소는 학교교육과 관련하여, 중등교육을 의무교육으로 실시하여야 할 시기(헌재 1991. 2. 11. 90헌가27, 판례집 3, 11), 교과서를 검·인정제가 아닌 국정제로 정한 것이 정당한지(헌재 1992. 11. 12. 89헌마88, 판례집 4, 739), 거주지 기준으로 입학 제한을 한 것이 정당한지(헌재 1995. 2. 23. 91헌마204, 판례집 7-1, 267), 사립학교에 운영위원회를 두는 것을 국·공립학교와 다르게 의무사항으로 하지 아니한 것이 정당한지(헌재 1999. 3. 25. 97헌마130, 판례집 11-1, 233) 등의 결정에서 모두 입법재량 및 정책결정의 문제라고 판단하였다. 이 결정들은, 헌법 제31조 제6항이 학교교육과 평생교육을 포함한 교육제도와 그 운영, 교육재정 및 교원에 관한 기본적인 사항을 법률로 정하도록 규정한 것과 관련하여, 교육에 관한 기본정책 또는 기본방침은 국회의 제정법에 의하고 세부적인 사항은 법률

의 위임에 따른 행정부의 정책결정 영역이므로 재량의 범위를 크게 벗어나지 않는 한 헌법위반으로 볼 수 없다는 것을 그 이유로 들었다.

(나) 그런데 공공성을 가진 '학교교육의 목적'이 사교육 때문에 지장을 받는다면, 국가는 학교교육의 정상화를 위한 적절한 규제를 할 의무와 책임이 있다. 학교교육의 공공성은 학부모에게 그들의 자녀로 하여금 초등학교 교육을 받게 할 의무를 부담하게 하여 자녀교육권의 소극적 행사를 제한하는 데 그치지 아니하고, 이를 적극적으로 행사하여 중·고등학교에 진학하게 한 경우에도 학교교육의 공공성을 침해하여서는 안 되는 의무를 지우고 있는 것이다.

사교육이 학교교육의 공공성을 침해하는 경우 국가가 사교육에 대해서 취할 규제는, '학교교육의 목적'을 기초로 하여 사교육과 학교교육과정의 밀접불가분성, 사교육의 교과목이 학교교육과정과 사회에 미치는 영향 및 정도에 따라 달라진다. 그러므로 국가가 학교교육의 정상화를 위한 규제수단을 강구하는 문제는, 규제입법 당시의 학교교육의 상황, 경제적·기술적·문화적 발전, 사회가 복잡해짐에 따라 교육 요구의 질적 확대와 양적 증대에 대응할 필요성, 그밖에 사교육이 그들의 자녀에게 미치는 부정적인 영향 등을 헤아려서 결정하게 된다. 따라서 이러한 사항에 대한 국가의 판단은 헌법 제31조 제6항에서 규정한 학교교육 제도의 운영과 관련된 정책영역이므로, 이 영역은 재량의 한계를 지키고 있는 한 그 입법 형성 및 정책결정을 위법한 것이라고 볼 수 없다.

이 사건의 쟁점으로 된 사교육의 한 부분인 과외교습은 완결적인 교육이 아닌 학교교육에 종속된 보충교육에 해당하는 것이다. 학부모의 자녀교육 결정권과 자녀인 학습자의 배울 자유를 규제하는 이 사건 법률조항에 대한 위헌심판은 입법목적의 정당성과 수단의 합리성, 다시 말하면 규제대상인 개인과외교습을 금지하는 행위에 대한 입법 형성 및 정책결정이 합리적인 한계를 벗어난 것인지 여부가 심사대상이 된다. 한편, 경제적 자유권의 영역인 과외교습자의 직업선택·행사의 자유는, 직업의 특성상 교육적·사회적 문제와 직접 관련이 있으므로 아무런 제한 없는 직업 활동의 허용은 사회의 질서유지와 공공복리를 해칠 우려가 있고, 또 사회복지국가의 이념을 실현하기 위해서는 규제가 필요한 경우도 있는 것이다. 이러한 규제

입법이 헌법에 위반되는지 여부는 그 입법형성의 합리성이 심사기준이 된다(헌재 1999. 7. 22. 98헌가5, 판례집 11-2, 26, 36 참조).

(3) 이상과 같은 교육정책에 따른 위헌심사기준의 분류는 국민의 자유와 권리의 제한에 대한 한계 규정이자 재판규범인 헌법 제37조 제2항의 국가안전보장·질서유지 또는 공공복리에 대한 해석과 논증 책임의 측면에서 중요한 의미가 있는 것이다.

나. 이 사건 법률조항의 합헌성

(1) 우리는 일찍이 학교교육을 보충하는 과외교습을 학부모와 과외교습자의 자율에 맡긴 일이 있었다. 그 결과, 고액화·과열화로 인하여 심각한 사회문제를 일으킨 뼈저린 경험을 하였다. 이러한 과외교습의 부작용과 폐해를 방지할 목적으로 1981. 4. 13. 법률 제3433호로 사설강습소에관한법률을 개정하면서 제9조의2를 신설하여 초·중·고등학교 재학생에 대한 과외교습을 전면금지하고(다만, 기술·예능·체육 등의 교습 및 학생 외의 수험준비생에 대한 사설강습소의 과외교습, 동일호적 내의 친족의 교습, 봉사활동에 속하는 교습, 학교·도서관·공장·사업장의 교습 등은 예외), 1995. 8. 4. 법률 제4964호 학원의설립·운영에관한법률(이하 '법'이라 한다)로 전문개정하기에 이르렀다. 그동안 여러 차례에 걸쳐 예외범위에 대한 부분개정은 있었으나 '재학생에 대한 과외교습의 금지'라는 원칙은 바뀌지 아니하였다.

(가) 법 제2조 제3호는 과외교습을 "초·중·고등학교 또는 이에 준하는 학교의 학생이나 학교입학 또는 학력인정에 관한 검정을 위한 수험준비생에게 지식·기술·예능을 교습하는 행위"로 정의하고 있다. 이 사건 법률조항인 법 제3조는 본문에서 '누구든지 과외교습을 하여서는 아니 된다'고 하여 모든 과외교습은 금지하는 것을 원칙으로 하고, 각호에서는 예외적으로 허용하는 형식을 취한 다음, 법 제22조 제1항 제1호는 '제3조의 규정에 위반하여 과외교습을 한 자'를 '1년 이하의 징역 또는 300만 원 이하의 벌금'에 처하는 것으로 규정하고 있다.

그런데 과외교습의 허용범위는 상당히 넓은 것을 알 수 있다. 즉, 법 제2조 제3호는 학교 등에서 행하는 교습행위(가목), 동일호적 내의 친족이 하는 교습행위(나목), 대통령령이 정하는 봉사활동에 속하는 교습행위(다목)

는 일단 과외교습에서 제외한다. 이어서 법 제3조는 학원 또는 교습소에서 기술·예능 또는 초·중·고등학교의 교과과정에 포함되지 아니한 교과의 교습(제1호), 학원에서 고등학교·대학 입학이나 학력검정 수험준비생에 대한 교습(제2호), 대학(원)생에 의한 개인교습(제3호)을 허용하고 있다.

(나) 한국교육개발원의 과외수업실태분석(1997. 6.)(이하 '과외수업실태분석'이라 한다)에 의하면, 초·중·고등학교 학생의 53.1%가 과외교습을 받고 나머지 대상자 중 45.3%는 받을 의향이 있다고 응답하였다. 과외교습의 수강과목은 학생의 76.6%가 학습 분야 교과목(국어·영어·수학·과학·사회 등)이고 19.5%는 예·체능 분야이다.

학습 분야 교과목을 교습받는 이유는 81.5%가 뒤떨어지는 과목을 보충하기 위한 것이고, 예·체능 분야 수강자 중 21.4%는 학교수업이나 상급학교 진학, 62.2%는 특기 계발을 위한 것을 이유로 들고 있다. 학부모들은 과열 과외교습의 원인을 입시경쟁이 58.2%, 소질과 적성신장이 15.3%, 남이 하니까 나도 한다는 응답이 14.6%, 자녀를 지도할 시간이 없어서가 6.3%로 나타나고 있다.

과외교습은 입시의 교과목에 따라 변하고 있다. 대학입시에 내신성적을 반영하면 이에 대비하기 위한 과외가 이루어지고, 대학별 본고사가 시행되면 본고사를 대비하게 된다. 수학능력시험이 생기면 과외도 이에 맞추고 논술시험을 보면 논술에 치중한다.

이와 같이 과외교습은 자녀들의 잠재능력을 찾아 이를 발휘할 수 있게 돕거나 인간의 전인적 형성작용이라는 순수한 목적을 추구하기보다 주로 학교교육을 보충하고 상급학교 진학에 대비하는 수단으로 이용되고 있다.

(2) 다수의견의 요지는, 법 제3조에 의하여 과외교습자는 직업선택의 자유 및 행복추구권을, 학부모는 자녀교육 결정권을, 학습자인 자녀는 배울 자유 및 인격의 자유로운 발현권을 각 침해받고 있으므로 헌법에 위반된다고 하면서, 학교 교과목이 아닌 분야의 지식·기술·예능에 대한 개인교습, 친척이나 이웃집 가정주부가 저액의 비용으로 하는 과외교습, 음악·미술 등 분야에서 뛰어난 예술인이 적절한 비용을 받는 교습행위, 학습지 등 판매 후 방문지도, 컴퓨터통신을 통한 개인교습, 초등학생의 교과목 교습 등을 금지한 것은 침해의 최소성과 법익의 균형성의 요건을 갖추지 못하였다

고 함에 있다.

(가) 나는 이 사건 법률조항의 위헌여부에 관하여, 법 제3조의 입법배경
및 입법목적은 결정이유 3. 나. 본안에 대한 판단 중 (3)의 "(나) 법 제3조
의 위헌성 1) 법 제3조의 입법배경 및 입법목적"에 관한 다수의견의 판시
에 동조하나, 그 밖의 의견에는 찬성하지 아니하므로 다음과 같이 입법목
적의 정당성과 수단의 합리성에 관한 의견을 밝혀 두고자 한다.

(나) 1) 개인의 능력보다 학력이 고용·임금·사회적 지위에 큰 영향을 미
치는 것으로 인식되는 사회 풍토 하에서는, 학부모는 오로지 자녀의 상급
학교 진학을 위한 암기위주의 지식주입과 입학시험문제 풀이를 지도하는
과외교습에 신경을 쓸 수밖에 없는 것이 오늘의 실정이다. 우리의 높은 교
육열은, 다른 자녀들이 과외교습을 받는데 내 자녀만 과외를 아니하면 경
쟁에서 뒤지게 된다는 상대적인 피해의식과, 과외교습은 치열한 경쟁에서
우위를 확보하고 더 나은 상급학교 또는 전공학과에 진학할 수 있다는 성
취감 등으로 과열화되어, 그 결과 소득수준에 버거운 고액 과외교습에까지
눈 돌리게 하고 가계(家計)를 멍들게 하는 원인이 된다.

과열된 고액 과외교습은 자녀들로 하여금 학교 안팎에서 오직 학업성적
의 성취만을 강요하는 수험생활에 파묻히게 하므로, 개인의 특기와 적성
을 계발할 기회를 갖지 못함은 물론 지적 성숙도 이루지 못하여 창의력 있
는 인간으로서의 성장을 저해(沮害)한다. 더욱이 학업성적에 대한 중압감
은 정서불안으로 이어져 청소년 비행의 원인이 되고, 누적된 정신적·육체
적 피로는 성장기에 있는 자녀들의 건강을 해치는 한편, 학부모와 자녀들
은 학교교육을 경시하여 학교수업을 파행으로 치닫게 한다. 이와 같은 학
교교육의 형해화는 앞서 본 '학교교육의 목적'에 어긋날 뿐만 아니라, 협동
심과 공동체 의식의 부족으로 이어져 다른 사람을 배려하고 더불어 사는
지혜를 배우지 못한 채 중·고등학교 과정을 졸업하게 된다.

과열된 고액 과외교습의 부작용은 여기서 그치지 않는다. 현직 중·고등
학교 교사나 대학교수에 의한 과외교습은 단속이 어려워 입시 및 성적과
관련된 부정이 잦을 것으로 예상되고, 학부모의 경제적 능력은 자녀의 상
급학교 진학을 좌우하는 중요한 조건이 되므로 소득격차로 인한 계층 간
의 위화감을 심화시키는 원인이 된다.

2) 과외교습이 안고 있는 이와 같은 교육적·사회적 부작용과 병폐를 최소화하고 학교교육의 정상화를 도모하기 위하여, 학비보조제도의 일환으로(교육기본법 제28조 제1항) 예외를 인정한 대학(원)생을 제외한 일반인(개인)이 일정 기간 계속 또는 반복적인 소득 활동으로 과외교습을 하려면 학원이나 교습소를 설립·운영하거나 강사로서 교습을 할 수 있게끔 제한한 것이다(법 제2조 제1호, 제2호, 제15조).

학원설립·운영자는 학습자에 대한 편의제공·부담경감 및 교육기회의 균등한 부여 등에 노력하여야 하고(법 제4조), 교육환경의 정화(법 제5조), 시설기준(법 제8조), 교습자의 자격(법 제9조, 제13조) 등 법에서 규정한 조건을 갖추어야 한다. 특히, 법 제15조에서는 학습자로부터 받는 수강료는 교습내용 및 교습시간을 고려하여 학원설립·운영자 및 교습자가 결정하나 교육부의 규제를 받게 하였다('과외수업실태분석' 결과를 보면, 학원을 통한 과외교습에 따른 학부모의 경제적 부담감은, 약간 부담이 된다 41.7%, 많은 부담이 된다 28.7%, 거의 부담이 되지 않는다 20.0%이다).

과외교습이 고액화·과열화되는 것은 능력보다 학력을 중시하는 사회풍토, 학부모의 지나친 교육열, 열악한 학교교육 환경, 입시제도 등을 그 원인으로 꼽을 수 있지만, 이 사건의 쟁점이 된 개인과외교습이 고액화·과열화를 부추기는 데 큰 몫을 차지한 것은 경험을 통해서 알고 있는 사실이다. 따라서 일반인에게 개인과외교습을 허용하면 고액화·과열화의 개연성이 크고 그로 인한 부작용 또한 걷잡을 수 없는 사회문제를 일으키므로, 개인교습행위에 대한 전면금지의 당위성은 시인할 수밖에 없다.

'과외수업실태분석'에 나타난 학부모의 의견도, 현행유지·단속강화가 50.9%, 전면금지가 40.7%인데 반하여 전면허용은 6.1%에 불과하다. 그러나 과외교습을 받아야 하는 현실에 대하여는 약간 불만이 45.6%, 매우 불만은 42.0%, 거의 불만이 없다는 응답은 10.9%이다. 이것은 1997. 6.에 나온 조사결과지만 이 비율은 현재도 크게 다르지 않을 것으로 보인다.

3) 가) 국가는, 학부모의 자녀에 대한 사교육에 대하여 관여하지 아니함을 원칙으로 하고 있다. 다만, 공공성이 있는 학교교육의 정상화를 도모하기 위하여 개인과외교습에 한하여 제한을 가하고 있을 뿐이다. 그러나 이 교습행위에 대한 제한도 일반인은 학원이나 교습소를 설립·운영하거나 강

사로서 과외교습을 할 수 있고, 학습자는 학교의 보충수업, 동일호적 내의 친족의 과외교습, 대학(원)생의 개인과외교습, 학원수강, 교습소의 예능교습 등을 통하여 과외교습을 받을 수 있다.

학교교육에서 중·고등학생의 교과목을 대상으로 하는 개인과외교습을 방임할 경우, 과거의 폐단에서 보듯이 학업성과만에 의한 학교와 학생 간의 서열화를 심화시키고 나아가 그 인격의 자유로운 발현과 자율적인 인간으로서의 성장을 가로막는 부작용을 가져오게 한다. 또한 과열경쟁의 필연적 결과인 고액화된 교습비용을 부담할 수 없는 가정의 자녀에게는 실질적인 교육기회의 균등한 보장이 이루어지지 않는 폐해를 낳기 십상이다. 학부모 각자가 경제력에 따라 자녀의 사교육에 대하여 어느 정도 부담을 할 것인가를 자율에 맡기는 것이 헌법정신에 부합한다는 다수의견은 그 부담의 정도를 감당할 수 없는 저소득층 가정의 자녀들에 대한 차별을 정당화하는 것에 다름 아니다. 또한 교육결과의 격차가 학생 각자의 재능과 노력이 아니라 학부모가 가지는 경제력의 차이에 의하도록 하는 것은, 사회적 불평등을 해소하고 열린사회에 이르는 합리적인 변화와 공존의 장(場)이 되어야 할 교육을 오히려 사회적 불평등을 고착시키고 이를 후대에까지 세습하는 수단으로 전락시키게 한다.

나) 다수의견이 지적하는 친척이나 이웃집 가정주부의 교습, 학습지 등 판매 후 방문지도, 뛰어난 예술인의 음악·미술 등의 개인과외교습을 허용할 경우, 교습행위의 은밀성으로 인하여 입법목적 달성에 어려움이 있고 이와 같은 과외교습이 학교교육의 공공성을 침해하지 않는다는 보장도 없다. 과외교습 금지로 인한 공익을 고려할 때 이들이 개인과외교습을 못함으로써 불이익을 받는다 하더라도 법익 간에 균형을 잃는 것도 아니다.

초등학생의 학교 교과목에 대한 과외교습 금지는 그것이 초등학생에게 신체적·정서적·교육적으로 바람직하지 않은 영향을 미칠 수 있기 때문이고, 컴퓨터통신에 의한 것은 최근에 생긴 과외교습의 한 형태이므로 이것의 허용여부가 결론을 좌우하는 사정이 될 수 없다.

이 사건 법률조항은 국가와 학부모의 공동과제인 자녀의 학교교육과 학부모가 결정하는 사교육의 한 부분인 과외교습과의 조화, 조정을 꾀하기 위한 입법으로서 합리성을 벗어난 것으로 인정되지 아니하므로 입법자의 판단은 존중되어야 한다. 비록 이 조항이 원칙적인 금지와 예외적인 허용이라는 규율형식을 취하고 있다 할지라도, 그 실질을 보면 이 법에서 허용되는 과외교습은 학습이 부진한 학생들로 하여금 이를 보충하는 데 모자람이 없는 한편, 앞서 본 바와 같이 폐해의 소지가 현저하고 부작용이 보다 큰 개인과외교습에 한하여 이를 금지하고 있을 뿐이다.

따라서 입법상의 형식이나 내용상의 사소한 결함 또는 법을 집행하는 과정에 어려움 및 부작용이 있다고 할지라도 그로 인하여 이 조항이 바로 위헌으로 되는 것은 아니다.

다) 헌법재판소는, 주거지를 기준으로 중·고등학교의 입학을 제한하는 교육법시행령 제71조 및 제112조의6 등의 규정은 과열된 입시경쟁으로 인한 부작용을 방지하려는 입법목적 달성을 위한 방안의 하나이고, 도시와 농어촌에 있는 중·고등학교의 교육 여건의 차이가 심하지 않으며, 획일적인 제도의 운용에 따른 문제점을 해소하기 위한 여러 가지 보완책이 위 시행령에 마련되어 있어서 그 입법수단은 정당하므로, 위 규정은 학부모의 자녀를 교육시킬 학교선택권의 본질적 내용을 침해하였거나 과도하게 제한한 경우에 해당하지 아니한다고 하였다(헌재 1995. 2. 23. 91헌마204, 판례집 7-1, 267).

대학 입학시험을 자율이 아닌 수학능력시험(수능)으로 측정한 결과(점수)에 따르도록 되어 있는 현실에서는, 학교교육을 보충하는 개인과외교습을 제한한 이 사건 법률조항 역시 획일적인 학부모의 중·고등학교 선택권의 규제를 합헌으로 결정한 것과 같은 맥락에서 합헌으로 보아야 한다. 개인과외교습의 허용 여부는 학교선택권의 자유 및 대학입학시험의 자율화와 그 궤(軌)를 같이해야 하는 것이다.

(3) 이상의 이유로 나는, 교육적·사회적 정책 목적 실현을 위한 이 사건 법률조항은 입법목적의 정당성은 물론 수단의 합리성을 갖춘 입법이므로 과외교습자와 학부모, 학습자의 기본권의 본질적인 내용을 침해하는 것이 아니므로 합헌이라는 의견을 갖고 있다.

그럼에도 불구하고 다수의견이, 이 사건 법률조항에 대하여 입법목적 실현수단의 최소침해성과 법익의 균형성을 문제 삼아 위헌이라는 결론을 내린 것은 수긍이 되지 아니한다. 왜냐하면, ① 공공성을 가진 '학교교육의 목적'과 직접 관련이 있는 과외교습에 관한 학부모의 자녀교육 결정권이나 자녀의 배울 자유에 대한 기본권제한은 헌법 제31조 제6항에 근거를 둔 정책목적 입법이므로 앞서 본{가. (2) (가)} 헌법재판소의 선례에 따라 입법형성 및 정책결정에 대한 재량의 합리성 여부가 심사기준인데도, 다수의견이 학부모의 사교육 결정권인 과외교습에는 국가가 관여할 수 없고 아래 ③과 같은 경우에만 제한할 수 있다고 한 것은 의문이고, ② 경제적 자유권인 과외교습자의 직업행사의 자유에 대한 기본권을 과외교습을 받기 곤란한 사회·경제적 약자보다 더 두텁게 보호하여 이들에 대한 배려를 소홀히 한 것은, 실질적 평등을 실현하려는 입법자의 정책재량을 부정하고 기본권제한의 한 요건인 공공복리의 이념을 저버린 것이며, ③ "국민의 기본권을 보다 적게 침해하면서도 사회적 폐단이 큰 지나친 고액 과외교습은 물론, 입시준비생을 대상으로 하는 대학교수 등 입시관련자의 과외교습이나, 학생부, 내신성적 등에 영향을 미칠 수 있는 위치에 있는 학교교사가 해당학생을 대상으로 하는 과외교습 등과 같이, 입시의 공정성을 저해할 위험이 있는 등 중대한 사회적 폐단이 우려되는 경우에는 이를 규제할 수 있는 입법조치를 취할 수 있다"{3. 나. (3)의 (나) 5) 소결론}고 보는 다수의견은, 이에 부합하는 개정입법을 하더라도 교습행위의 은밀성으로 인하여 그 실효성을 보장할 수 없기 때문이다.

다. 여론(餘論)

(1) 세기가 바뀐 2000년을 정보통신(digital) 혁명 시대라고 한다. 1997. 12. 초에 시작된 IMF(국제통화기금) 외환위기 수습에 몰두하는 동안, 우리 사회는 실업자의 증가, 빈곤층의 확대, 중산층의 축소 등 부의 양극화 현상이 두드러진 시대를 맞게 되었다. 모든 국민의 실질적 평등을 보장하기 위한 사회보장·사회복지 정책을 실현하여 계층 간의 위화감 해소가 절실한 시기이자 사회적 안정과 통합이 어느 때보다 중요시되는 시점인 것이다. 그런데 새로운 세기의 경제운용의 기반 또한 인간의 이기심에 의하여 지탱되는 자본주의라는 점에 이론(異論)이 없으므로, 우리에게 주어진 과제도 자본주의의 약점인 부익부, 빈익빈으로 인한 계층 간의 간격과 괴리(乖離)를 어떻게 조정·배려하여 공동체의식을 슬기롭게 유지·보완할 수 있느냐의 문제를 해결하는 데 있다.

따라서 사회복지국가의 지향이라는 관점에서, 사회·경제적 강자의 경제적 자유권, 이른바 재산권의 보장, 계약의 자유, 직업의 자유에 대한 적극적인 제한이 불가피하고(헌법 제23조 제2항, 제37조 제2항), 사회·경제적 약자는 이 제한을 통하여 헌법이 규정한 사회권(제31조 내지 제36조)을 향유하여 인간다운 생활을 영위할 수 있게끔 되는 것이다.

(2) 오늘의 시대를 반영하는 우리들의 화두(話頭)는, 경제문제와 이에 못지않은 교육혁명, 인력개발정책이다. 정보통신 혁명 시대에 교육혁명과 인력개발정책은 우리들이 살아남기 위한 필수불가결한 수순이기 때문이다.

그런데, 인력개발의 산실이자 모태인 학교교육도 급변하는 사회현상과 위에서 본 대입수능 및 과외교습의 부작용 등으로 말미암아 붕괴될 처지에 놓인 것이 오늘의 현실이다. 분명한 것은 과외교습의 허용범위를 따지고 대입 수능을 일부 손보는 것 같은 지엽적 부분적인 임시처방이나 대증요법(對症療法)만으로는 이 시대의 절실한 요구인 교육혁명은 물론 교육현장의 붕괴 위기를 수습할 수 없다는 점이다. 다른 사회조직과 마찬가지로 학교 또한 급변하는 사회현상에 부응하기 위하여 교과과정의 폭넓은 개편과 교육환경의 획기적 개선 등 개혁과 정비를 서두르지 아니하면 안 될 시기가 닥친 것이다. 그러므로 유치원에서 대학원에 이르는 모든 교육과정을 재검토하여 새로운 세기에 걸맞은 개혁안이 하루빨리 마련되어야 한다고 생각한다.

(3) 이 사건 법률조항은 학교교육과정과 직접 관련되는 초·중·고등학생의 개인과외교습을 제한하여 공공성을 가진 학교교육의 정상화를 도모하고 학생들로 하여금 균등하게 교육을 받을 권리를 실현하는 데 그 목적이 있다. 우리가 학교교육의 정상화를 다른 어느 것에도 비견할 수 없을 정도로 중요하게 여기는 이유는, 학생의 창의력을 계발하고 자유와 책임이 무엇인지를 배우며 민주시민으로서 필요한 협동심과 공동체의식을 기르는 터전이 바로 학교라는 움직일 수 없는 사실 때문이다.

이 조항에 대한 위헌 판단은 결과적으로 개인과외교습을 제한 없이 자유롭게 허용하자는 것에 다름 아니다. 그러나 지금은 가진 자 스스로가 자제하는 마음가짐이 필요한 시기이자 사회·경제적 약자의 외침에 귀 기울여야 할 시기라고 생각한다. 이러한 시대적 배경은 고려하지 아니하고, 과외교습과 직·간접으로 관련이 있는 학부모의 학교선택권의 규제 및 자율이 아닌 대입수능의 정당성 여부에 관하여는 아무런 언급도 하지 아니한 채 개인과외교습을 허용하는 것이 옳다고 보는 위헌판단은, 학원에서 겨우 과외교습을 받거나 과외는 엄두도 내지 못하는 수많은 학부모는 물론 그들의 자녀들이, 가난하다는 이유만으로 안타까움과 위축감을 느끼고 허탈감과 좌절감을 갖도록 하는 것이다. 이 결정이 어린 그들의 가슴에 깊은 상처를 입히는 것은 아닌지, 혼자만의 기우(杞憂)이자 노파심이기를 바랄 뿐이다.

8. 재판관 이영모의 반대의견에 대한 재판관 김용준, 재판관 김문희, 재판관 고중석, 재판관 신창언, 재판관 하경철의 의견

가. 먼저, 반대의견은 사교육인 과외교습문제를 논함에 있어서, 국민을 사회·경제적 강자 곧 가진자와 약자로 나누면서, 이에 맞추어 자본주의와 사회주의(사회복지국가), 자유권과 사회권 등으로 가르고, 후자의 입장에 서서 "사회·경제적 강자의 경제적 자유권 …… 에 대한 적극적인 제한이 불가피하고, 사회·경제적 약자는 이 제한을 통하여 사회권을 향유하여 인간다운 생활을 영위할 수 있게끔 되는 것"이라고 한다.

그리고 이와 같은 논리를 과외교습문제에 그대로 대입(代入)하여, 과외교습을 하는 국민은 전자로, 이를 할 수 없는 국민은 후자로 나누고, 이어서 과외교습을 원칙적으로 허용하여야 한다는 위헌론은 전자 편에 선 것이고, 이를 금지하여야 한다는 합헌론은 후자 편에 선 것으로 보고 있다.

그러나 이와 같은 이론은 우리나라의 기본질서인 자유민주주의 원리에 비추어 논리적 비약이거나 독단적 견해라 아니할 수 없다.

나. 다음, 반대의견은 다수의견의 내용을 오해하거나 이를 간과하고 있다.

다수의견은 "고액과외교습을 금지하는 것 자체가 위헌이라는 것이 아니라, 고액과외교습을 억제하기 위한 방법의 선택이 잘못되어 국민의 기본권을 과도하게 침해"하기 때문에 위헌성이 있다는 것이다. 즉, 기본권을 제한하는 입법목적의 정당성과 수단의 적합성은 인정하되, 기본권침해의 최소성과 법익의 균형성을 갖추지 못하여 비례의 원칙에 위반된다는 것이다. 따라서 위헌결정이 선고된다 하더라도, "지나치게 고액인 과외교습"을 비롯

하여 대학교수와 같은 입시관련자나 학생부와 내신성적에 영향을 미칠 수 있는 학교교사의 과외교습 등 "입시의 공정성을 저해할 위험이 있는 등 중대한 사회적 폐단이 우려되는 경우에는 이를 규제할 수 있는 입법조치를 취할 수 있다"고 구체적으로 명백하게 설시하고 있다.

그럼에도 불구하고 반대의견은 "위헌판단은 결과적으로 개인과외교습을 제한 없이 자유롭게 허용하자는 것에 다름 아니다"라고 하면서, 위헌판단은 사회·경제적 약자에 대한 배려를 소홀히 하여 실질적 평등과 공공복리의 이념을 저버린 것이고, 사회적 불평등을 해소하여야 할 교육을 사회적 불평등을 고착시키고 세습시키는 수단으로 전락시키며, 사회·경제적 약자의 외침에 귀 기울여야 할 시대적 배경은 고려하지 아니하고 그들에게 좌절감을 갖도록 하는 것이라는 등의 취지로 비판을 하고 있다.

다. 그 밖에, 반대의견이 내세우는 "세기가 바뀐 2000년"과 "정보통신 (digital) 혁명 시대", "오늘의 시대를 반영하는 화두(話頭)"라는 "교육혁명, 인력개발정책", 특히 "과외교습의 허용범위를 따지고 대입 수능을 일부 손보는 것 같은 지엽적·부분적인 임시처방이나 대증요법(對症療法)만으로는 이 시대의 절실한 요구인 교육혁명은 물론 교육현장의 붕괴 위기를 수습할 수 없다"고 강조한 교육혁명론 등이 어떻게 이 사건과 관계가 되는지, 어떻게 과외를 금지시켜야 한다는 합헌론을 이론적으로 뒷받침하고 위헌론에 대한 비판의 근거가 되는지도 쉽사리 이해가 되지 않는다.

　　재판관 김용준(재판장)·김문희·이재화·정경식·고중석·신창언·이영모·한대현(주심)·하경철

삶의 행복을 꿈꾸는 교육은
어디에서 오는가?

● **교육혁명을 앞당기는 배움책 이야기** 혁신교육의 철학과 잉걸진 미래를 만나다!

● **비고츠키 선집** 발달과 협력의 교육학 어떻게 읽을 것인가?

혁신학교	성열관·이순철 지음	224쪽	값 12,000원
행복한 혁신학교 만들기	초등교육과정연구모임 지음	264쪽	값 13,000원
서울형 혁신학교 이야기	이부영 지음	320쪽	값 15,000원
혁신교육, 철학을 만나다	브렌트 데이비스·데니스 수마라 지음	현인철·서용선 옮김	304쪽	값 15,000
대한민국 교사, 어떻게 가르칠 것인가?	윤성관 지음	320쪽	값 15,000원
아이들을 어떻게 가르칠 것인가	사토 마나부 지음	박찬영 옮김	232쪽	값 13,000원
모두를 위한 국제이해교육	한국국제이해교육학회 지음	364쪽	값 16,000원
경쟁을 넘어 발달 교육으로	현광일 지음	288쪽	값 14,000원
혁신교육 존 듀이에게 묻다	서용선 지음	292쪽	값 16,000원
다시 읽는 조선교육사	이만규 지음	750쪽	값 37,000원
교실 속으로 간 이해중심 교육과정(개정판)	온정덕 외 지음	216쪽	값 15,000원
대한민국 교육혁명	교육혁명공동행동 연구위원회 지음	224쪽	값 12,000원
포스트 코로나 시대의 교육	성열관 외 지음	224쪽	값 15,000원
내일 수업 어떻게 하지?	아이함께 지음	300쪽	값 15,000원
핀란드 교육의 기적	한넬레 니에미 외 엮음	장수명 외 옮김	456쪽	값 23,000원
한국 교육의 현실과 전망	심성보 지음	724쪽	값 35,000원
독일의 학교교육	정기섭 지음	536쪽	값 29,000원
교실 속으로 간 이해중심 통합교육과정	온정덕 외 지음	224쪽	값 15,000원
초등 백워드 교육과정 설계와 실천 이야기	김병일 외 지음	352쪽	값 19,000원
학습격차 해소를 위한 새로운 도전 보편적 학습설계 수업	조윤정 외 지음	240쪽	값 15,000원

● 경쟁과 차별을 넘어 평등과 협력으로 미래를 열어가는 교육 대전환! 혁신교육 현장 필독서

학교의 미래, 전문적 학습공동체로 열다	새로운학교네트워크·오윤주 외 지음	276쪽	값 16,000원
마을교육공동체 생태적 의미와 실천	김용련 지음	256쪽	값 15,000원
학교폭력, 멈춰!	문재현 외 지음	348쪽	값 15,000원
학교를 살리는 회복적 생활교육	김민자·이순영·정선영 지음	256쪽	값 15,000원
삶의 시간을 잇는 문화예술교육	고영직 지음	292쪽	값 18,000원
미래교육을 디자인하는 학교교육과정	박승열 외 지음	348쪽	값 18,000원
코로나 시대, 마을교육공동체운동과 생태적 교육학	심성보 지음	280쪽	값 17,000원

참된 삶과 교육에 관한
생각 줍기